AF536347

Hanne Türk

# Die Zeichenschule für Blumenfreunde

Text: Norbert Landa

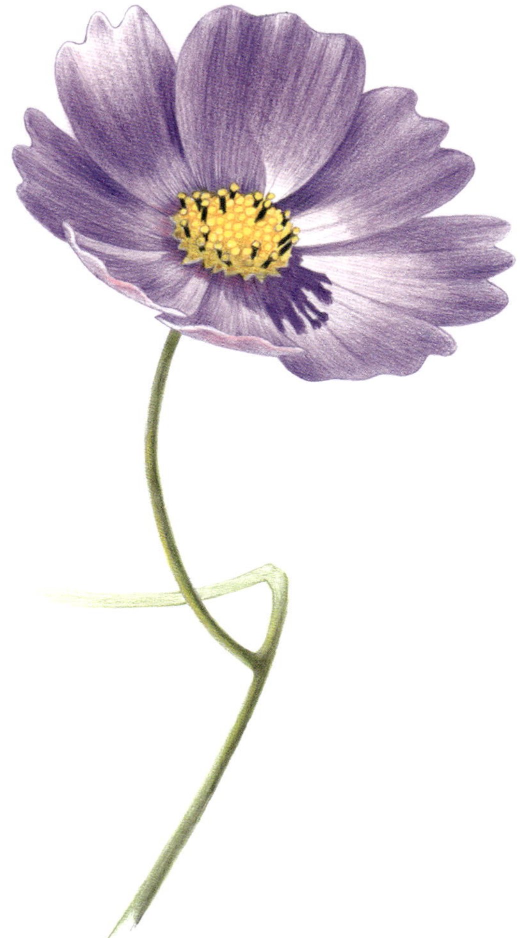

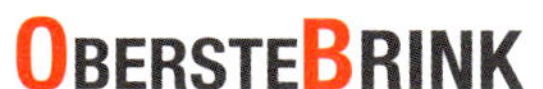

2. Auflage 2020
© Oberstebrink by Körner Medien UG, München

© Hanne Türk & Norbert Landa
Text & Konzept: Norbert Landa
Illustrationen: Hanne Türk

Buchgestaltung: Florian Barth
Umschlaggestaltung: Florian Barth
Bildbearbeitung: Andreas Springer
Produktion: Andreas Springer
Druck: PCB-Barta, Deutschland

Verlag: Oberstebrink
c/o Körner Medien UG
Herzog-Heinrich-Str. 5
80336 München
info@koerner-medien.de
www.oberstebrink.de

ISBN 978-3-934333-92-5

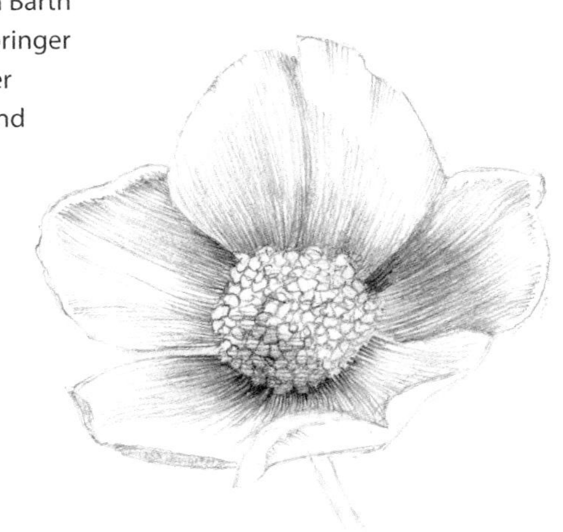

„Farben sind das Lächeln der Natur und Blumen sind ihr Lachen."

James Henry Leigh Hunt
(1784 – 1859), englischer Essayist, Dichter und Kritiker

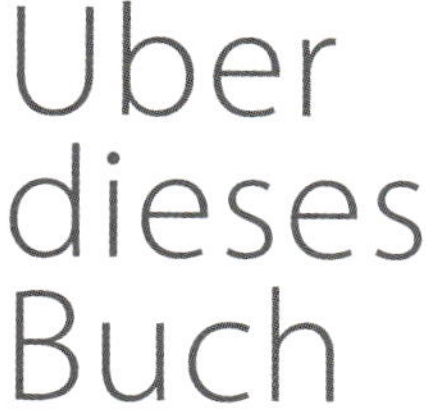

# Über dieses Buch

Blumen machen doppelt Freude: beim bloßen Anblick und mehr noch, wenn Sie deren Ausdruck, Charakter und Schönheit selbst auf künstlerische Weise ins Bild bringen. Wie Sie sehen und mit diesem Buch erleben werden, brauchen Sie dazu kein spezielles Vorwissen, sondern nur Papier, Zeichenstifte und ein motivierendes Vorbild aus der Natur oder als Fotovorlage.

Wenn Sie bereits Routine haben, Ihr Werkzeug gut kennen und lieber nach der Natur zeichnen, können Sie den ersten Teil getrost überblättern. Hier erfahren Neulinge das Wichtigste zu diversen Zeichenstiften, Papier und Hilfsmitteln und lernen die besten Methoden zum Übertragen von Fotovorlagen kennen.

Naturgetreu oder dekorativ? Leuchtende Farben oder ausdrucksstarkes Schwarz-Weiß? Hier bietet sich eine reiche Palette von Stilrichtungen und Zeichentechniken an. In den typischen Bildbeispielen finden Sie schnell Ihre Favoriten, die Sie Schritt für Schritt umsetzen können.

Die Motive und Anleitungen in diesem Sammelband sind das Ergebnis meiner Arbeit als Autorin und Art-Direktorin der Zeitschrift Freude am Zeichnen. Von unseren Lesern habe ich gelernt, wo Anfänger Unterstützung brauchen und wo ich Hobbyzeichnern künstlerisch weiterhelfen kann. Das Wichtigste dabei: Das Zeichnen soll Freude machen. Diese Freude möchte ich mit Ihnen teilen.

Herzlichst, Ihre

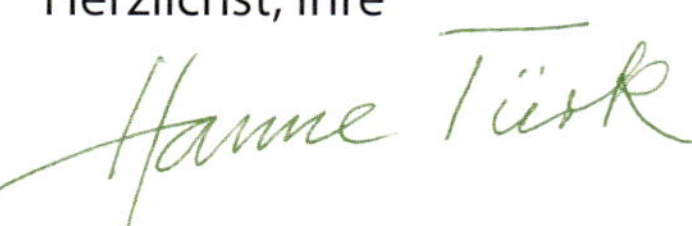

# Inhalt

# Alles, was Sie brauchen …

Bleistift und Farbstift, Papier und die üblichen Helferlein mit Radierer und Anspitzer: wenig Aufwand, um Freude am Zeichnen zu haben – und an sehenswerten Blumenbildern. Zu dieser Grundausstattung kommen vielleicht noch ein paar spezielle Werkzeuge für besondere Effekte. Hier die wichtigsten Hinweise und Tipps.

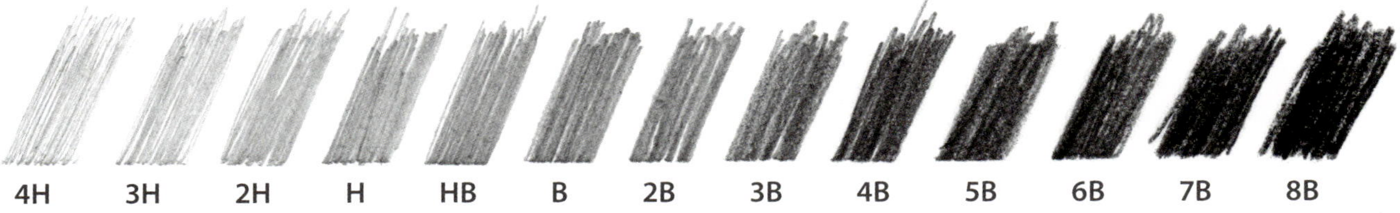


## Bleistift: schwarz, grau und weiß

Bleistifte brauchen Sie immer: zum Vorzeichnen von farbigen Motiven und natürlich für Schwarz-Weiß-Zeichnungen. Am besten ist ein Set mit unterschiedlichen Härtegraden. Das sind die Serien H (für hart) und B (für black, schwarz). In der Mitte zwischen hart und weich liegt der Bleistift HB. Wenn Sie (noch) wenig Erfahrung mit Bleistiften haben, werden Sie staunen, wie viel interessanter Ihre Bilder damit werden.

### H

Je höher die Nummer von 1H bis 8H, desto härter ist die Mine und desto feiner und heller der Strich. Fürs künstlerische Zeichnen reichen die Härtegrade H bis 4H für sehr dünne und helle Linien, etwa für die feine Textur von Blütenblättern. Die Mine reibt auf dem Papier nur wenig ab und bleibt daher länger spitz. Vorsicht: Beim festen Andrücken gräbt sie sich ins Papier ein.

### HB

Das ist der „normale" Bleistift mit mittlerer Härte. Der Strich ist eher fein und schon ausreichend dunkel fürs Vorzeichnen der Umrisse, auch für feine Details und Schraffuren, bei denen die Striche sichtbar bleiben sollen – wie zum Beispiel in Blattadern.

### B

Mit höheren Ziffern wird die Mine immer weicher, der Strich schnell breiter und dunkler. Mit dem 2B etwa lässt sich schon kräftig zeichnen. Mit 3B bis 6B bleibt immer mehr schwarzer, weicher Grafit auf dem Papier – perfekt für Skizzen. Die Striche lassen sich dann auch leicht und gleichmäßig verwischen – ideal auch für tiefe Schatten oder einen schwarzen Hintergrund.

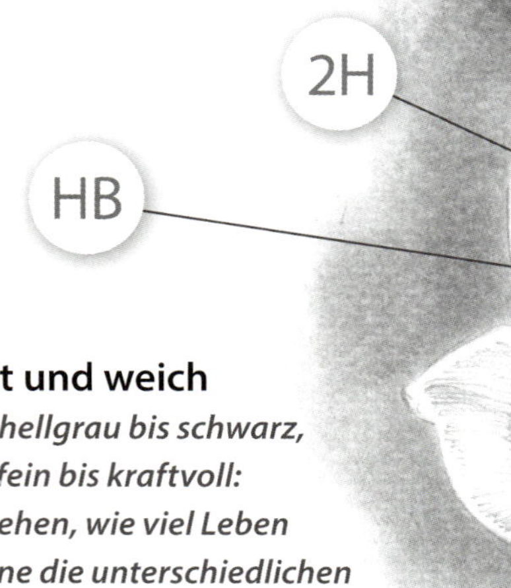


**Hart und weich**
***Von hellgrau bis schwarz, von fein bis kraftvoll: Sie sehen, wie viel Leben alleine die unterschiedlichen Bleistifthärten in diese kleine Studie bringen.***



**Schwarz–Weiß-Zeichnungen** siehe auch S. 22

# Grafit

Grafitstifte bestehen aus purem Grafit, also aus demselben Material wie Bleistiftminen. Um die Hände sauber zu halten, sind sie mit Papier ummantelt. So wie Kohle gibt es Grafit auch als kantige Stäbchen. Mit der breiten Kante und kräftigen Strichen lassen sich Hintergründe gut gestalten. Eine spezielle Sorte sind wasserlösliche Stifte und Stäbchen, die sich deshalb effektvoll vermalen lassen.

# Grafit- und Farbpulver

Das ist die andere Möglichkeit, Grau und Schwarz oder Farbe ins Bild zu bringen: nicht mit dem Stift zeichnen, sondern in Pulverform aufs Papier streuen und dort malerisch verwischen. Damit können Sie das ganze Zeichenblatt oder Teile des Motivs gleichmäßig einfärben, Verläufe einziehen oder Elemente herausradieren. Die Farbe kommt von der Mine des Bleistiftes oder des Farbstiftes. Sie wird mit Schleifpapier abgerieben und dann mit einem Kosmetiktuch mehr oder weniger gleichmäßig auf dem Papier verteilt. Im Handel gibt es auch fertiges Grafitpulver, nützlich zum Anlegen größerer Flächen.

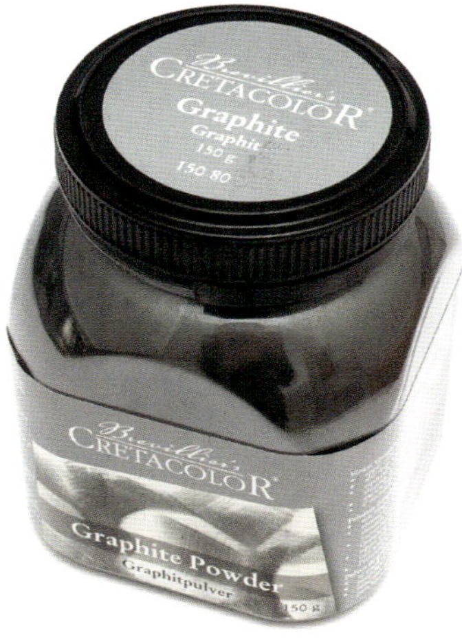


*Grafitpulver im Fläschchen*

# Kohlestifte

Für „unbunte" Zeichnungen ist Kohle (praktisch als Kohlestift) die schwarze Alternative zum Bleistift. Zeichenkohle hinterlässt einen noch kräftigeren Strich ohne Spuren von Bleistiftgrau. Kohlestifte gibt es in diversen Härtegraden und in zwei Sorten. Der übliche Kohlestift lässt sich leichter verwischen als Bleistift, deshalb muss man das Bild mit Fixierspray fixieren. Fetthaltige Kohlestifte haften besser und beim Verwischen bleibt der Strich abgeschwächt stehen. Zeichenkohle ist auch in Form von Stäbchen erhältlich.

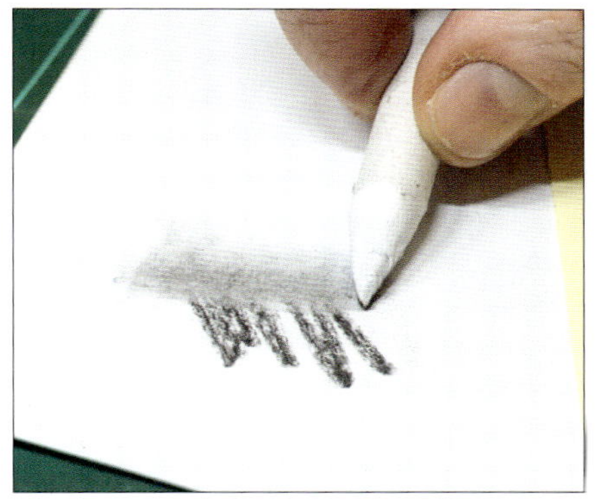

*Normaler Kohlestift: Der Papierwischer verzieht die Kohlestriche. So entstehen fein abgestufte Flächen.*

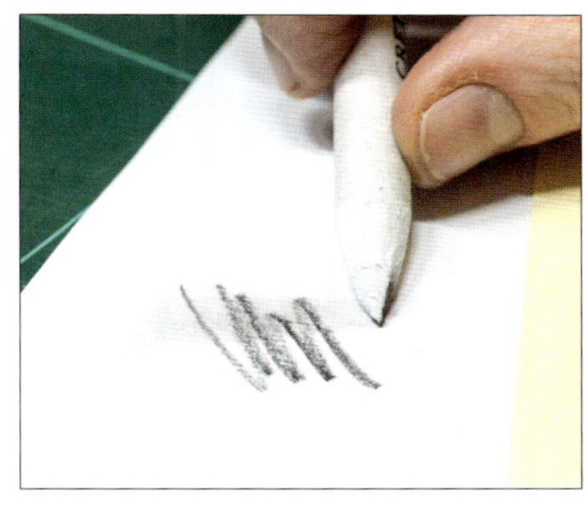

*Fetthaltiger Kohlestift: Beim Verwischen mit dem Papierwischer bleiben die Striche erhalten.*

Fotos: Andreas Springer

# Fineliner

Anders als die trockenen Stifte (Bleistift, Farbstift, Pastellstift) gibt der Fineliner feuchte Farbe ab, die sofort in das Papier eindringt und dort unverrückbar festsitzt. Radieren oder verwischen geht nicht. Dafür gibt es eine klare Kontur, die sich zum Beispiel mit Farbstiften effektvoll ausmalen lässt: ideal für stilisierte, ornamentale und dekorative Motive oder grafische Zeichnungen. Dabei liefert der schwarze Fineliner harte Kontraste, während der braune sich eher unauffällig in die Zeichnung einfügt. Fineliner gibt es in unterschiedlichen Stärken und Farben.

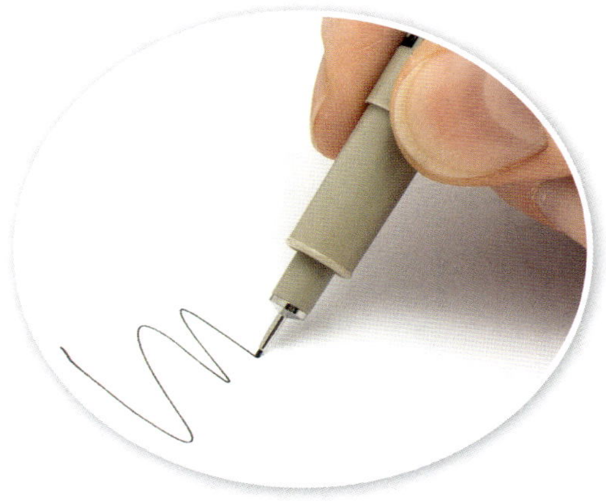

**Kohlezeichnung** siehe auch S. 25 • **Fineliner** siehe auch S. 96, 107

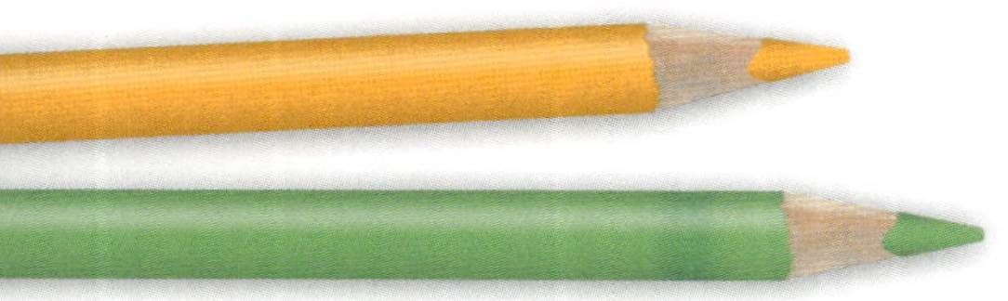

# Farbstift

Farbstifte sind farbstark, praktisch, vielseitig und damit ein ideales Medium für Farbzeichnungen – nicht nur, aber besonders für Blumenmotive. Als Anfänger finden Sie sich schnell zurecht. Und mit mehr Erfahrung erleben Sie, was sich aus Farbstiften künstlerisch alles herausholen lässt. Allerdings kommt es auf die Qualität an. Künstlerfarbstifte haben deutlich mehr Farbpigmente und daher mehr Leuchtkraft als die Buntstifte, die Sie aus der Kindheit (oder von Ihren Kindern) kennen. Farbstifte gibt es in bis zu 120 Tönen, doch reichen fürs Erste auch Kästen mit 48 Tönen. Denn beim lasierenden (nicht deckenden) Auftrag mehrerer Farbschichten entstehen brauchbare Zwischentöne. Die Pigmente haften auf dem Papier besser als der Grafit des Bleistiftes. Deshalb lassen sich die Striche auch nicht so leicht radieren und verwischen, höchstens etwas aufhellen.

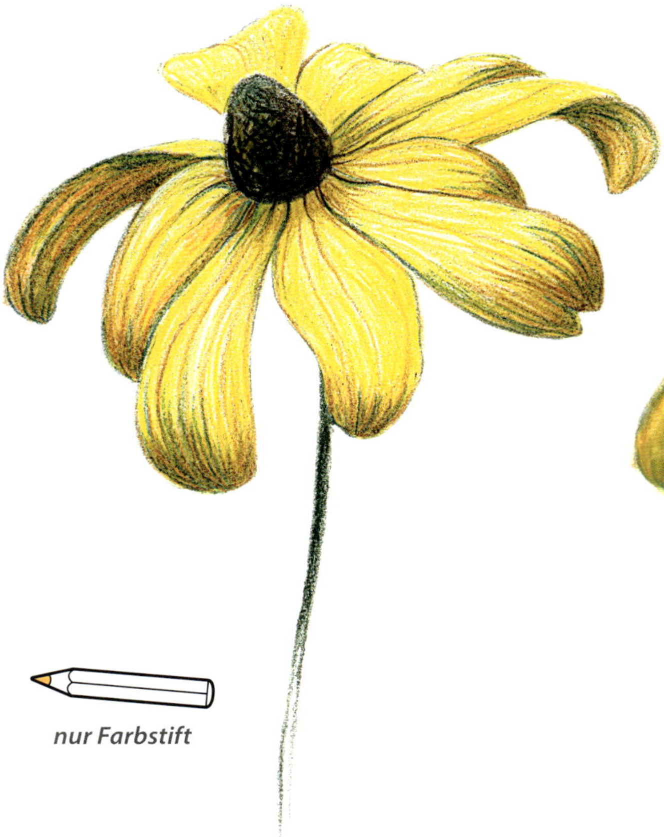

*nur Farbstift*

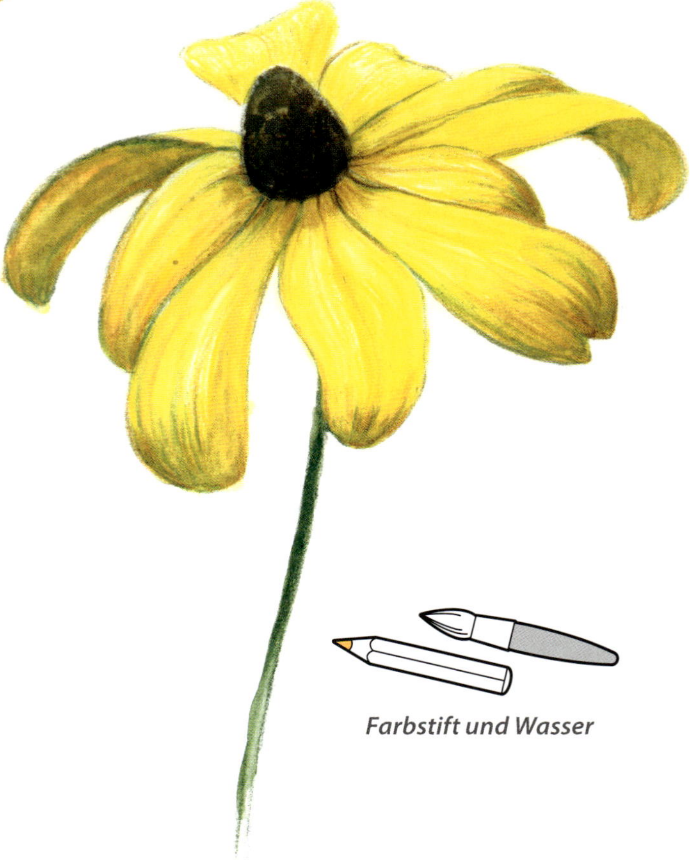

*Farbstift und Wasser*

# Farbstift und Pinsel

**Aquarellstifte**

Es gibt zwei Arten von Farbstiften, die wasserfesten und die wasserlöslichen, die sogenannten Aquarellfarbstifte. Was bedeutet, dass Sie den Farbstrich mit Pinsel und Wasser vermalen können. Im Grunde handelt es sich dabei um Aquarellfarben, die in diesem Fall zunächst trocken aufgetragen und erst auf dem Papier mit Wasser verflüssigt werden können. Gezeichnet wird wie mit wasserfesten Farbstiften und bis zum Kontakt mit Wasser gibt es wenig Unterschied. Der Farbabrieb ist in der Regel kräftiger, da die Mine weicher ist. Sie können also mit Aquarellstiften von Anfang bis Ende trocken zeichnen. Wenn Sie vorhaben, zuletzt den einen oder anderen Bereich zu vermalen, brauchen Sie starkes Papier, das sich beim Befeuchten nicht wellt. In jedem Fall sollten Sie diese malerischen Effekte nur gezielt und sparsam einsetzen.



**Aquarellstift anlösen** siehe auch S. 19, 89, 90

# Pastelle

Bis zur Erfindung der Farbstifte vor 150 Jahren waren Pastelle das einzige Medium für Farbzeichnungen. Heute gibt es sie in zwei Sorten: als Pastellkreiden (praktischer als Stifte) mit weicher, eben kreidiger Mine oder als Ölkreiden oder Ölpastelle. Die Kreiden lassen sich gut verwischen und verziehen, weil sie nur schwach auf dem Papier haften, Ölpastelle sitzen ein für alle Mal fest. Beide Sorten haben mehr Farbkraft als Farbstifte und decken gut. Die Spitze ist von Natur aus stumpf und verliert mit jedem Strich viel Farbe. Feine Details kann man nur herausarbeiten, wenn das Motiv entsprechend groß ist. Daher sind großzügige Blumenmotive mit Pastellfarben eine interessante Alternative zu Farbstiften.

# Zeichenpapier

Für detailgenaues Zeichnen ist glattes Zeichenpapier oder Bristolkarton ideal. Diese lassen sich mit Farbe gleichmäßig und glatt bedecken. Ein Papier mit rauer Oberfläche (die sogenannte Körnung) liefert Sprenkel, weil der Stift bei schwachem Andrücken über die Poren gleitet. Das lässt sich gut für interessante Effekte nutzen. Glattes und stärkeres Aquarellpapier (satiniert) brauchen Sie, wenn Sie die Zeichnung mit Aquarellfarbstiften anlegen und anschließend vermalen möchten. Normales Zeichenpapier würde sich unschön wellen.

# Wischwerkzeuge

Das Verwischen verwandelt Striche in Flächen. Dabei wird der aufgetragene Grafit oder die Farbe verteilt. Die einzelnen Striche verblassen oder verschwinden ganz. Zum Verwischen kleinerer Flächen reicht der Papierwischer, in Form eines Stiftes, der aus fest gerolltem Papier besteht. Flach aufgelegt, verwischt er die Schraffur breitflächig. Mit der Spitze kann man Details gezielt verdichten. Mit einem gefalteten Kosmetiktuch werden größere Flächen gestaltet.

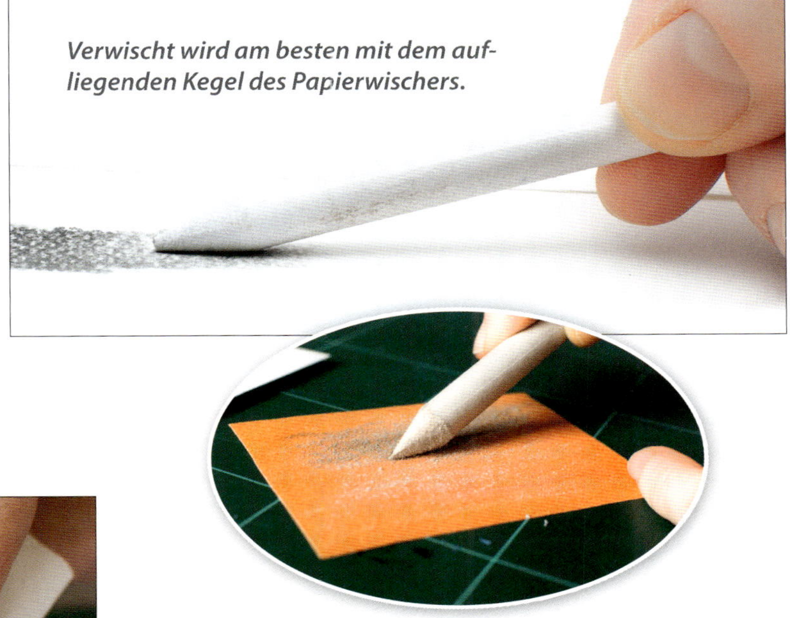

*Verwischt wird am besten mit dem aufliegenden Kegel des Papierwischers.*

*Um den Papierwischer zu säubern, ziehen Sie ihn in drehender Bewegung über ein Schleifpapier.*

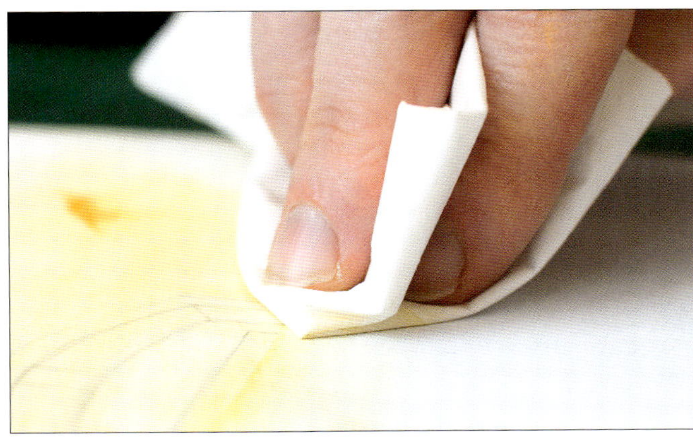

*Das Kosmetiktuch wird gefaltet für größere Flächen eingesetzt.*

Fotos: Andreas Springer



**Farbpulver erstellen** siehe auch S. 76

# Radierer

Den harten Kunststoffradierer kennen Sie aus dem Alltag. Der weiche Knetgummiradierer dagegen ist ein Künstlerwerkzeug und funktioniert anders. Der Knetgummi schabt den Grafit nicht hart weg, sondern nimmt ihn weich und oberflächlich auf. Deshalb wird der Radierstrich nicht ganz papierweiß. Perfekt, um bestimmte Stellen leicht aufzuhellen. Sie können ihn auch in die passende Form kneten: rund mit breiter Auflage für größere Flächen, spitz für Details. Für noch feinere und genauere Radierstriche sind Radierstifte ideal.

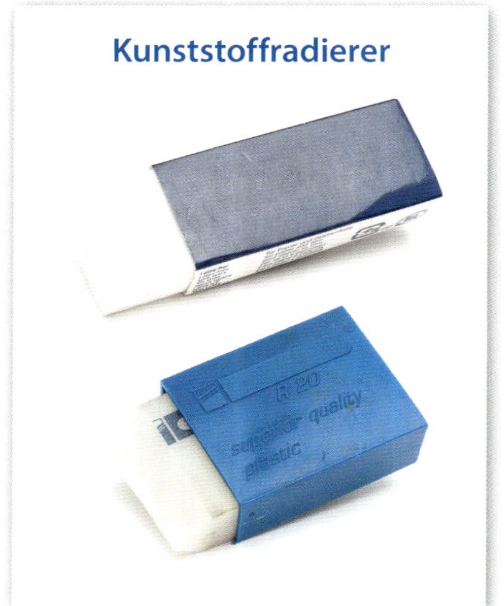

**Kunststoffradierer**

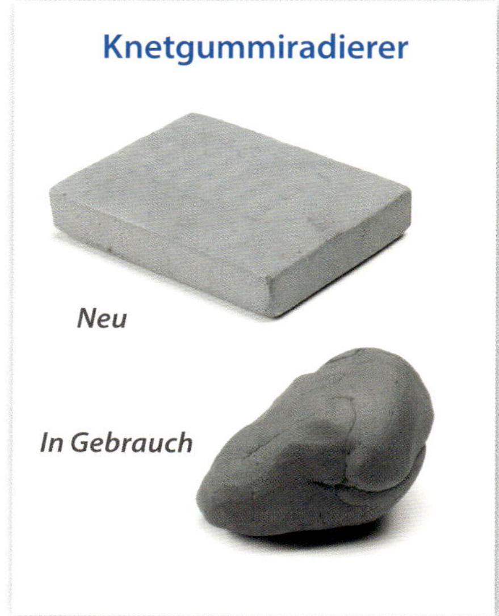


**Knetgummiradierer**

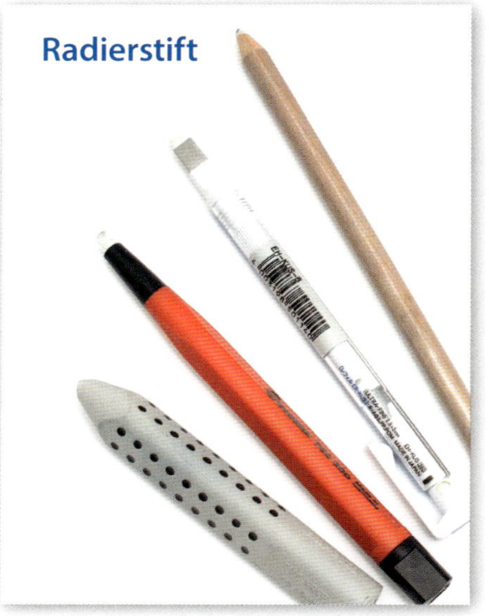

**Radierstift**

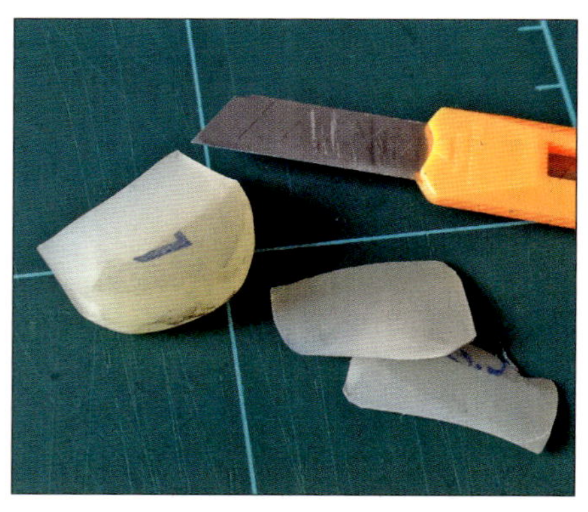

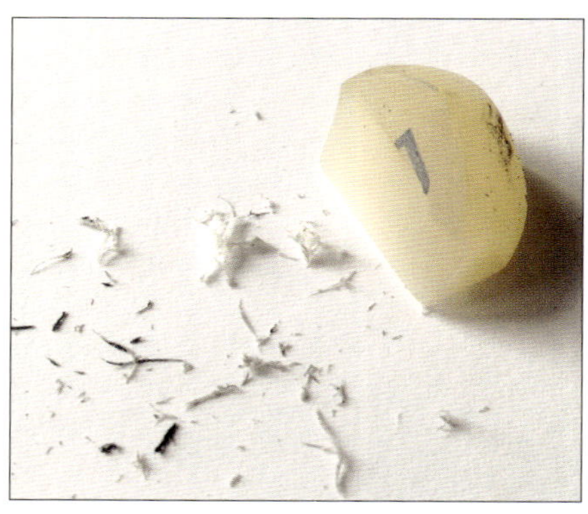

### Der Kunststoffradierer als Zeichenwerkzeug

Für scharfe Radierstriche wird der Radierer mit einem scharfen Messer (Cutter) keilförmig zurechtgeschnitten. Die Kante trägt in einem Zug viel Farbe ab. Vor jedem weiteren Radierstrich muss die Kante sauber sein. Dazu reibt man den Keil von beiden Seiten auf einem Schmierpapier ab.

Fotos: Andreas Springer

# Anspitzer

Feine Blei- und Farbstiftstriche brauchen spitze Stifte, die beim Zeichnen immer wieder nachgespitzt werden müssen. Am bequemsten ist ein Drehspitzer mit Kurbel, der den Stift fest und horizontal einspannt. Das ist auch bei einem einfachen Anspitzer wichtig: den Stift weit vorne und in gerader Linie halten und nicht herumwackeln, sonst bricht die Mine.

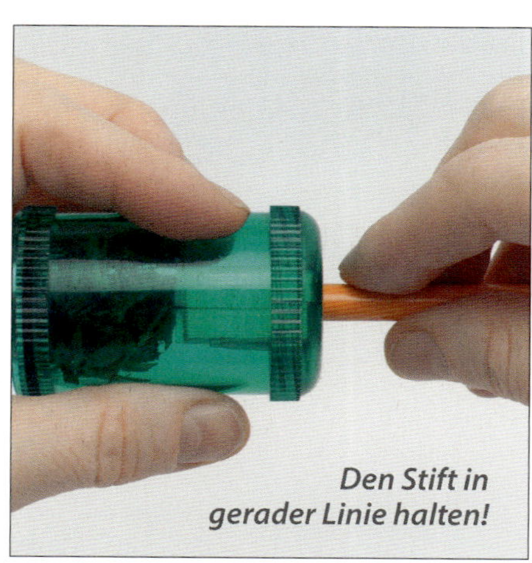

*Den Stift in gerader Linie halten!*

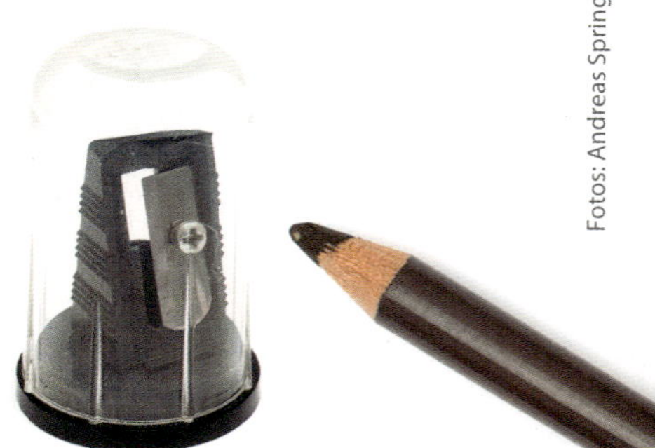

Bei Pastell- und Kohlestiften ist der Kegel stumpfer und die Mine dicker und weicher. Für diese Art von Stiften gibt es spezielle Anspitzer. Sie belassen die Mine kürzer und breiter.



**Elemente herausradieren** siehe auch S. 41, 87, 97

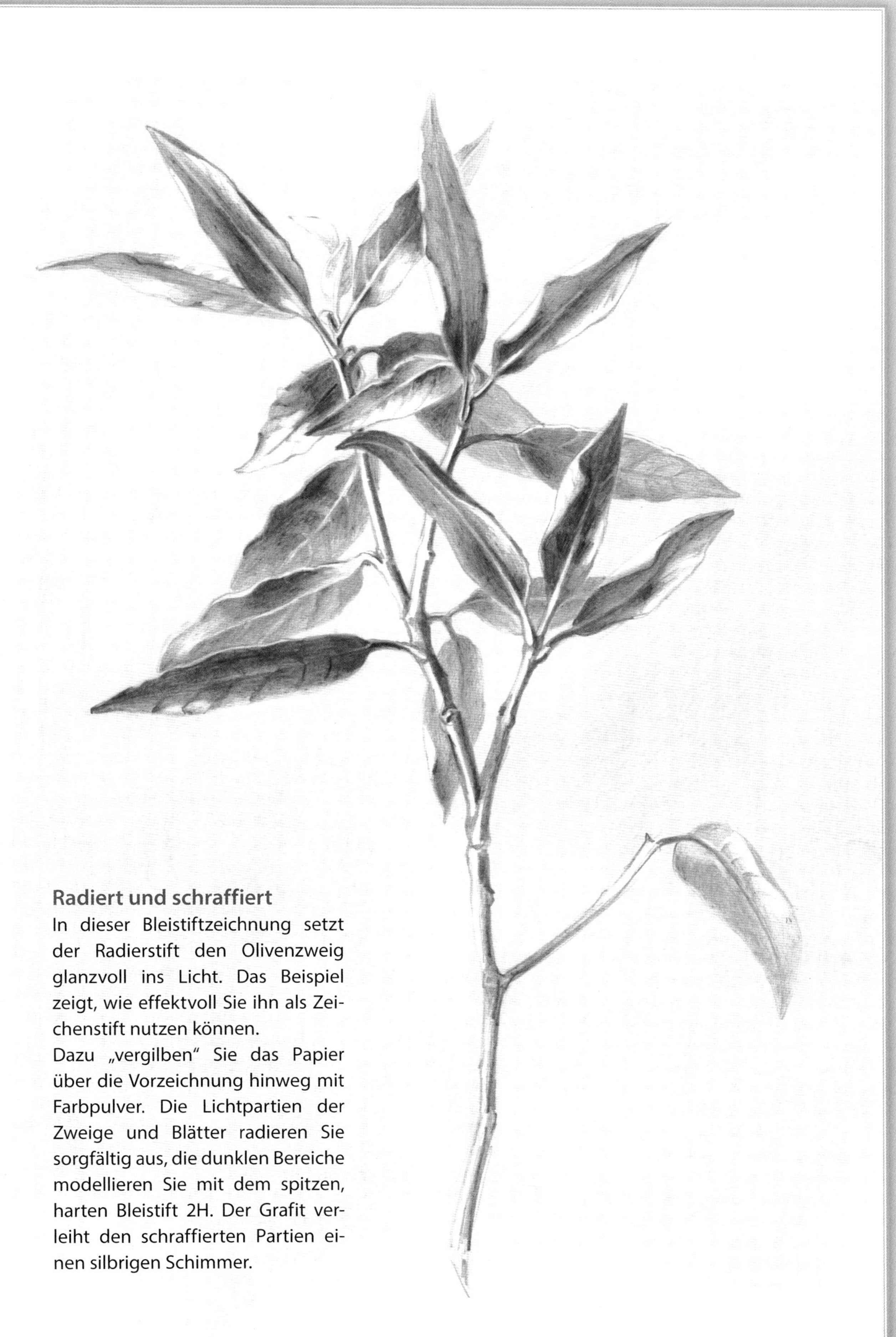

## Radiert und schraffiert

In dieser Bleistiftzeichnung setzt der Radierstift den Olivenzweig glanzvoll ins Licht. Das Beispiel zeigt, wie effektvoll Sie ihn als Zeichenstift nutzen können.

Dazu „vergilben" Sie das Papier über die Vorzeichnung hinweg mit Farbpulver. Die Lichtpartien der Zweige und Blätter radieren Sie sorgfältig aus, die dunklen Bereiche modellieren Sie mit dem spitzen, harten Bleistift 2H. Der Grafit verleiht den schraffierten Partien einen silbrigen Schimmer.

Nach einer Zeichnung von John Ruskin aus dem Jahr 1887

# Fotos und Modelle

Die meisten Blumen oder Arrangements sind handlich genug, um auf dem Zeichentisch Modell zu stehen. Allerdings blühen sie nicht immer zur rechten Zeit oder sind einfach zu exotisch für den Hausgebrauch. In diesem Fall sind Fotos ideale Vorbilder. Doch auch wenn Sie Ihre Modelle vor Augen haben, ist es sinnvoll, sie vor dem Zeichnen zu fotografieren.

Fotos: KIM Verlag

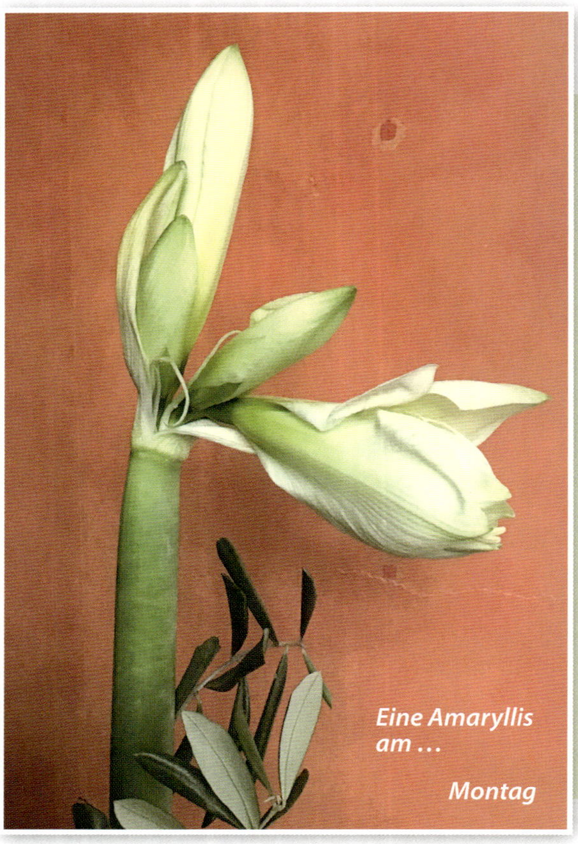

*Eine Amaryllis am …*

*Montag*

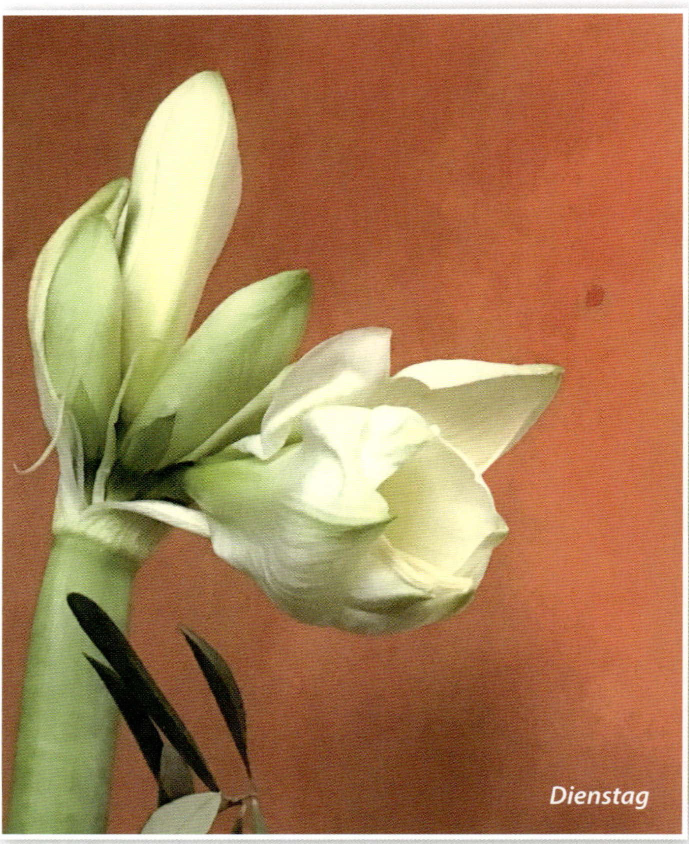

*Dienstag*

## Fotos als Vorbilder

Das natürliche Modell hat drei Dimensionen und ist damit räumlich. Das Zeichenpapier aber ist flach. Das klingt banal. Aber es zeigt, worauf es beim Zeichnen ankommt: auf eine gelungene optische Täuschung. Die Blume soll aus der Fläche heraustreten, die Blätter sollen sich nach vorne wölben oder nach hinten in die Tiefe erstrecken. Dieser räumliche Eindruck entsteht durch drei Dinge. Das sind Verteilung von Licht und Schatten, das Davor und Dahinter der Elemente und das, was man perspektivische Verkürzung nennt. All dies zeigt sich auf perfekte Weise im Foto.

## Fotos als Zeichenwerkzeug

Die digitale Fotografie mit Smartphone, Tablet oder auch Kamera macht die Sache einfach. Der Blick auf das Display zeigt Ihnen sozusagen eine Vorschau. Im probeweise geschossenen Foto erkennen Sie, ob der Blickwinkel, der Bildausschnitt oder die Positionen interessant genug sind und können neue, bessere Arrangements treffen. Probieren Sie unterschiedliche Perspektiven und Ausschnitte aus, und Sie werden sehen, wie sich die Bildwirkung verändert!



**Fotovorlage** siehe auch S. 26, 46, 48

### Konturen finden

Blumen können recht vielgestaltig sein. Die Blütenblätter der Rose beispielsweise sind ziemlich komplex aufgebaut. Wie liegen ihre Ränder, was ist davor und dahinter? Was von Natur aus so wunderbar zusammenstimmt, ist beim Zeichnen oft verwirrend und lässt sich in einem gut ausgeleuchteten Foto deutlich besser erkennen.

### Beleuchten und Schattieren

Licht und Schatten lassen das natürliche Modell plastisch erscheinen. Was sich dem Licht entgegenwölbt, wirkt natürlich heller als die Bereiche, die dahinter zurücktreten und beim Zeichnen bilden Sie diesen Effekt nach. Das Foto macht es deutlich leichter, diese Verteilung von Licht und Schatten zu erkennen und in die Zeichnung zu übernehmen.

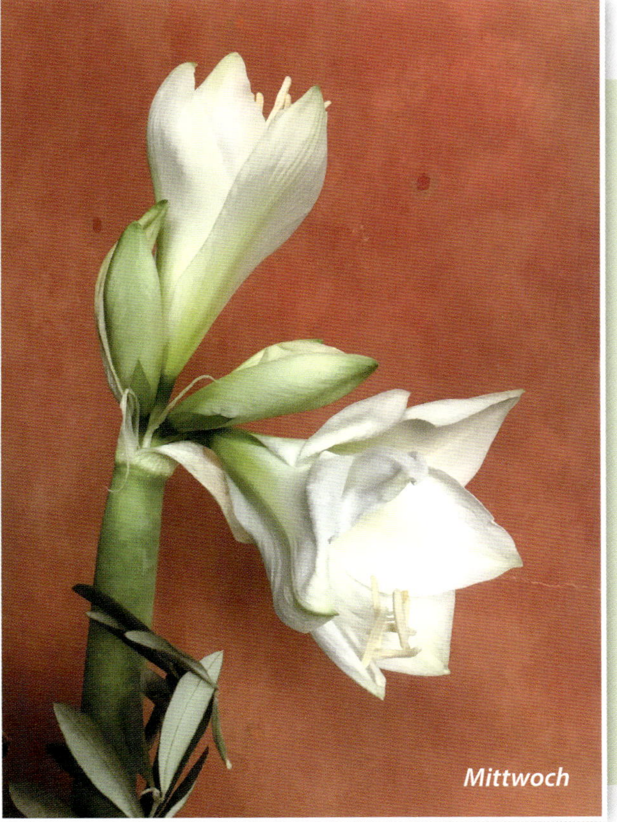
*Mittwoch*

### Momentaufnahmen

Im Laufe des Tages wechselt die Lichtstimmung. Damit ändert sich auch das Erscheinungsbild des Motivs, und zwar oft deutlicher, als man glauben möchte. Nur fällt das beim normalen Hinsehen nicht besonders auf, weil man mittags oder abends vergessen hat, wie die Blume morgens oder mittags ausgesehen hat. Wenn Sie das Motiv jedoch zu verschiedenen Tageszeiten (oder auch mit und ohne Lampe) fotografieren, entdecken Sie andere Farbtöne oder finden heraus, dass das Motiv bei bestimmten Lichtverhältnissen mehr Tiefe hat. In den Fotos haben Sie einen schönen Vergleich und können sich beim Zeichnen an die interessanteste Version halten.

Ebenso verändern sich die Formen selbst von Schnittblumen in der Vase. Knospen entfalten sich im Laufe von Stunden oder Tagen, Blütenblätter ändern ihre Gestalt unmerklich. Auch hier hilft eine Fotoserie, die für die Zeichnung spannendste Momentaufnahme festzuhalten.

### Perspektive darstellen

Eine weitaus größere Herausforderung bildet das, was man die perspektivische Verkürzung oder etwas dramatischer Verzerrung nennt. Sie hängt vom Blickwinkel (oder der Perspektive) ab. Der Kreis, den die Blütenblätter in der frontalen Ansicht bilden, verzerrt sich bei einem anderen Blickwinkel zu einem Oval. Die Proportionen verschieben und die Blütenblätter verkürzen sich. Auch diese Aufgabe nimmt Ihnen das Foto perfekt ab.

### So nutzen Sie Motivfotos

Fotos als Vorbilder machen das Zeichnen in vieler Hinsicht einfacher. Fürs Erste können Sie sich für die Vorzeichnung an den Konturen orientieren, die schon die richtigen perspektivischen Verkürzungen zeigen. Das hilft auch beim Skizzieren; umso mehr jedoch, wenn Sie die Konturen direkt aufs Zeichenblatt übertragen. Darüber hinaus erkennen Sie im Foto die Verteilung von Licht und Schatten oft deutlicher als im natürlichen Modell. Und natürlich kann ein gutes Foto auch Vorbild für eine ansprechende Komposition sein.

In der Bleistiftzeichnung übersetzen Sie die Farben in Grauwerte. Da hilft es, vom Foto eine Schwarz-Weiß-Kopie zu machen. Nach diesem Vorbild können Sie Helligkeiten und Dunkelheiten passend verteilen.



**Konturen finden** siehe auch S. 23

## Drei Wege vom Foto zur Vorzeichnung:

# Kopieren, Rastern, Skizzieren

Die Vorzeichnung ist die entscheidende Grundlage für alles Weitere. Dafür können Fotos schöne Vorbilder liefern, die auch das Zeichnen einfacher machen. Der sicherste Weg ist das Abpausen der Konturen, siehe rechts. Etwas anspruchsvoller ist die Rastermethode. Doch sollten Sie es auch mit freien Skizzen versuchen.

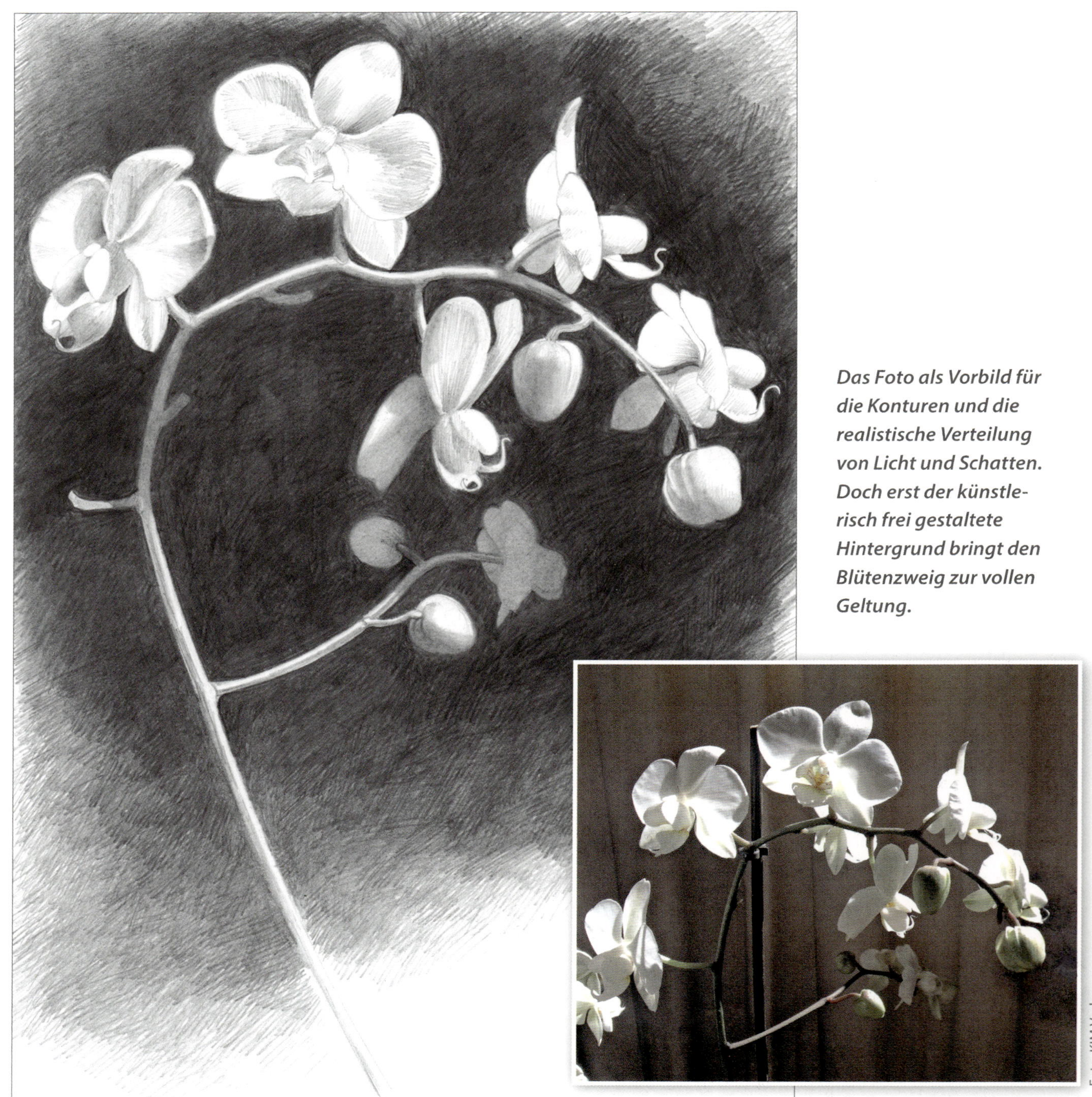

*Das Foto als Vorbild für die Konturen und die realistische Verteilung von Licht und Schatten. Doch erst der künstlerisch frei gestaltete Hintergrund bringt den Blütenzweig zur vollen Geltung.*

Foto: KIM Verlag



**Vorzeichnung erstellen** siehe auch S. 23

# 1 Konturen durchpausen

Wenn das Foto (praktischer: eine Fotokopie) schon im richtigen Format vorliegt, brauchen Sie noch ein Blatt Transparentpapier, Bleistifte und zum Durchpausen einen harten Bleistift oder einen leer geschriebenen Kugelschreiber.

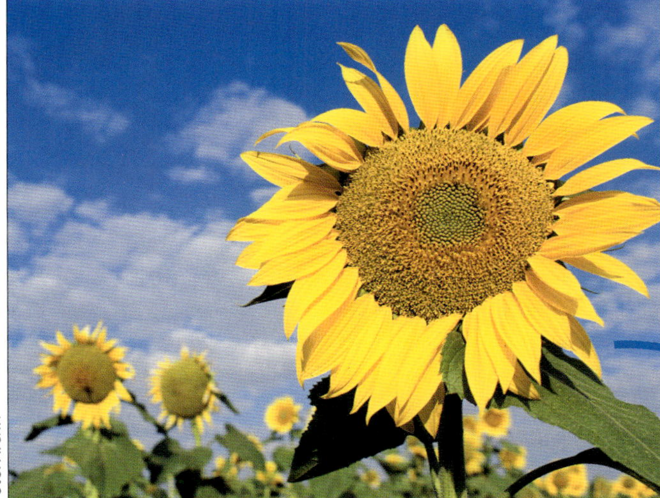

Foto: Archiv

## Foto auswählen

Wichtig ist: Das Foto muss gut belichtet und kontrastreich sein, sodass auch Schatten und Innenkonturen deutlich sichtbar sind.

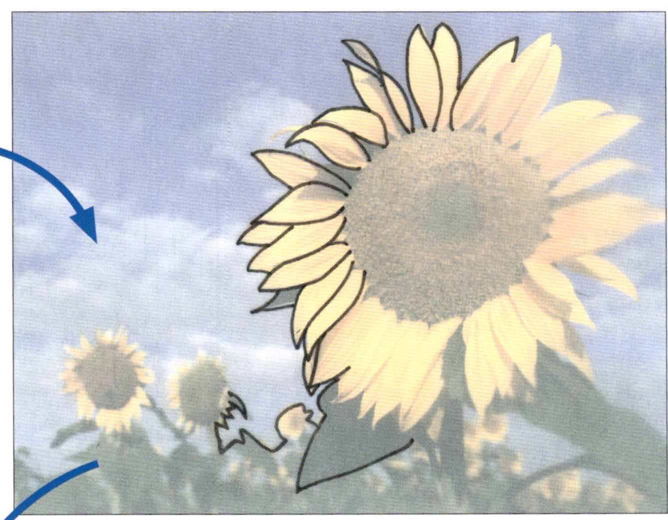

## Umrisse nachzeichnen

Legen Sie einen Bogen Transparentpapier auf die Vorlage und fixieren Sie diese mit Klebeband. Zeichnen Sie dann die Umrisse und Innenkonturen mit Filzstift nach.

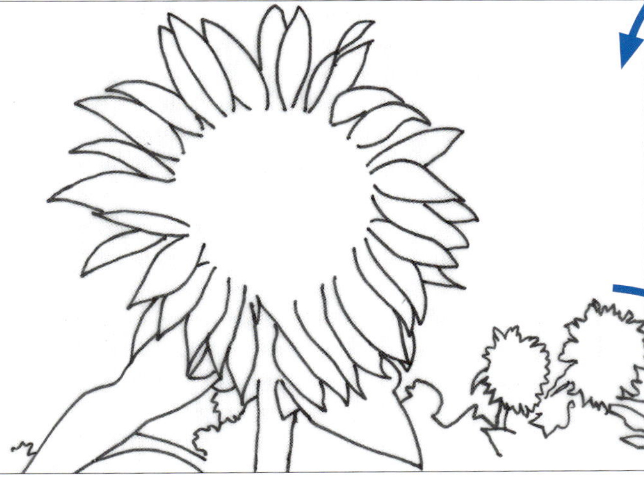

## Mit Bleistift nachzeichnen

Drehen Sie das Transparentpapier um und zeichnen Sie die Filzstiftkonturen mit einem weichen Bleistift auf der Rückseite kräftig nach.

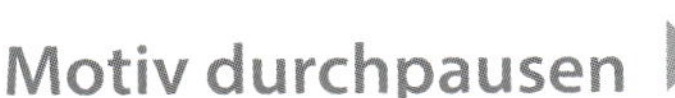

## Motiv durchpausen

Wenden Sie das Transparentpapier abermals und legen Sie es auf den Zeichengrund. Fahren Sie die Konturen mit einem harten Bleistift kräftig nach. Das Motiv wird dabei von der Rückseite des Transparentpapiers auf das Zeichenpapier durchgepaust.

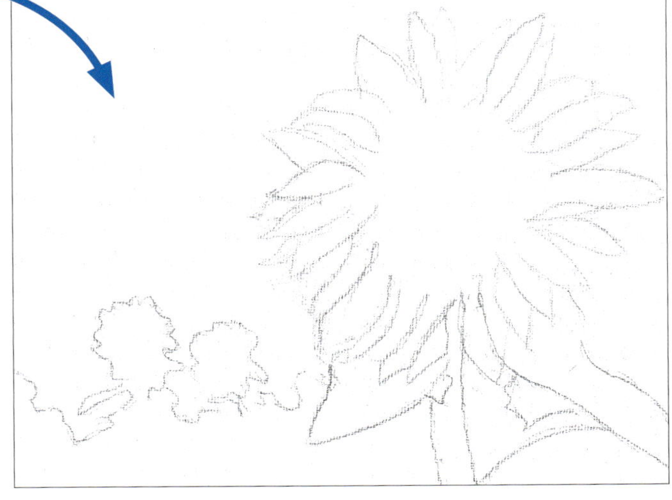



**Sonnenblume** siehe auch S. 25

# 2 Die Rastermethode

Sie kennen das aus dem richtigen Leben:
Scheinbar komplizierte Aufgaben lassen sich oft besser erledigen, indem man sie in einfache Häppchen aufteilt. Und das ist schon der ganze Trick der Rastermethode.

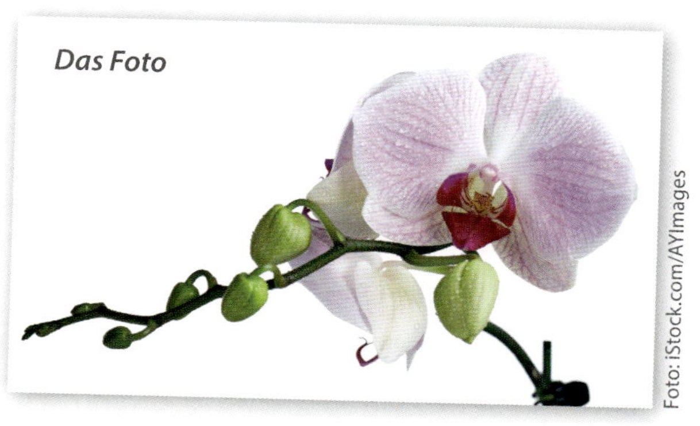

*Das Foto*

Foto: iStock.com/AYImages

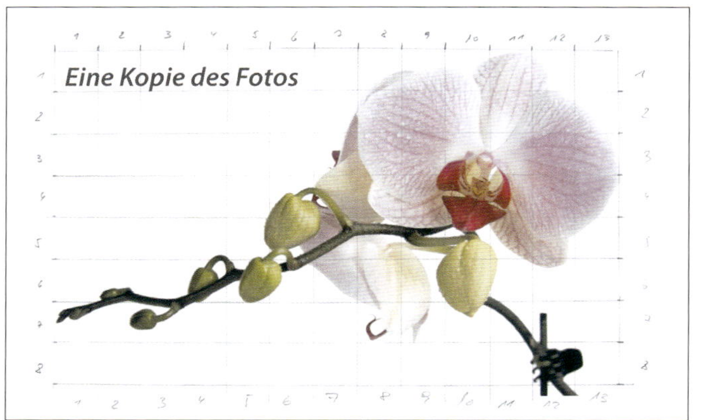

*Eine Kopie des Fotos*

Das Rastern ist eine klassische Methode zum Übertragen von Bildern. Die Umrisse des Vorbildes (Skizze oder Foto) werden in kleine Elemente aufgeteilt, die man einzeln auf den ebenfalls gerasterten Zeichengrund überträgt. So lässt sich auch eine komplexe Gestalt wie hier die Orchideenblüte einfach nachzeichnen; gleich groß, vergrößert oder verkleinert.

***Zeichnen Sie das nummerierte Raster auf das Foto oder auf eine Kopie des Fotos. Die Ziffern helfen beim Auffinden der Felder.***

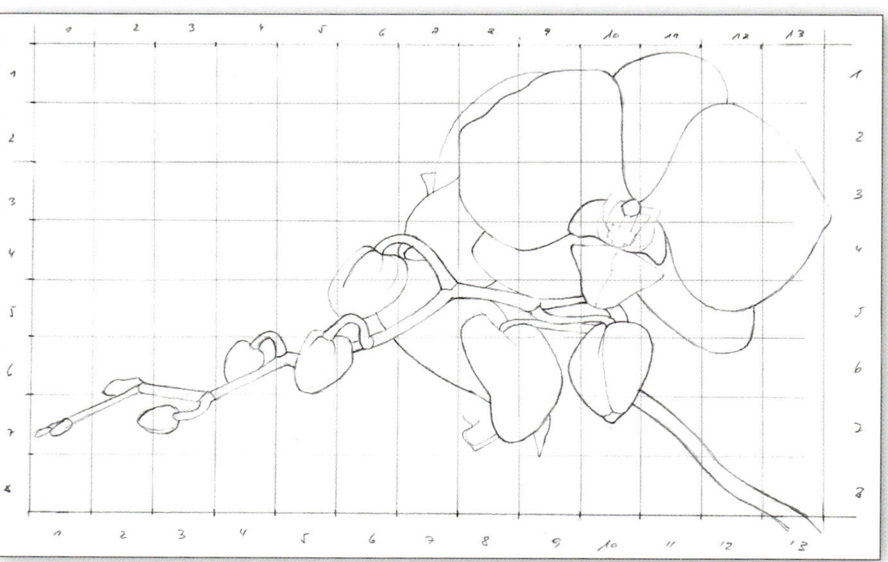

***Zeichnen Sie das Raster proportional kleiner oder größer auf das Zeichenblatt. Nun übertragen Sie die Umrisse Feld für Feld. Nach und nach entsteht die gesamte Vorzeichnung. Zuletzt werden die Rasterlinien ausradiert.***

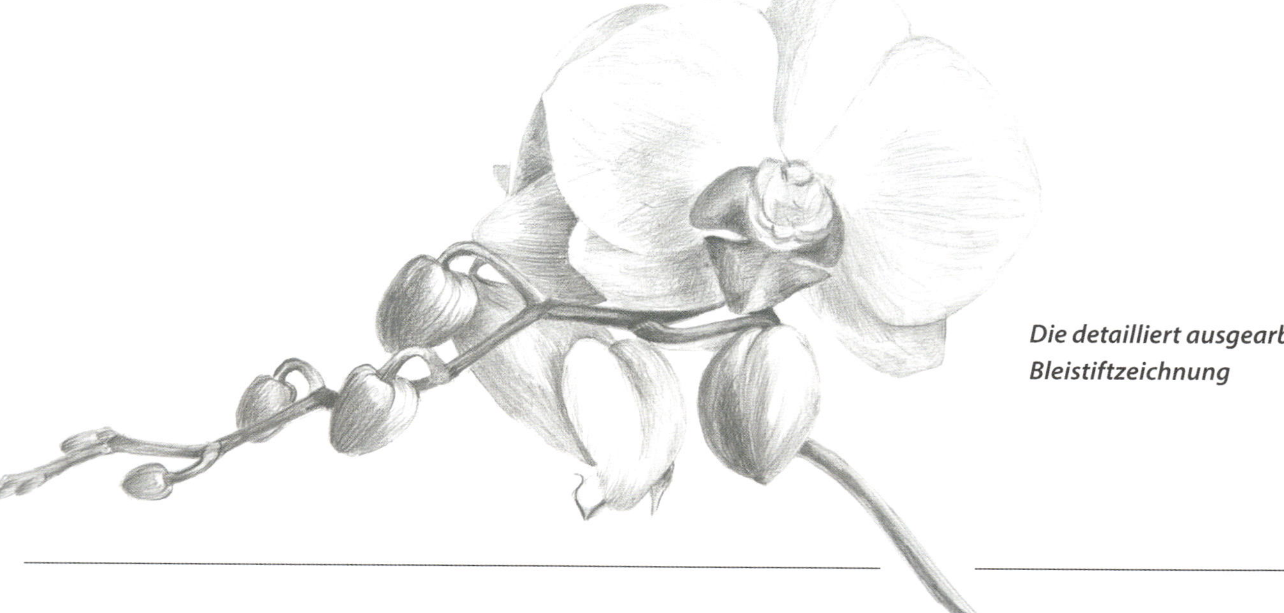

***Die detailliert ausgearbeitete Bleistiftzeichnung***

## 3 Frei nachzeichnen

Von der Skizze zur Zeichnung: Das ist nicht so einfach wie das Übertragen der Konturen, dafür umso lohnender. Auch wenn Sie das Motiv nicht leibhaftig, sondern „nur“ im Foto vor sich haben, setzen Sie sich intensiver mit seinem Erscheinungsbild auseinander. Und Sie freuen sich umso mehr, wenn die Skizzen von Mal zu Mal lockerer und besser werden. Hier die drei typischen Schritte.

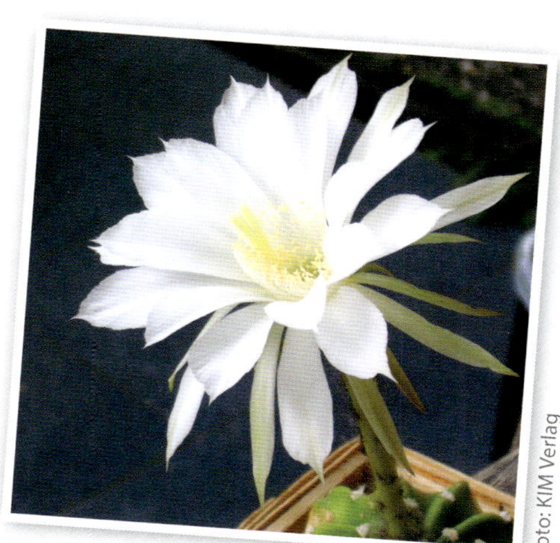

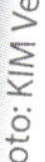

Foto: KIM Verlag

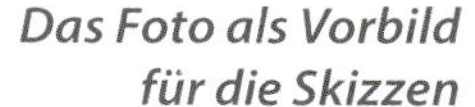

*Das Foto als Vorbild für die Skizzen*

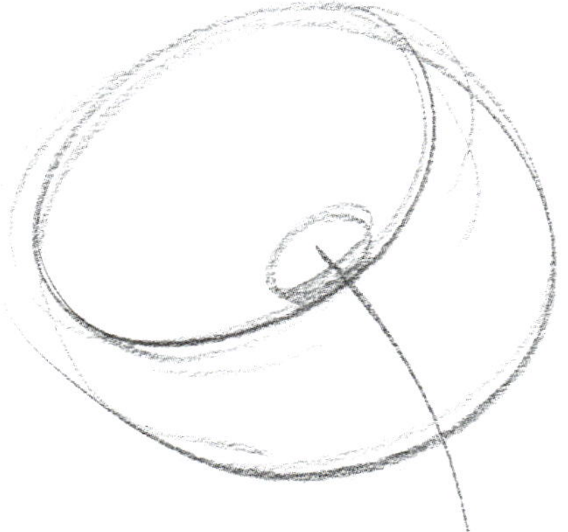

*Jede Blüte hat ihre typische Grundform; hier ein Kelch, der den Anhalt für die Platzierung der Blütenblätter gibt. Aus dieser Perspektive ist die Form perspektivisch verzerrt.*

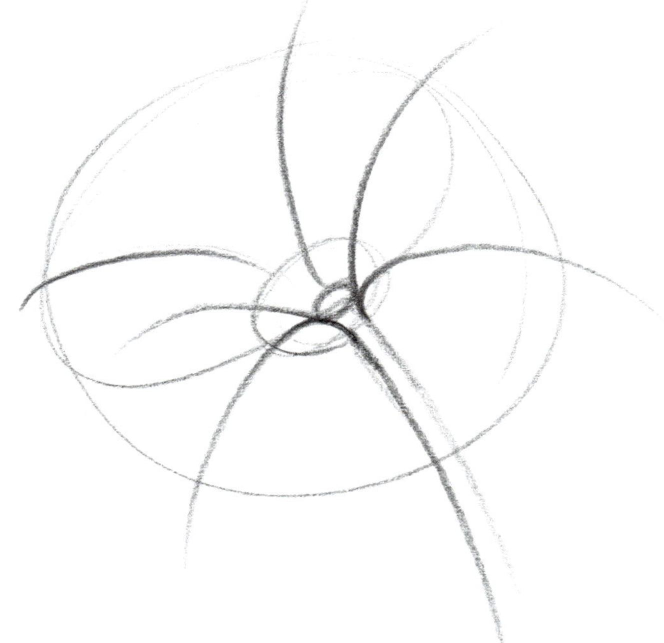

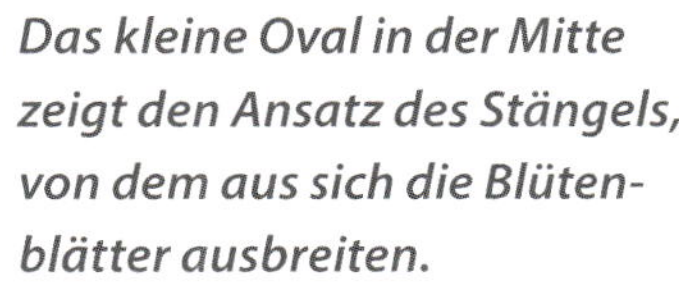

*Das kleine Oval in der Mitte zeigt den Ansatz des Stängels, von dem aus sich die Blütenblätter ausbreiten.*

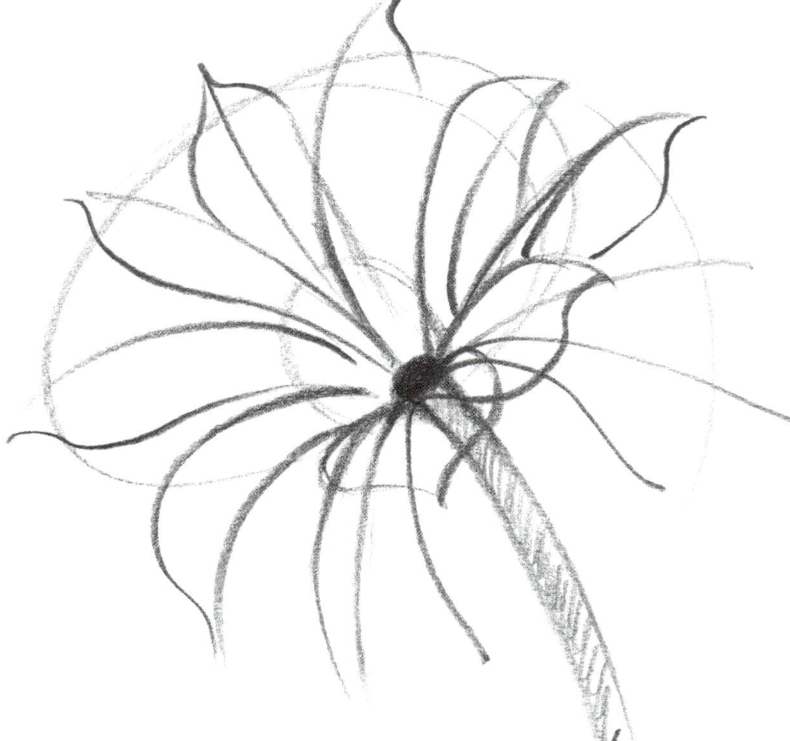

*Aus diesem Aufbau der Blüte von innen wird die Anordnung der Blütenblätter besser verständlich und gibt Sicherheit beim späteren Ausarbeiten.*

**Konturen finden** siehe auch S. 23

# Stilfragen

Ein bestimmtes Blumenmotiv hat es Ihnen besonders angetan. In welchem Zeichenstil wollen Sie beispielsweise die Schwertlilie zu Papier bringen? Vielleicht probieren Sie einfach verschiedene Varianten aus!

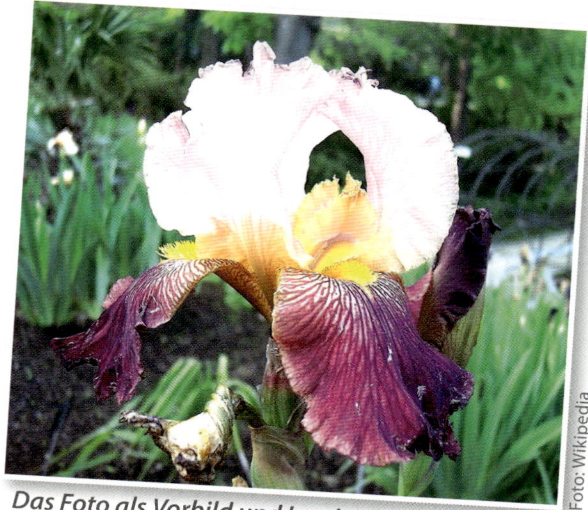


*Das Foto als Vorbild und Inspiration*

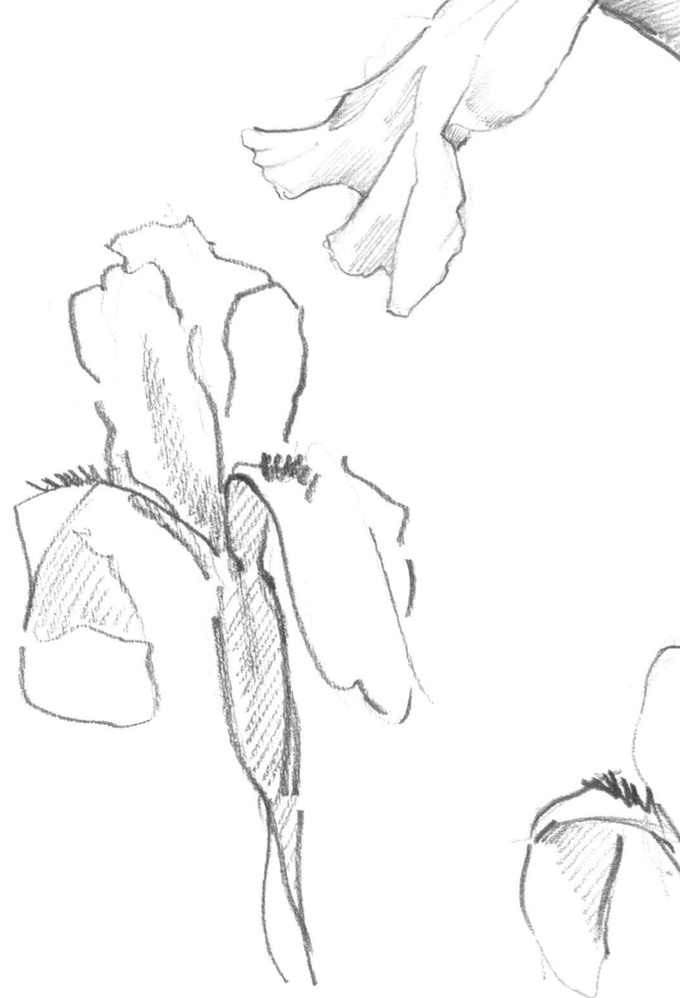

Mit dem weichen Stift (zum Beispiel 3B) gehen Sie von Haus aus großzügiger und entspannter ans Werk. Der Stift bleibt stumpf, feine Details sind nicht möglich und auch nicht nötig. Korrigieren und radieren Sie nicht, fangen Sie lieber frisch an. Verwenden Sie dünnes Skizzenpapier.

*Die fließenden Linien der Schwertlilie laden zum schwungvollen Zeichnen ein. Und schon mit ein paar lockeren Schattenschraffuren wirkt die Skizze plastisch.*



**Skizzieren** siehe auch S. 46, 48

**Ob naturgetreu, stilisiert oder plakativ, flüchtig gezeichnet oder detailreich, in Farbe oder Schwarz-Weiß: Für die Vorzeichnung spielt die spätere Ausführung noch keine Rolle. Ein und dieselbe Umrisszeichnung ist hier Grundlage für jede Art der Umsetzung, wie die folgenden Beispiele zeigen.**

# Farbstift

Die erste Wahl bei Blumenmotiven ist meist der Farbstift. Mit ihm lassen sich Formen, Farben und Texturen erstaunlich detailreich und naturgetreu ausarbeiten.

### Material

- Zeichenpapier, glatt
- Bleistift HB, 3B
- Farbstifte in Weiß, weitere siehe Seitenrand
- Knetgummiradierer

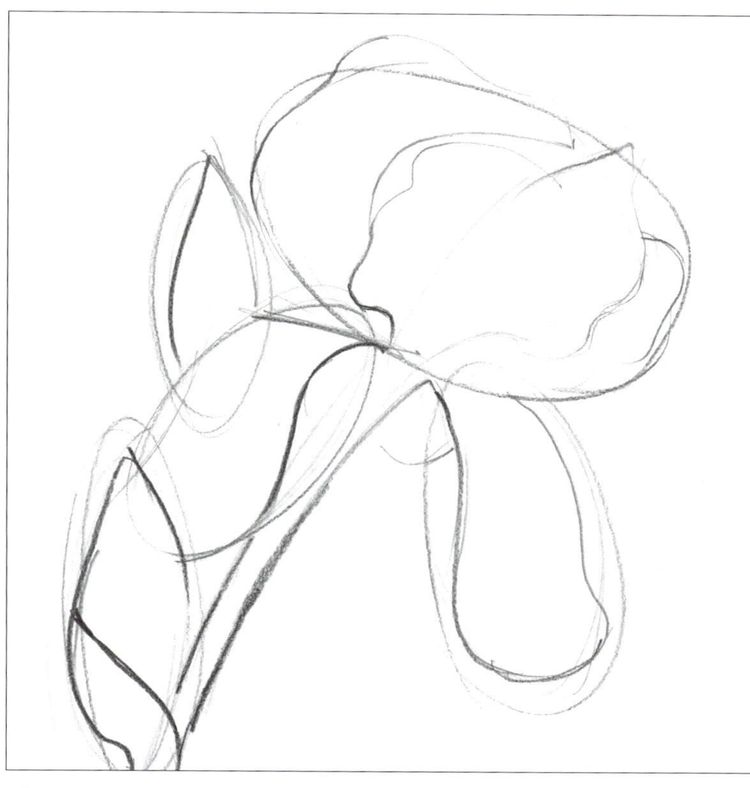

Die Vorzeichnung entsteht aus der Skizze. Oder Sie kopieren die Umrisse vom Foto. Dann sind Sie bei einer so komplexen Gestalt auf der sicheren Seite.

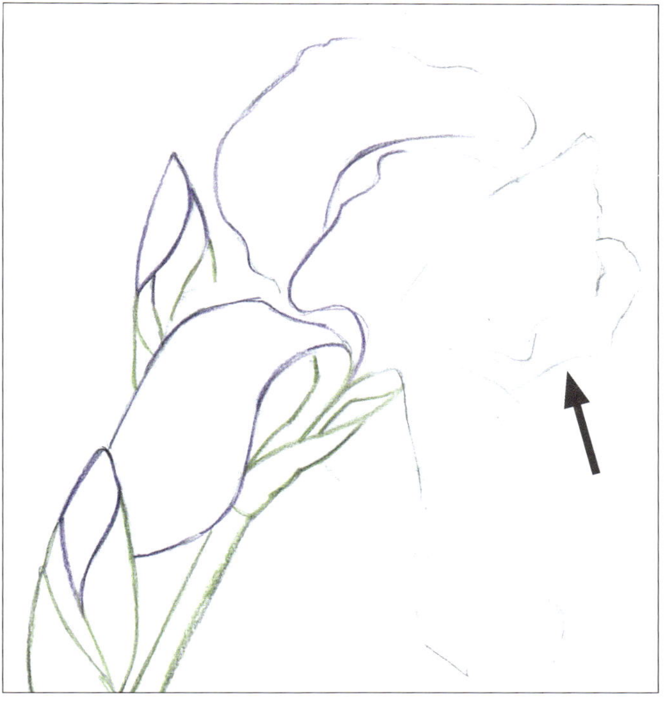

Mit dem Knetgummi die Zeichnung aufhellen (Pfeil). Die besten Linien zeichnen Sie dann kräftig nach und radieren die Hilfslinien mit dem Knetgummi ganz weg. Zeichnen Sie die Innen- und Außenkonturen mit Farbstift bereits in der passenden Grundfarbe nach.

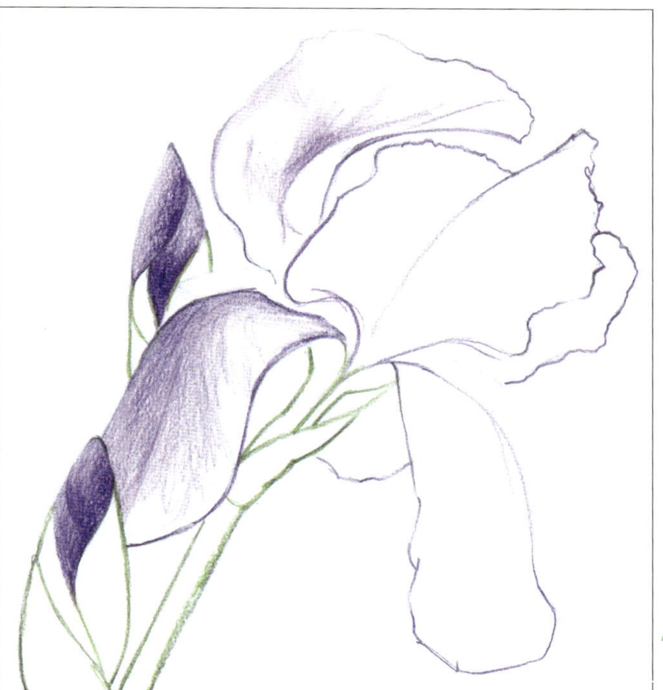

Schraffieren Sie die Bereiche so, dass die Striche in etwa der Blütenform folgen. In den dunklen Bereichen drücken Sie etwas fester an.

**Konturen finden** siehe auch S. 23

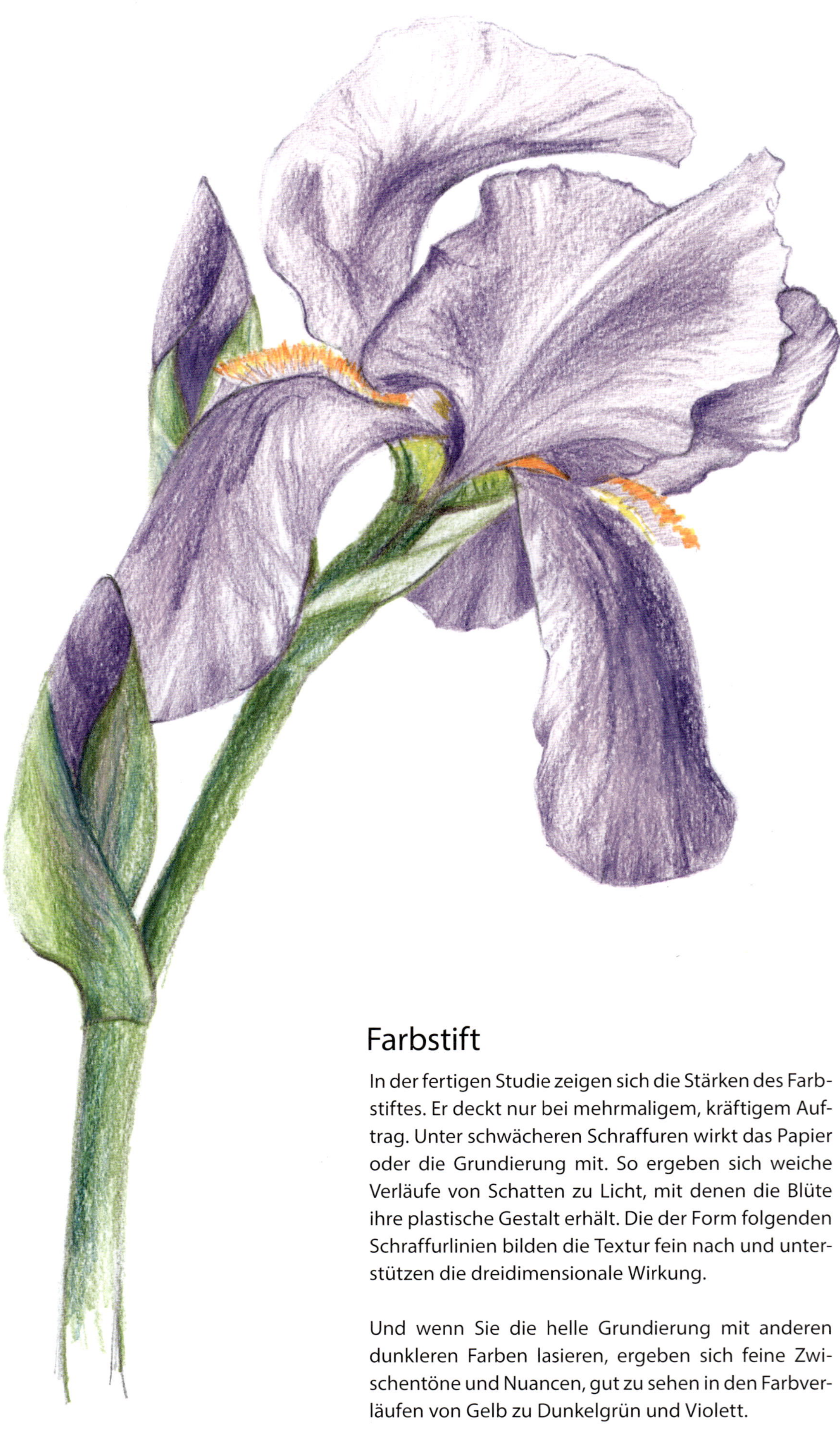

## Farbstift

In der fertigen Studie zeigen sich die Stärken des Farbstiftes. Er deckt nur bei mehrmaligem, kräftigem Auftrag. Unter schwächeren Schraffuren wirkt das Papier oder die Grundierung mit. So ergeben sich weiche Verläufe von Schatten zu Licht, mit denen die Blüte ihre plastische Gestalt erhält. Die der Form folgenden Schraffurlinien bilden die Textur fein nach und unterstützen die dreidimensionale Wirkung.

Und wenn Sie die helle Grundierung mit anderen dunkleren Farben lasieren, ergeben sich feine Zwischentöne und Nuancen, gut zu sehen in den Farbverläufen von Gelb zu Dunkelgrün und Violett.



**Farbstift realistisch** siehe auch S. 38, 40

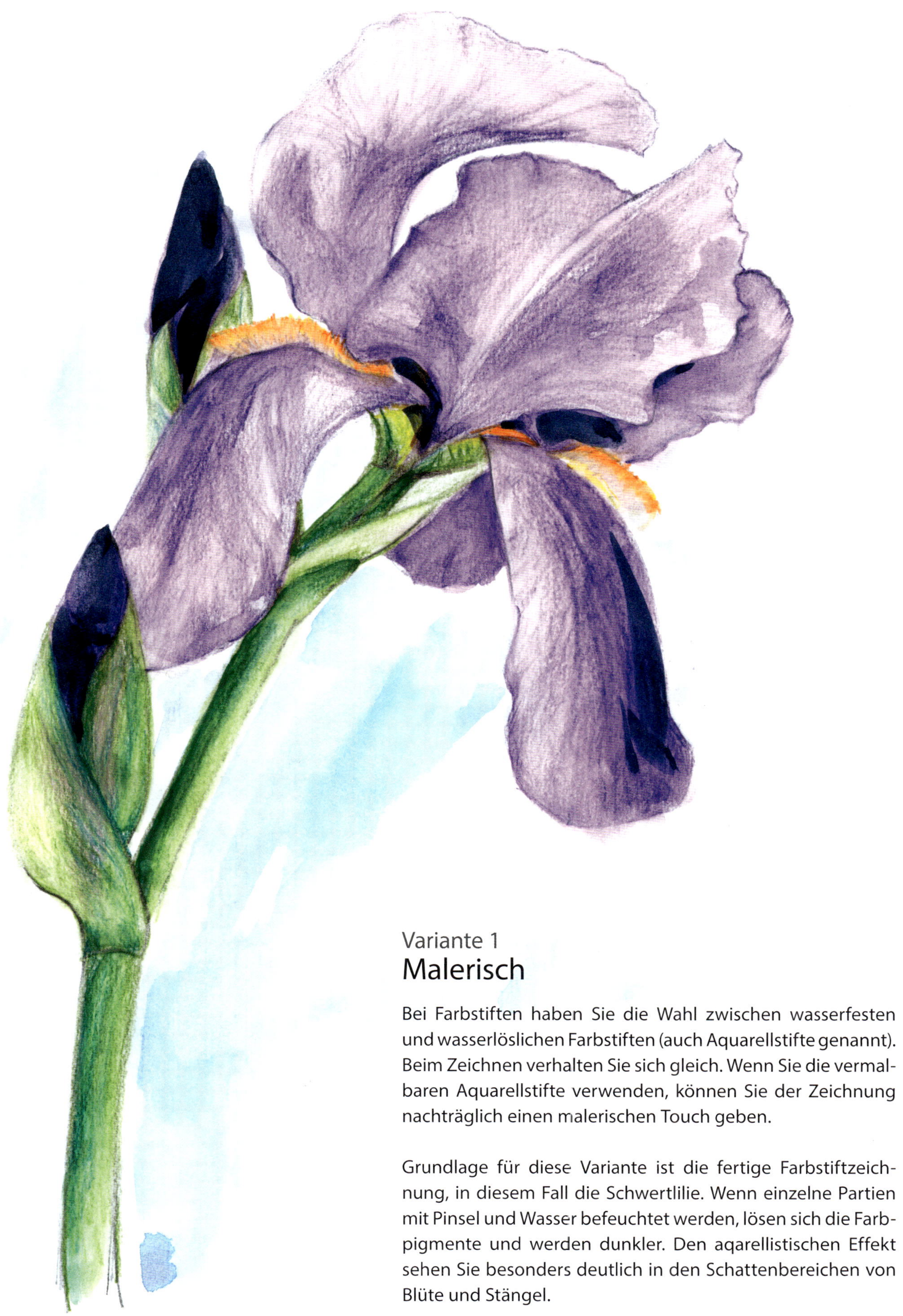

Variante 1
## Malerisch

Bei Farbstiften haben Sie die Wahl zwischen wasserfesten und wasserlöslichen Farbstiften (auch Aquarellstifte genannt). Beim Zeichnen verhalten Sie sich gleich. Wenn Sie die vermalbaren Aquarellstifte verwenden, können Sie der Zeichnung nachträglich einen malerischen Touch geben.

Grundlage für diese Variante ist die fertige Farbstiftzeichnung, in diesem Fall die Schwertlilie. Wenn einzelne Partien mit Pinsel und Wasser befeuchtet werden, lösen sich die Farbpigmente und werden dunkler. Den aqarellistischen Effekt sehen Sie besonders deutlich in den Schattenbereichen von Blüte und Stängel.



**Aquarellstift anlösen** siehe auch S. 89, 92

# Stilisiert und plakativ

Ein Motiv zu stilisieren bedeutet, auf Details zu verzichten und nur die typischen Merkmale herauszuheben. Diese Idee können Sie auf vielfache Weise verwirklichen, hier zum Beispiel in Bildern mit grafischem oder plakativem Charakter – oder auch mit einer ungewöhlichen Kombination von Kreide und Papier. So unterschiedlich die Bildwirkung auch ist, so haben diese Varianten eines gemeinsam: Sie setzen auf klare Flächen und Konturen und verzichten auf Schattierungen und Texturen. Und wiederum baut alles auf der gleichen Vorzeichnung auf.

Variante 2

## Grafisch

Schwarze Konturen und Schattenflächen, alles andere bleibt weiß. Ziehen Sie die Vorzeichnung einfach mit dem Fasermaler nach und füllen Sie die unbeleuchteten Partien. Obwohl Zwischentöne fehlen, wirkt die Schwertlilie plastisch.

### Material

- Zeichenpapier, glatt
- Bleistift HB
- Grafisch: Filzstift in Schwarz
- Plakativ: Farbkreide (Farbtöne siehe Bild)
- Collage: Farbkreide, Tonpapier (siehe Bild)

Variante 3

## Plakativ

Auch in der plakativen Kreidezeichnung zeichnen Sie die Konturen kräftig nach und malen sie satt (eventuell mehrmals) flächig aus: die Lichtseiten in helleren, die Schattenpartien in dunkleren Farben. Den Hintergrund schraffieren Sie zum Beispiel in Pink und Orange. Die ebenso starken wie harmonischen Farben geben dem Bild Kraft. Und mit frei auslaufenden Kreidestrichen bekommt das „Plakat" eine künstlerische Note.

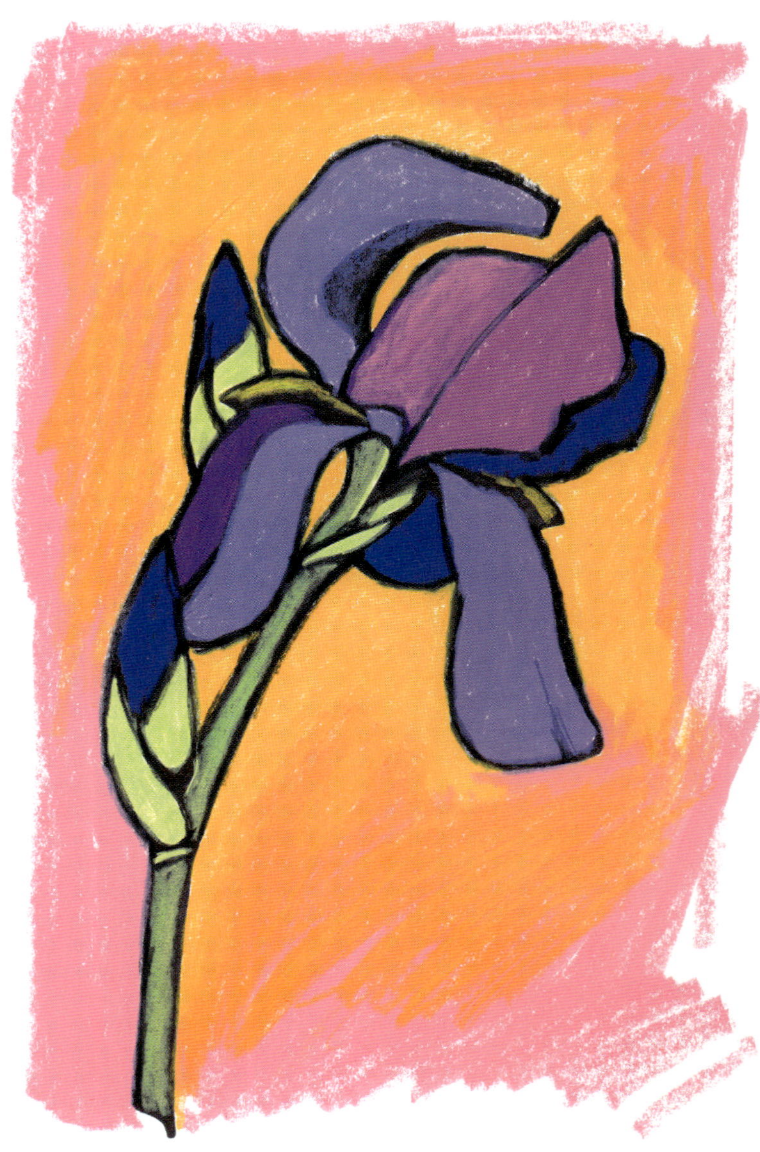



**Grafische Variante** siehe auch S. 96

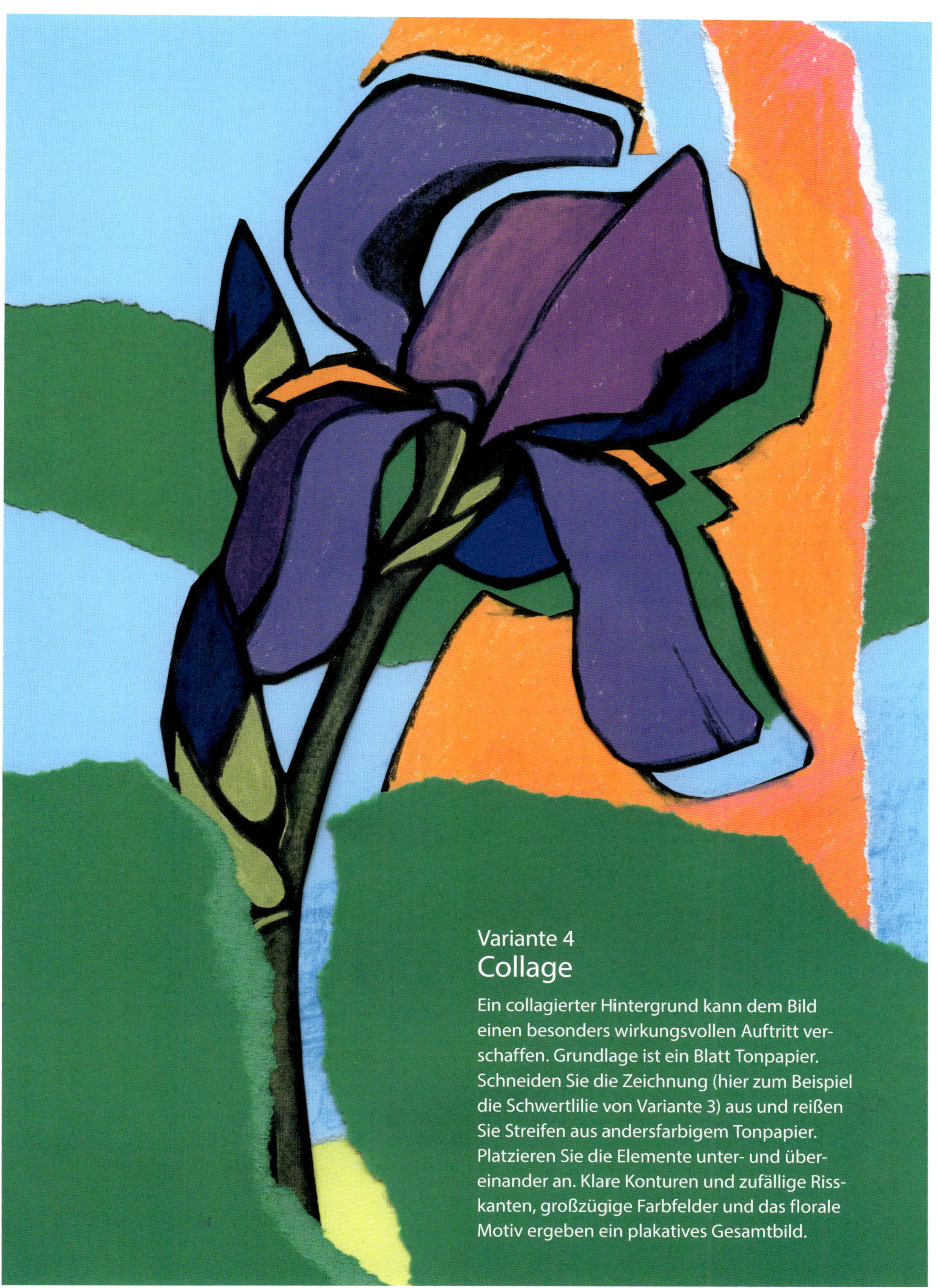

Variante 4

## Collage

Ein collagierter Hintergrund kann dem Bild einen besonders wirkungsvollen Auftritt verschaffen. Grundlage ist ein Blatt Tonpapier. Schneiden Sie die Zeichnung (hier zum Beispiel die Schwertlilie von Variante 3) aus und reißen Sie Streifen aus andersfarbigem Tonpapier. Platzieren Sie die Elemente unter- und übereinander an. Klare Konturen und zufällige Risskanten, großzügige Farbfelder und das florale Motiv ergeben ein plakatives Gesamtbild.

**Collage** siehe auch S. 110

# Schwarz, Grau, Weiß

Der Bleistift ist grau, die Blumenwelt fasziniert mit ihrer wunderbaren Farbenfülle. Doch wie Sie gerade in Schwarz-Weiß den besonderen Charakter von Blumenmotiven ins Bild bringen können, zeigen die folgenden Beispiele. Dabei lernen Sie auch einige wichtige Zeichentechniken kennen.

In der Schwarz-Weiß-Zeichnung werden die Farben zu Graustufen. Ein helles Gelb erscheint hellgrau, ein tiefes Violett beinahe schwarz. Sie kennen das von Schwarz-Weiß-Fotos oder alten Filmen. Die Wahrnehmung ergänzt automatisch die natürliche Farbigkeit. Deshalb empfindet man auch „unbunte" Zeichnungen nicht als unwirklich, seltsam oder unrealistisch.
Graustufen sind also kein schwacher zweitklassiger Ersatz für Farben. Sie bringen eine spezielle Ästhetik, der eigentlich nichts fehlt. Denn eben weil Farben abwesend sind, treten die Formen, der besondere Typus einer Blume, oft stärker in den Vordergrund.

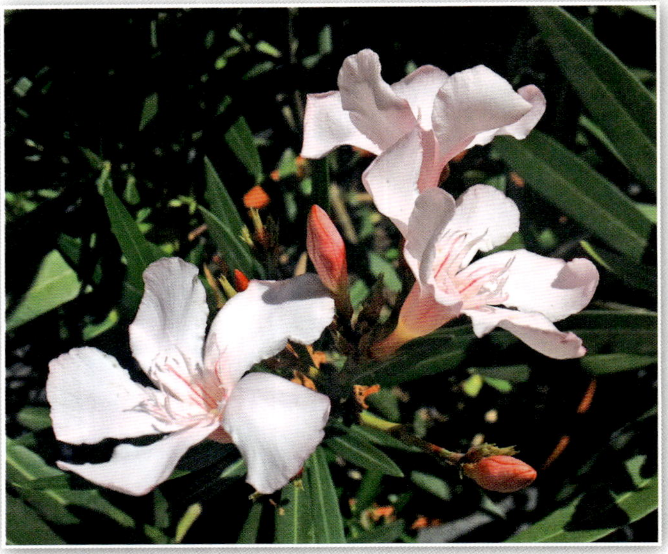

Dieser Effekt zeigt sich schon in der Bleistiftskizze oder Vorzeichnung. Wie ja überhaupt das eigentliche Zeichnen (und das Lernen) „farblos" anfängt: Was immer Sie zu Papier bringen wollen, ist zunächst eine Sache von Linien und Flächen. In weiterer Folge kommen die Verteilung von Licht und Schatten, die Modellierung der Formen und die Ausarbeitung der Oberflächen hinzu, gegebenenfalls auch die Gestaltung des Hintergrundes. Die typische Abfolge, mit der Sie immer auf der sicheren Seite sind, sehen Sie rechts in den fünf Schritten.

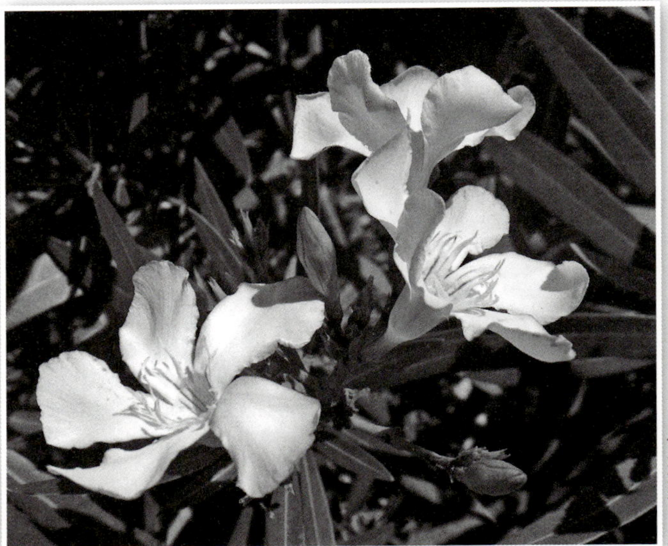

Fotos: KIM Verlag

*Der Oleander links im Farbfoto, oben in der in Graustufen umgewandelten Variante (als Kopie in Schwarz-Weiß oder digital bearbeitet)*

### Farbton und Tonwert

Der Tonwert ist der Helligkeitsgrad einer Farbe. Unterschiedliche Farbtöne, zum Beispiel ein mittleres Rot und Blau, können den gleichen Tonwert haben. Das zeigt sich in der Schwarz-Weiß-Kopie eines farbigen Bildes. In einer Bleistiftzeichnung geht es daher nur um Tonwerte, um die Graustufen zwischen Weiß und Schwarz.
Sehr helle Grautöne bekommen Sie am besten mit harten Bleistiften (H bis 4H), die von Natur aus einen schwachen Abrieb haben. Dichte, feine Schraffuren bilden zugleich die zarten Texturen ab.
Je weicher der Bleistift, desto dunkler (und auch breiter) wird der Strich schon beim schwachen Andrücken. Ab dem Härtegrad 3B wird der Auftrag dunkel, ab 5B fast schwarz. Ganz schwarz wird der Strich erst mit Kohle. Allerdings lassen sich weiche Stifte gut verwischen. Mit dem Papierwischer können Sie Partien schön gleichmäßig ins Helle ziehen.



**Bleistiftzeichnung nach Farbfoto** siehe auch S. 12, 26, 46

# Die (5) Schritte …

Von der Skizze über die Vorzeichnung zur plastischen Ausgestaltung, von Grundformen zu den Feinheiten: In diesen fünf Schritten kommen Sie bei jedem Motiv sicher ans Ziel; so wie hier beim Oleander.

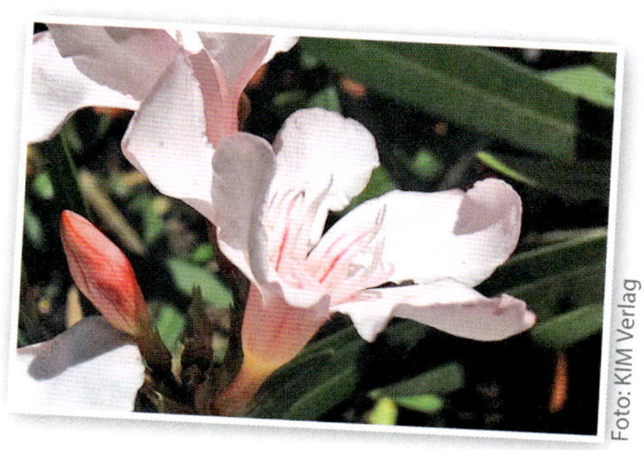
Foto: KIM Verlag

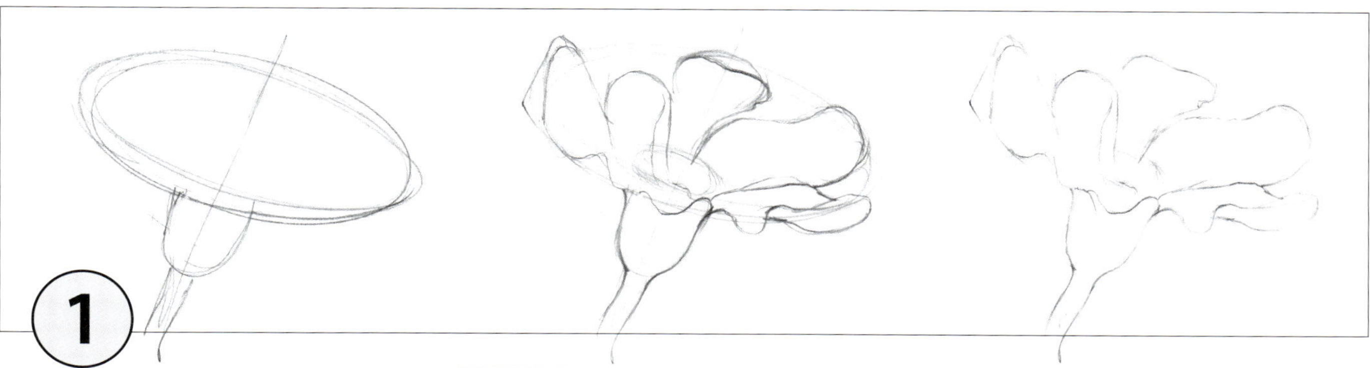

1

**Konturen finden**
**Skizzieren** Sie die Grundzüge mit dem Bleistift HB, zeichnen Sie die **besten Linien** kräftig nach und **wischen** Sie mit dem **Knetgummiradierer** darüber. Was bleibt, sind die Konturen der Vorzeichnung.

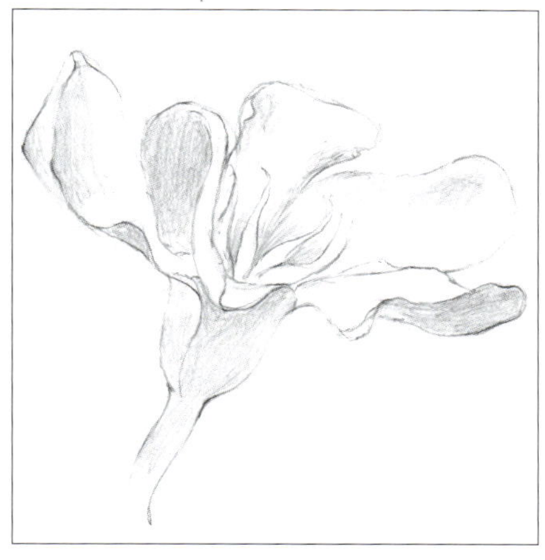

2

**Grundieren**
**Schraffieren** Sie die Schattenbereiche **einheitlich und gleichmäßig**, helle Bereiche und Glanzlichter schwächer oder gar nicht.

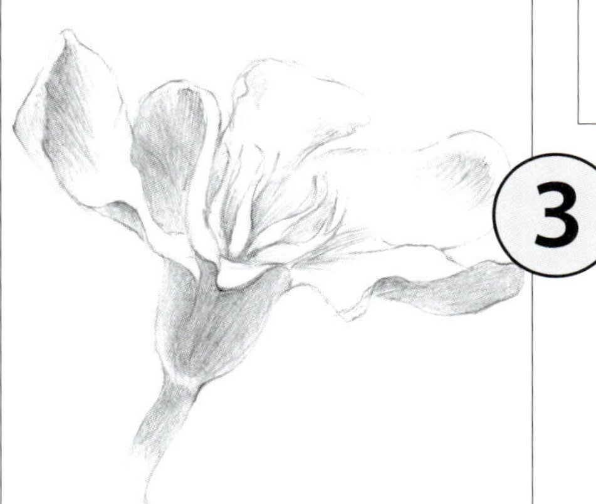

3

**Formgebung**
**Verstärken** Sie die **Schattenbereiche** mit dem weicheren Bleistift B. Die Blüte erhält Form und Volumen.

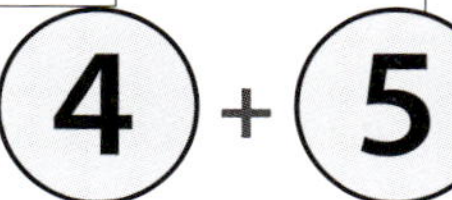


**Tiefe + Räumlichkeit**
**Dunkeln** Sie die Schatten weiter **nach**. Das verstärkt die plastische Wirkung der Blüte. Ob und wie Sie zuletzt einen Hintergrund anlegen, hängt von der Art des Motivs ab. Helle Blüten kommen vor einem dunklen – in diesem Beispiel schwarzen – Hintergrund besonders gut zur Geltung.

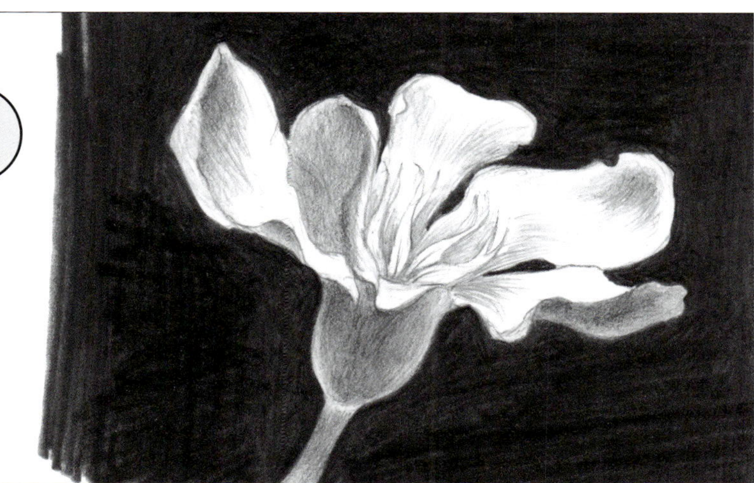



**Konturen finden** siehe auch S. 14, 15, 27

# Weißzeichnen mit dem Radierer

Der Radierer nimmt Farbe wieder ab. Deshalb können Sie ihn auch gezielt als Werkzeug zum Weißzeichnen einsetzen. Für kleine Details ist der Radierstift ideal, für verwischte Lichtstriche der weiche Knetgummi.

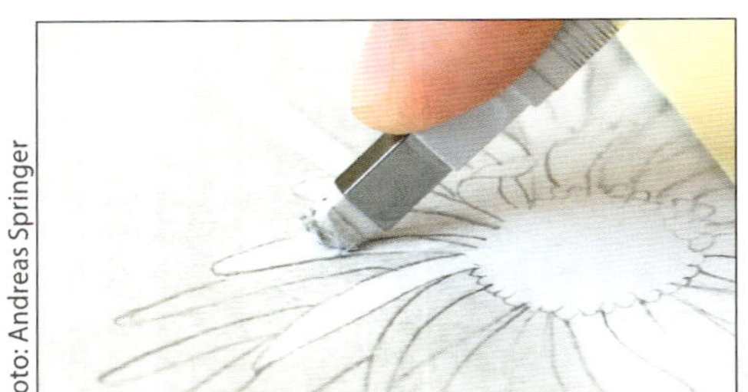

Foto: Andreas Springer

*Mit dem Radierstift radieren Sie die Blütenblätter mit Druck sauber aus.*

## Klar radiert

Die weißen Blüten des Gänseblümchens lassen sich in drei Schritten perfekt mit dem Radierstift aus dem mit Grafitpulver eingefärbten Hintergrund herausholen:

- vorzeichnen,
- das vom Bleistift abgeriebene Pulver mit dem Kosmetiktuch verteilen,
- die Blüten herausradieren.

Mit dem Radierstift geht das besser und genauer als mit der Kante des großen, harten Radierers.

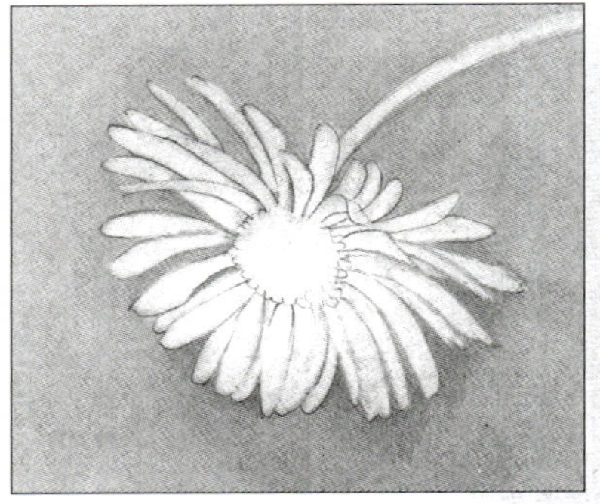

*Das wieder (blüten-)weiße Zwischenergebnis*

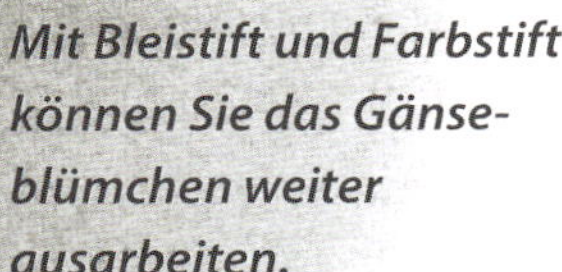

*Mit Bleistift und Farbstift können Sie das Gänseblümchen weiter ausarbeiten.*

## Weich verwischt

Helle oder gar weiße Blüten verdienen einen kontrastreichen Hintergrund, den Sie dann auch wirkungsvoll gestalten können. Hier zum Beispiel mit wilden, kraftvollen Schraffuren mit den weichen Bleistiften 3B und 5B. Dann wischen Sie mit dem Knetgummiradierer kreuz und quer beiläufige Lichtstreifen hinein. Der Knetgummi nimmt nicht alle Farbe ab, sodass weiche Verläufe und darunter auch Schraffurmuster bleiben.

*Rings um das Motiv die mit dem Papierwischer verwischten und verdichteten Bleistiftschraffuren, …*

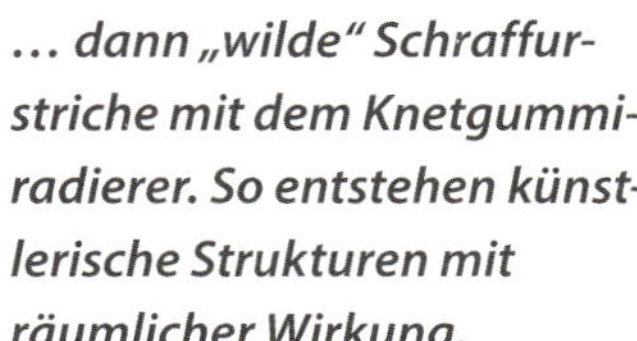

*… dann „wilde" Schraffurstriche mit dem Knetgummiradierer. So entstehen künstlerische Strukturen mit räumlicher Wirkung.*

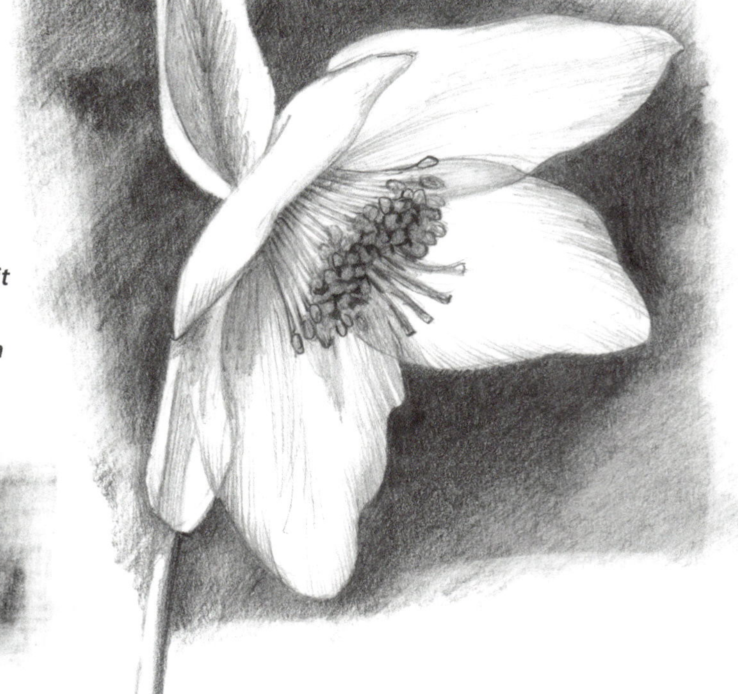



**Elemente herausradieren** siehe auch S. 52, 67

# Sonnenblume

Starke Kontraste, sanfte Schattierungen und klare Konturen: Mit Zeichenkohle kommt die Sonnenblume schön zur Geltung. Besonders einfach und effektvoll geht das im Zusammenspiel von normalen und fetthaltigen Kohlestiften.

Die Sonnenblume zeichnen Sie mit Bleistift HB vor. Die mit dem fetthaltigen, wischfesten Kohlestift nachgezeichneten Konturen bleiben stehen und gehören zum Gesamtbild. Den Blütenkorb umreißen Sie nur mit feinen Punkten. Für alles andere nehmen Sie den normalen Kohlestift, mit dem Sie Blatt und Stängel schraffieren. Den Auftrag verwischen Sie mit dem Papierwischer.

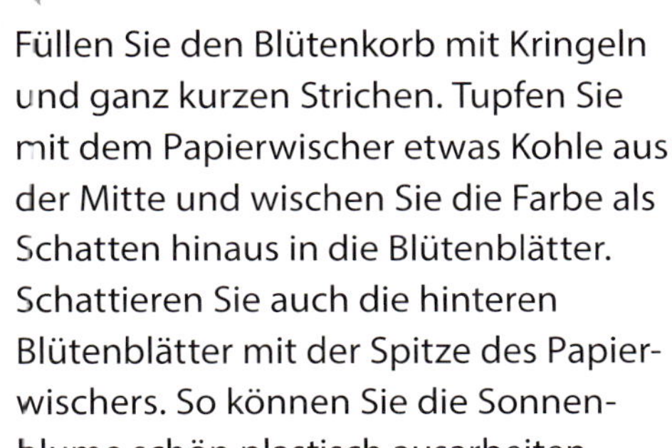

Füllen Sie den Blütenkorb mit Kringeln und ganz kurzen Strichen. Tupfen Sie mit dem Papierwischer etwas Kohle aus der Mitte und wischen Sie die Farbe als Schatten hinaus in die Blütenblätter. Schattieren Sie auch die hinteren Blütenblätter mit der Spitze des Papierwischers. So können Sie die Sonnenblume schön plastisch ausarbeiten.

**Material**

- Bristolkarton
- Bleistift HB
- Kohlestift
- fetthaltiger Kohlestift
- Papierwischer
- Kosmetiktuch
- Knetgummiradierer

Mit einer hell auslaufenden Schattenfläche bekommt das Motiv Halt. Tragen Sie am Rand der Blüte wenig Kohle auf, die Sie mit dem Papierwischer und dann mit dem Kosmetiktuch nach links unten wischen.



**Kohlestift** siehe auch S. 5

# Rosen

Wenn Sie etwas so Schönes wie eine Rose erblicken, erfassen Sie zunächst die ganze Gestalt und erst dann die Details. Und das ist auch der Weg des Zeichnens …

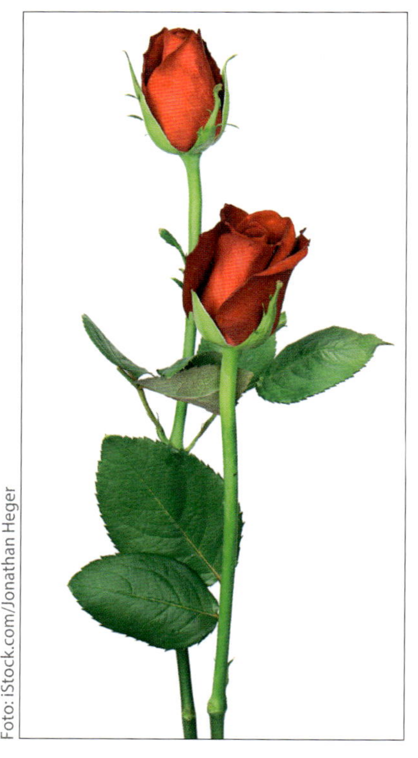
Foto: iStock.com/Jonathan Heger

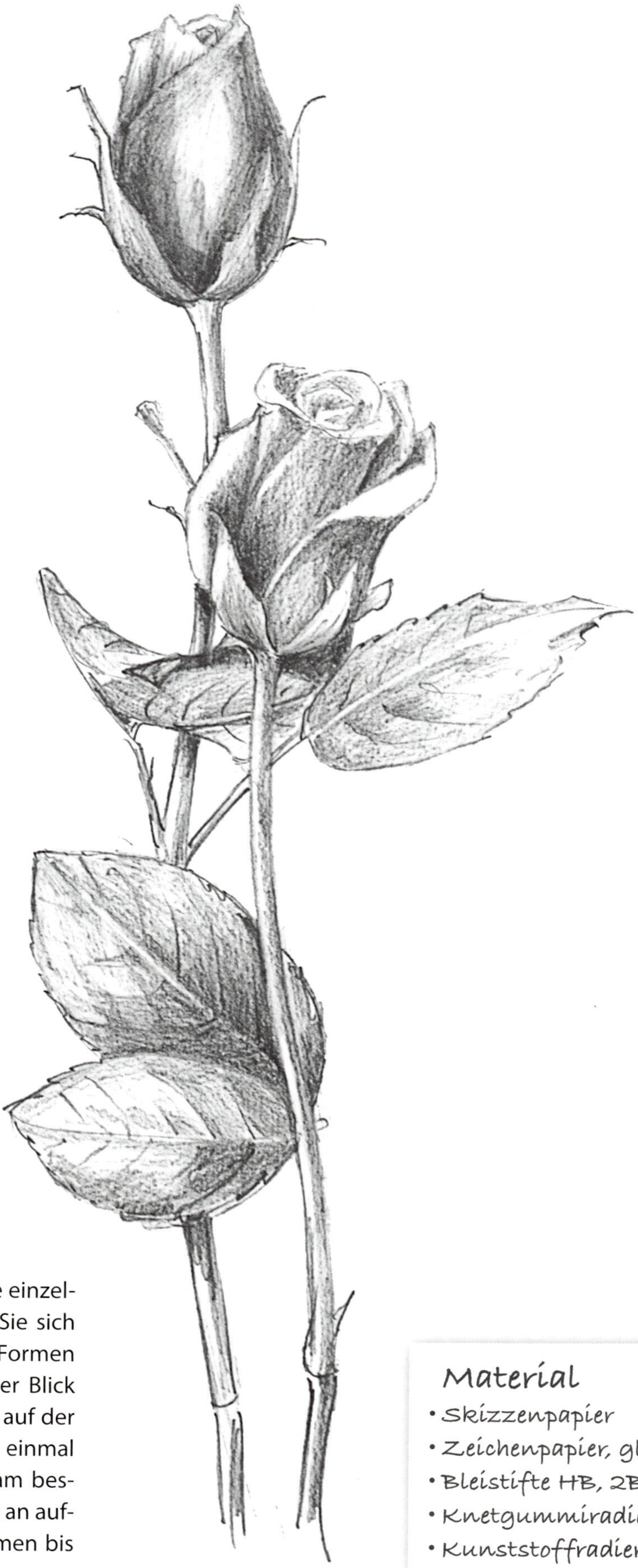

So verlockend es wäre, sich sogleich um die einzelnen Blütenblätter zu kümmern: Schauen Sie sich lieber die ganze Komposition, die großen Formen und deren Anordnung an. Auch später ist der Blick aufs Modell oder aufs Foto wichtig, damit Sie auf der richtigen Spur sind. Rosenblüten sind nun einmal komplizierte Geschöpfe, mit denen Sie sich am besten vertraut machen, wenn Sie sie von Anfang an aufmerksam begleiten: von den runden Hilfsformen bis zum zarten Aufblühen.

**Material**

- Skizzenpapier
- Zeichenpapier, glatt
- Bleistifte HB, 2B
- Knetgummiradierer
- Kunststoffradierer



**Bleistiftzeichnung nach Farbfoto** siehe auch S. 22

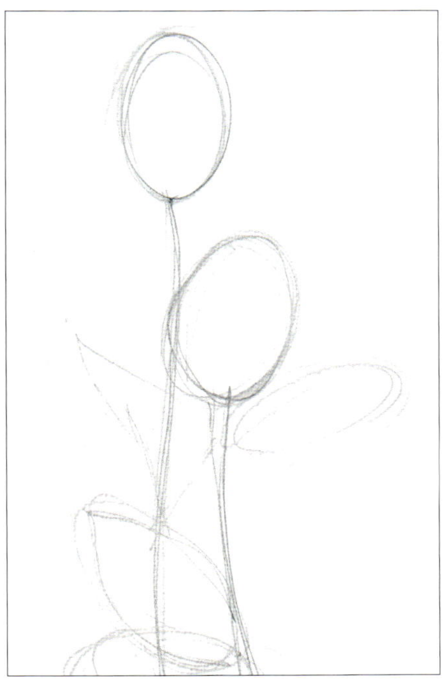

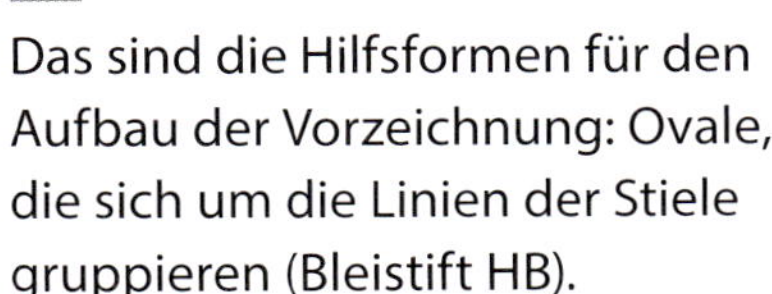

Das sind die Hilfsformen für den Aufbau der Vorzeichnung: Ovale, die sich um die Linien der Stiele gruppieren (Bleistift HB).

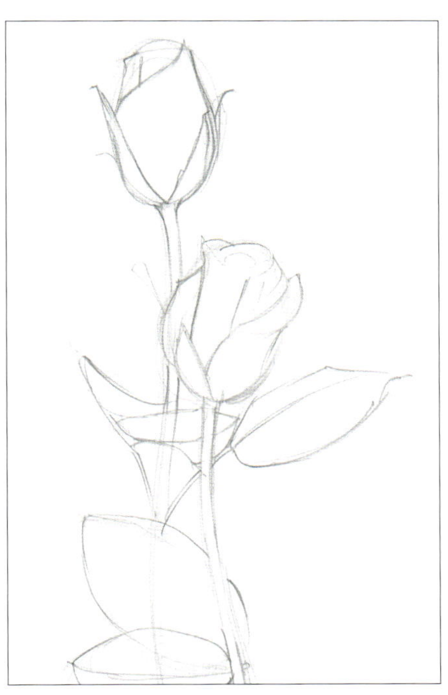

Nun verfeinern Sie die Konturen. Überzeichnen Sie die Hilfsformen einfach mit den besseren und genaueren Konturen: erst die äußeren Umrisse, dann auch die inneren Konturen.

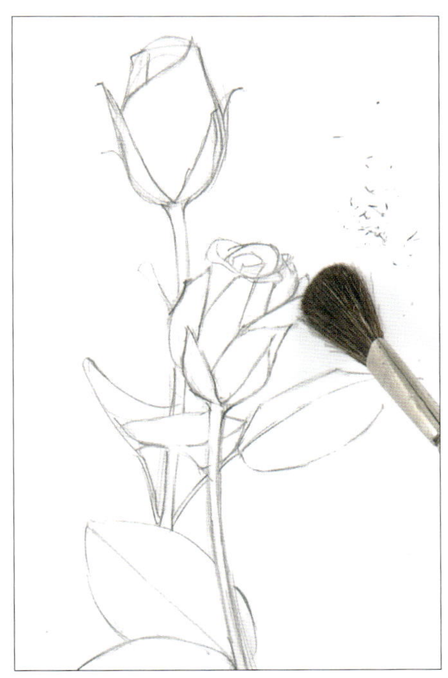

Was bleiben soll, zeichnen Sie kräftig nach. Wenn Sie zum Entfernen der überflüssigen Linien einen Kunststoffradierer verwenden, wischen Sie die Radierkrümel mit einem fülligen Pinsel weg; nicht mit der Hand!

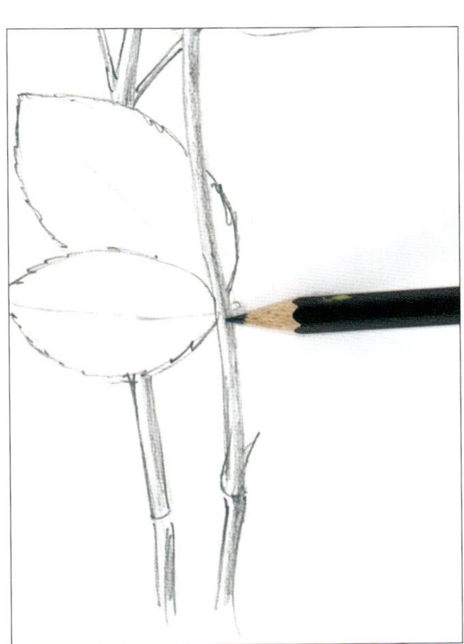

Die Feinarbeit mit dem weicheren Bleistift 3B. Mit Schattenstrichen auf der dem Licht abgewandten Seite bekommen die Stiele Volumen. Die Blätter bekommen mit dem HB zackige Ränder.

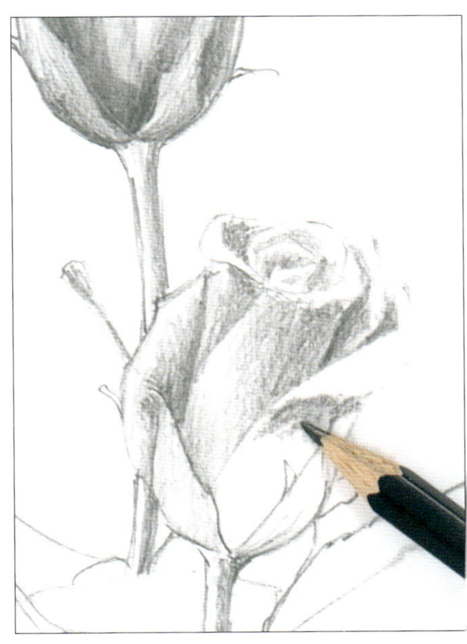

Die Lichtränder der Blütenblätter sparen Sie sorgfältig aus – so wie auf den Blättern auch die Längsadern. Die Blätter haben, anders als die glatten Blüten, eine leicht geriffelte Textur.

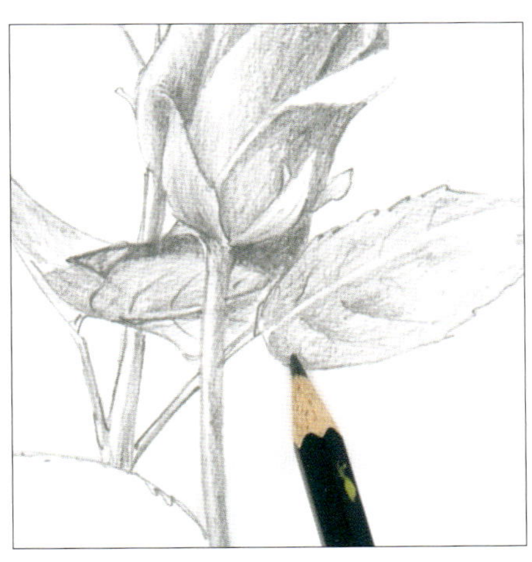

Schraffieren Sie die Blätter zart und sparen Sie die Längsader aus. Die Queradern deuten Sie mit Strichen und Schattenschraffuren an. Beachten Sie, dass die Blätter teilweise von der Blüte und von anderen Blättern beschattet werden. Zuletzt verstärken Sie eventuell noch da und dort die Schatten oder hellen bestimmte Bereiche mit dem Knetgummi auf.



**Konturen finden** siehe auch S. 23

# Kaktusblüte

Der schwarze Hintergrund verhilft der Kaktusblüte zu einem blendend weißen Auftritt und bringt die filigrane Erscheinung ans Licht: Schwarz macht Weiß …

**Material**

- Zeichenpapier, glatt
- Bleistift H, HB, 3B, 8B
- Knetgummiradierer
- Papierwischer

Die Kaktusblüte ist ebenso weiß wie das Papier. Robuste Konturen würden die zarte Erscheinung stören, jedenfalls in einer realistischen Zeichnung. In solchen Fällen hilft eine dunkle Umgebung doppelt. Die Blüte setzt sich auch ohne Konturen gut ab, und vor dem in diesem Beispiel schwarzen Hintergrund leuchtet sie förmlich heraus.

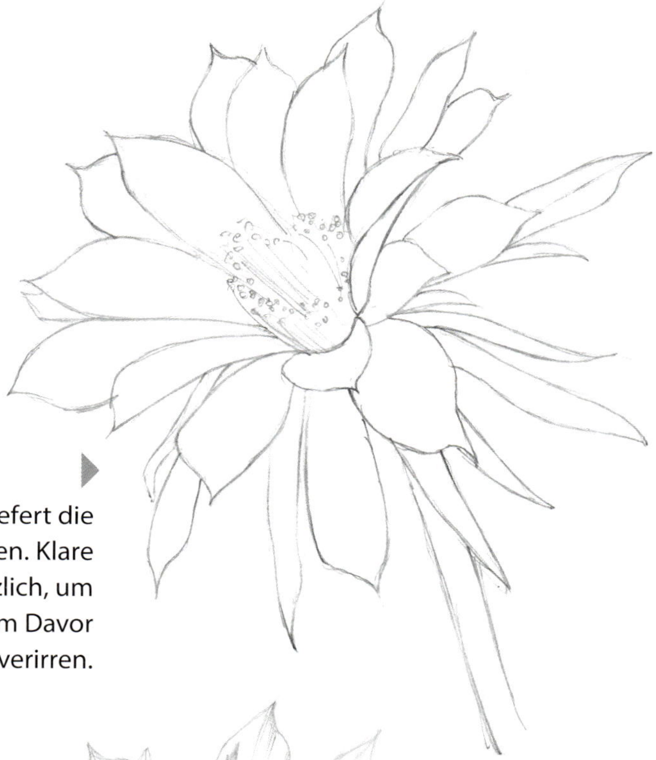

Die Vorzeichnung liefert die vorläufigen Konturen. Klare Linien sind nützlich, um sich später nicht im Davor und Dahinter zu verirren.

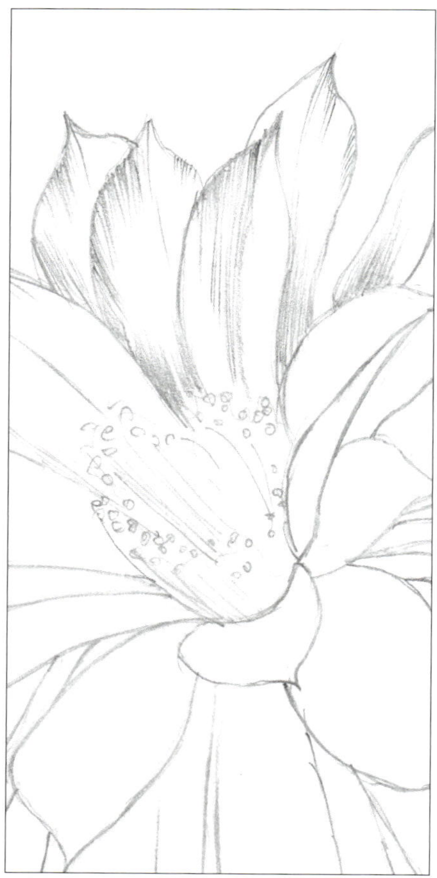

Mit spitzem Stift (H) und feinen Schraffurstrichen schattieren und modellieren Sie die einzelnen Blütenblätter. Folgen Sie den Formen und lassen Sie die Striche in die Lichtseiten auslaufen.

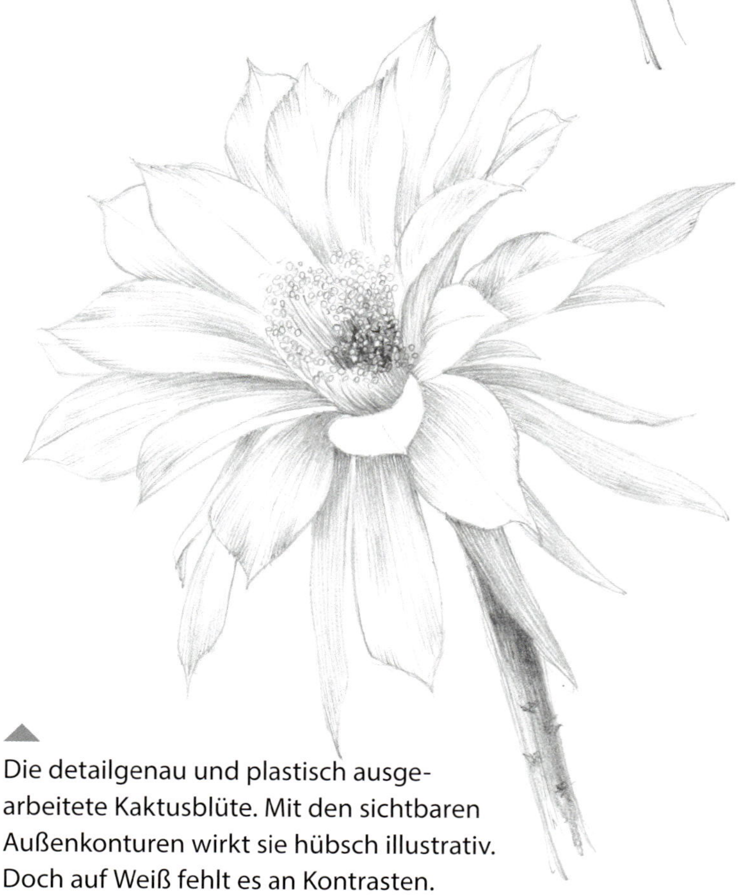

Die detailgenau und plastisch ausgearbeitete Kaktusblüte. Mit den sichtbaren Außenkonturen wirkt sie hübsch illustrativ. Doch auf Weiß fehlt es an Kontrasten.



**Konturen finden** siehe auch S. 23 • **Konturen durchpausen** siehe auch S. 13

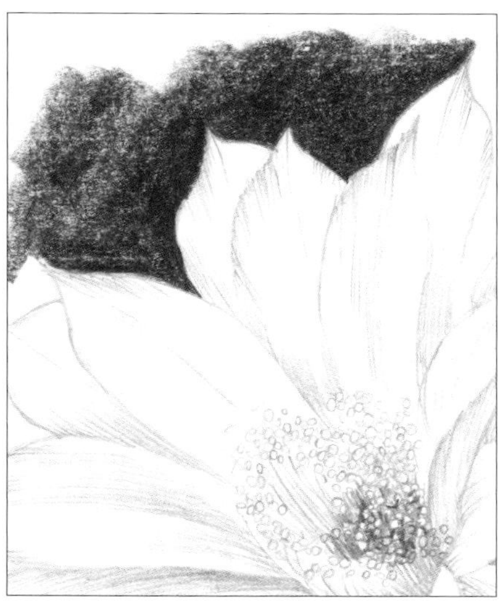

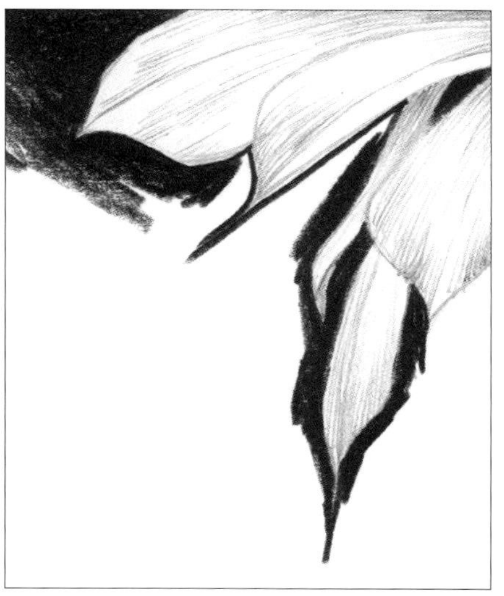

Mit einem schwarzen Hintergrund können Sie die Bildwirkung dramatisch steigern. Färben Sie die Umgebung einfach mit dem sehr weichen (und sehr schwarzen) Stift 8B, womit auch die Konturen verschwinden.

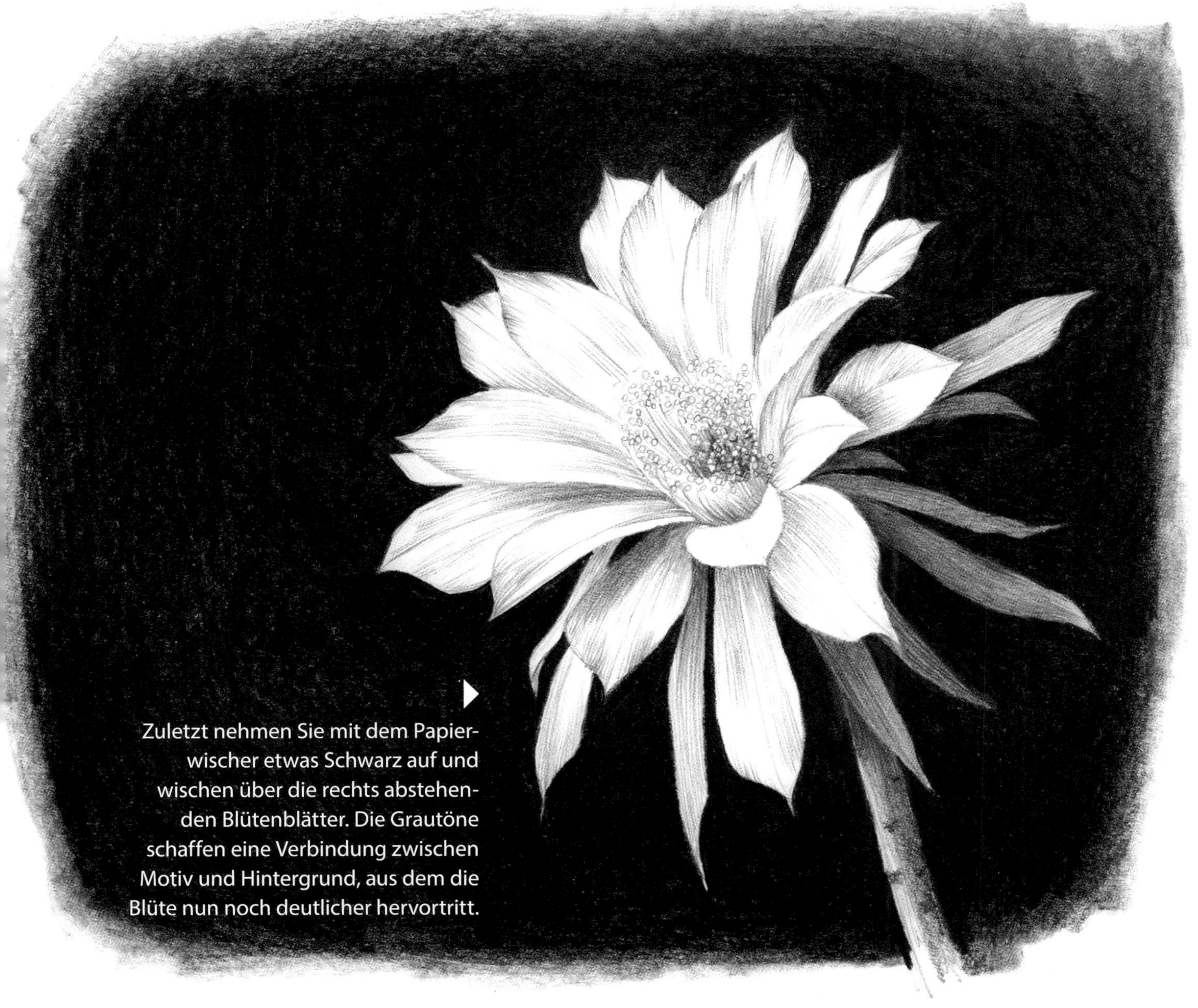

Zuletzt nehmen Sie mit dem Papierwischer etwas Schwarz auf und wischen über die rechts abstehenden Blütenblätter. Die Grautöne schaffen eine Verbindung zwischen Motiv und Hintergrund, aus dem die Blüte nun noch deutlicher hervortritt.



**Dunkler Hintergrund** siehe auch S. 12, 23, 31, 82

# Anemone

Die harten Bleistifte der Serie H brauchen Sie eher selten; eigentlich nur zum Herausarbeiten besonders delikater Texturen. Hier wird sozusagen hart zu zart.

Die Anemone erscheint trotz (oder gerade wegen) der feinen, dichten Schraffurstriche als blütenweiß – selbst in den Schattenpartien. Mit einem grauen bis schwarzen Hintergrund können Sie diesen Eindruck verstärken, und zwar mit dem sehr weichen Bleistift 6B als Gegenstück zum harten 4H, mit dem Sie die Blüte schraffiert und modelliert haben. Der Kontrast könnte nicht stärker sein: die Blüte aufs Allerfeinste ausgestaltet, die Fläche dahinter formlos dunkel und daher auch ein effektvolles Mittel, die Anemone ans Licht zu setzen. Was übrigens noch den praktischen Vorteil hat, dass die gezeichneten Konturen verschwinden. Vor dem Dunkel setzen sich die Blütenblätter und vor allem auch die Lichtränder von selbst ab.

**Material**

- Zeichenpapier, glatt
- Bleistifte 4H, 2H, HB, B, 3B, 4B, 6B
- Papierwischer
- Knetgummiradierer
- Kunststoffradierer

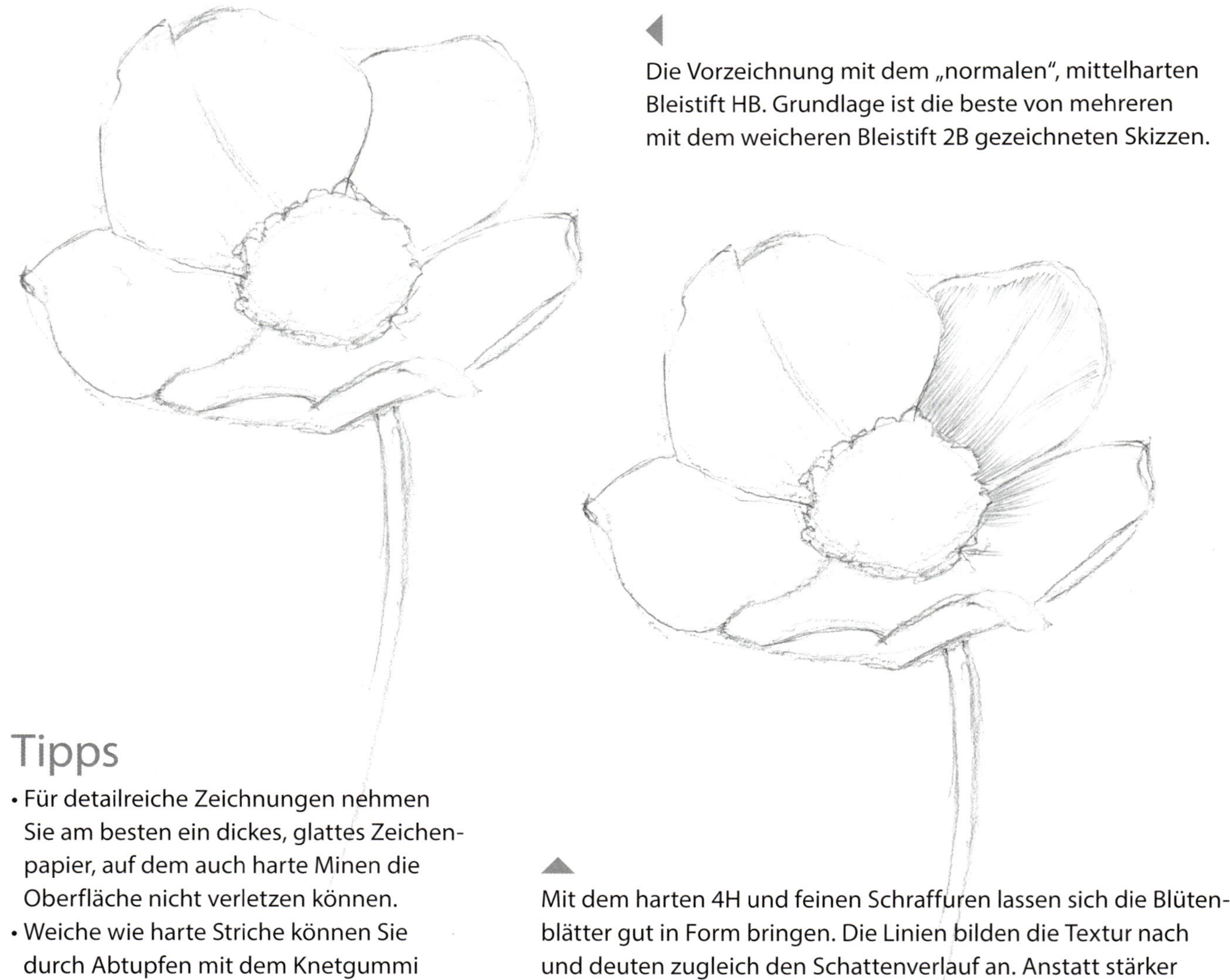

◀ Die Vorzeichnung mit dem „normalen", mittelharten Bleistift HB. Grundlage ist die beste von mehreren mit dem weicheren Bleistift 2B gezeichneten Skizzen.

▲ Mit dem harten 4H und feinen Schraffuren lassen sich die Blütenblätter gut in Form bringen. Die Linien bilden die Textur nach und deuten zugleich den Schattenverlauf an. Anstatt stärker anzudrücken, setzen Sie die Striche einfach dichter aneinander.

## Tipps

- Für detailreiche Zeichnungen nehmen Sie am besten ein dickes, glattes Zeichenpapier, auf dem auch harte Minen die Oberfläche nicht verletzen können.
- Weiche wie harte Striche können Sie durch Abtupfen mit dem Knetgummi gut abschwächen.



**Konturen finden** siehe auch S. 23

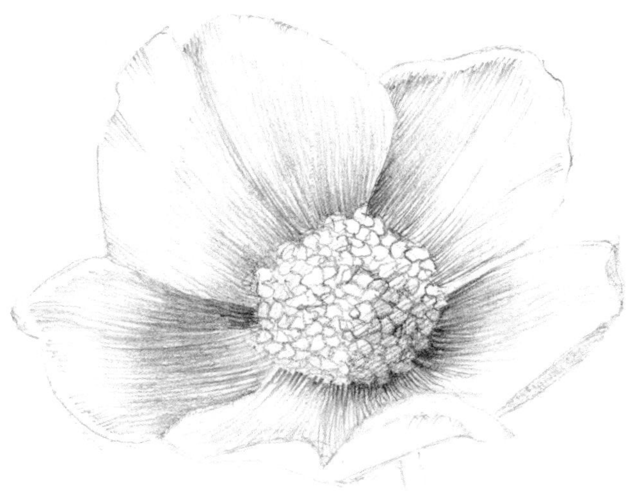

Ebenso fein zeichnen Sie die Kringel in der Mitte. Die Schattenpartien rechts verwischen Sie einfach mit dem Papierwischer, und schon haben Sie die Kugelform.

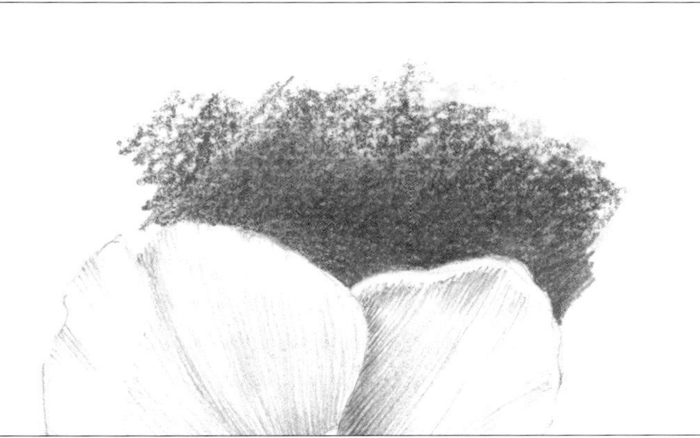

Für den Hintergrund im oberen Bereich nehmen Sie den Bleistift 6B. Arbeiten Sie erst den Blütenrand sauber nach. Die anderen Bereiche lassen Sie zunächst weiß.

## Aus Fläche wird Raum

Auch eine einheitlich dunkle Fläche würde zwar das Motiv gut herausheben, aber eben flach wirken. Der gewünschte räumliche Eindruck entsteht erst durch den unregelmäßigen Verlauf vom Schwarz rechts oben zum Hellgrau in den unteren Bereichen. Mit dieser Lichtführung bekommt das ganze Motiv Tiefe.

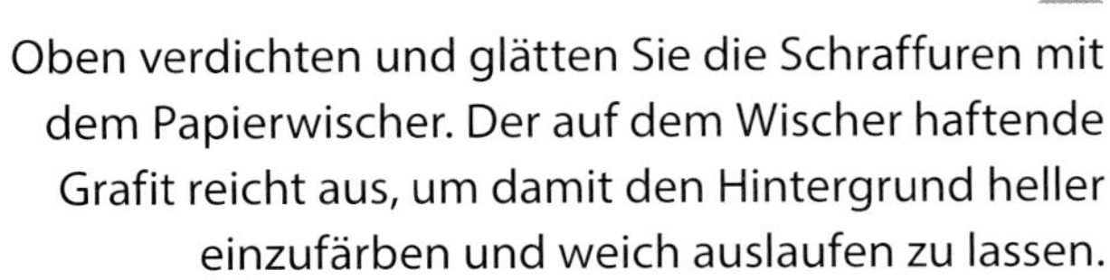

Oben verdichten und glätten Sie die Schraffuren mit dem Papierwischer. Der auf dem Wischer haftende Grafit reicht aus, um damit den Hintergrund heller einzufärben und weich auslaufen zu lassen.



**Dunkler Hintergrund** siehe auch S. 29 • **Papierwischer** siehe auch S. 7

# Transparent

Der Eukalyptuszweig inspiriert zum Spiel mit stilisierten Linien, Formen und Flächen. Dazu passt es, die eigentlich unsichtbaren, weil verdeckten Bildteile mitwirken (und durchscheinen) zu lassen.

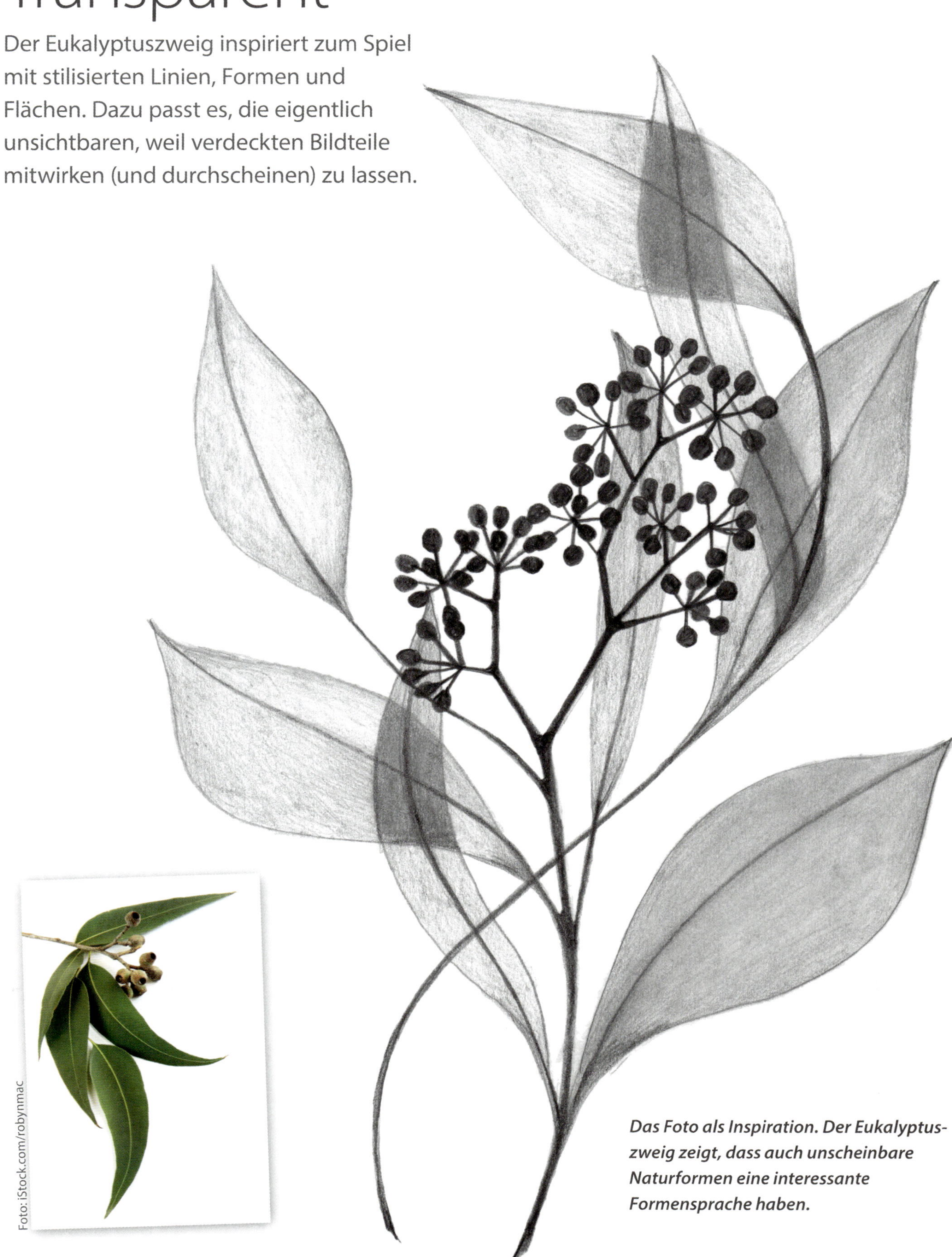

Foto: iStock.com/robynmac

*Das Foto als Inspiration. Der Eukalyptuszweig zeigt, dass auch unscheinbare Naturformen eine interessante Formensprache haben.*



**Papierwischer** siehe auch S. 7

## Material

- Zeichenpapier, glatt
- Bleistift HB, 3B
- Knetgummiradierer
- Kunststoffradierer
- Papierwischer

Als Motiv bietet sich der schlichte Eukalyptus mit seinen vereinfachten Formen, den lanzenförmigen Blättern und dem klaren Fruchtstand besonders gut an.
Der Trick dabei ist die Formen schwungvoll vorzuzeichnen und dabei die verdeckten Linien weiterzuführen. Ebenso unbekümmert schraffieren Sie alle Blattformen. In den Partien, wo sie sich überschneiden, zeichnen Sie alles dunkler.

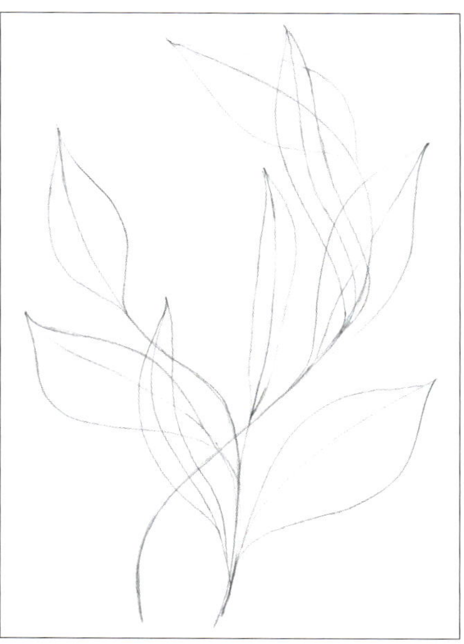

▲ In der Vorzeichnung (Bleistift HB) beginnen Sie mit den Stängeln und hinteren Blättern, darüber zeichnen Sie die vorderen und überlappenden Blätter.

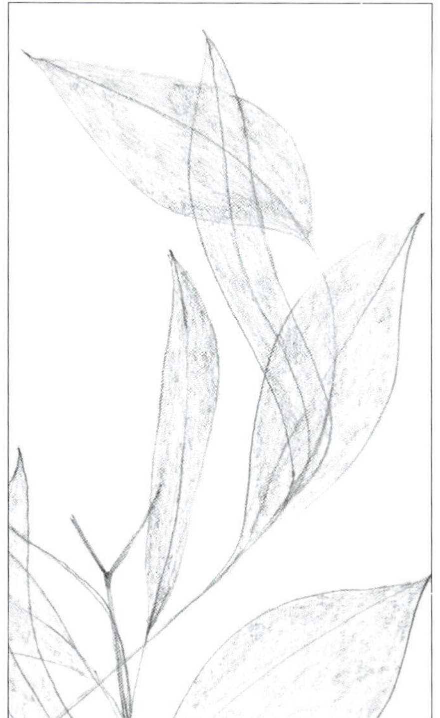

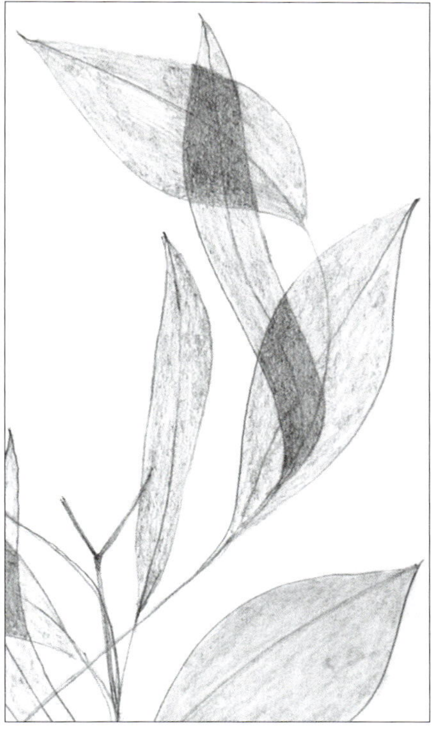

Alle Blätter werden gleichmäßig mit leichten Schraffuren gefüllt. Dabei halten Sie den Stift HB flach. Wo sich die Blätter überschneiden, schraffieren Sie die Fläche kräftiger nach. Dann verwischen und verdichten Sie die Flächen mit dem Papierwischer.

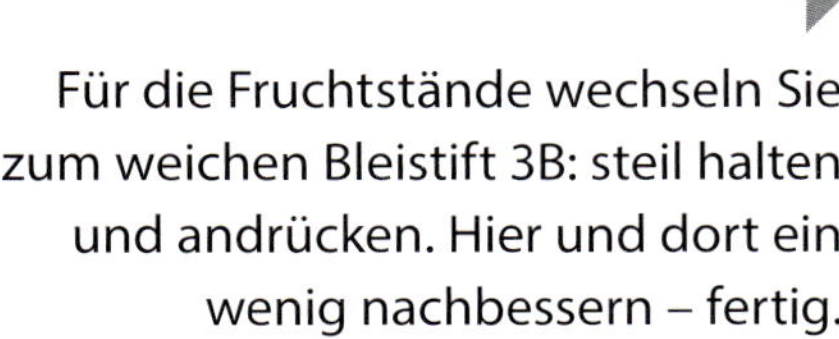

▶ Für die Fruchtstände wechseln Sie zum weichen Bleistift 3B: steil halten und andrücken. Hier und dort ein wenig nachbessern – fertig.

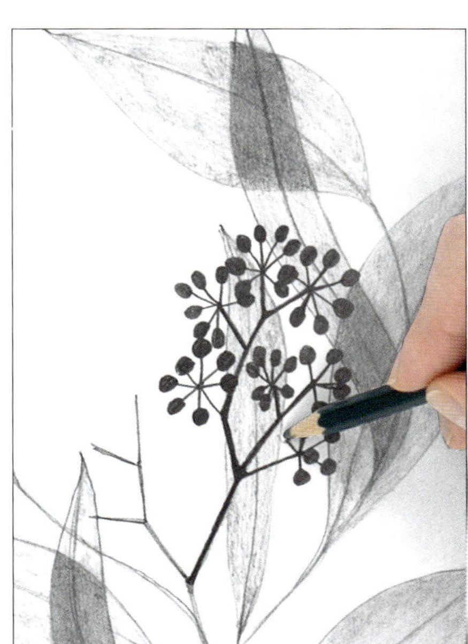

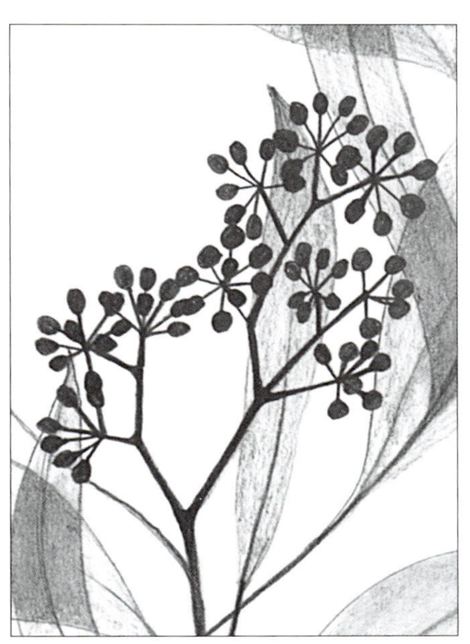



**Dekorative Ausführungen** siehe auch S. 96, 107

# Harmonie

Das ist das Zauberwort beim Zeichnen vom Blumen, und die Vorbilder dafür liefert die Natur in all ihren floralen Facetten: im Reichtum der Formen und Gestalten ebenso wie in ihrem oft überschäumenden, bisweilen auch reduzierten Farbdesign. Ein einfaches Mittel, um all dem gerecht zu werden, sind z. B. Farbstifte.

Vielleicht kennen Sie Farbstifte nur als Buntstifte aus Kinderzeiten (oder vom Kolorieren von Vorlagen). Dann werden Sie staunen, was sich, jedenfalls mit Künstlerfarbstiften, alles machen lässt: von naturgetreuen, beinahe fotorealistischen Studien bis zu ornamental verspielten, dekorativen Bildern, von Stilisierungen bis zu frei drauflosgezeichneten floralen Spielereien, die einfach nur Spaß machen. Bevor Sie sich ans Zeichnen machen, schadet es nicht, sich ein wenig mit den Grundtechniken und Eigenheiten vertraut zu machen. Hier eine kleine Betriebsanleitung; mehr dazu finden Sie dann auch bei den beispielhaften Motiven.

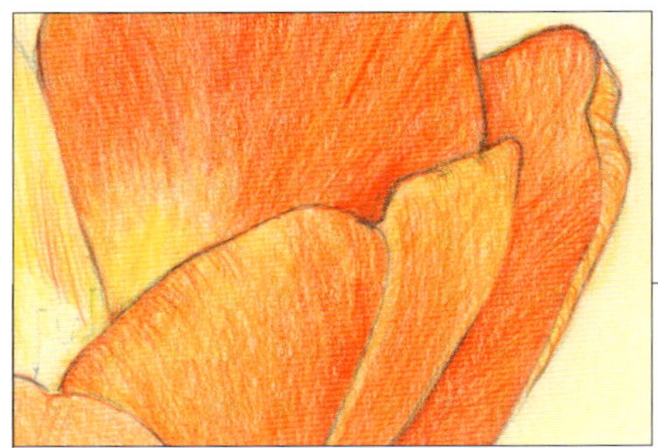

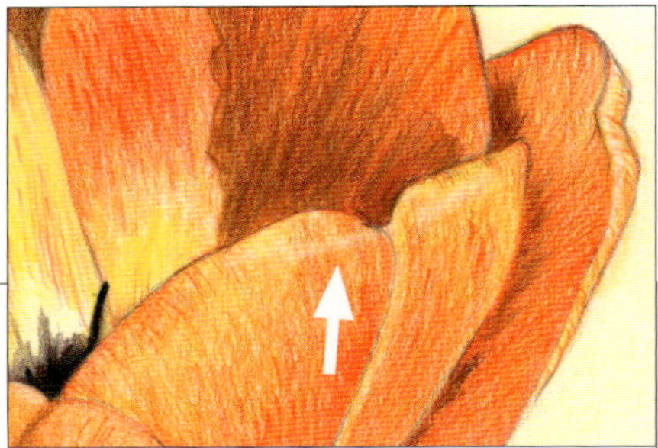

### Weiß

Das Weiß in der Farbstiftzeichnung kommt vom Papier. Mit einem weißen Farbstift könnten Sie auch nachträglich kein Weiß ins Bild bringen, eben weil er nicht deckt.
Mit mit ihm kann man dunkle Stellen nur leicht aufhellen. Glanzlichter müssen Sie deshalb von Anfang an aussparen, später herausradieren (siehe Pfeil oben) oder nachträglich mit dem Pinsel ein wenig Deckweiß auftupfen.

## Farben und Zwischentöne

Farbstifte decken nicht besonders gut. Das ist ideal fürs Lasieren. Das bedeutet, dass Sie eine Farbschraffur über die andere legen können. Bei gleichfarbigen Lasuren wird die Farbe satter und tiefer. Das wirkt besser als ein einmaliges und stärkeres Andrücken. Bei verschiedenenfarbigen Schichten können schöne Zwischentöne entstehen.

## Vorzeichnen und korrigieren

Der Abrieb der Farbstifte haftet, je nach Hersteller, unterschiedlich stark und kann deshalb schwierig zu radieren sein. Auch deshalb legen Sie die Vorzeichnung immer mit dem leicht korrigierbaren Bleistift an. Wenn Sie die Konturen farbig nachzeichnen, müssen Sie die Bleistiftstriche abschwächen, sonst würde der Farbstrich auf dem Grafit verschmieren.

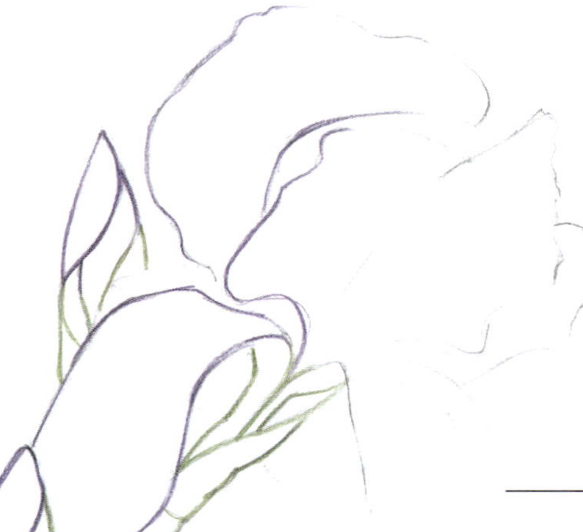

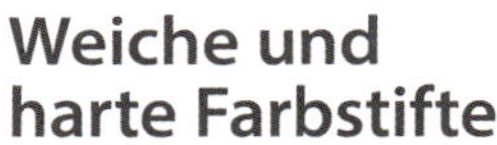

## Weiche und harte Farbstifte

- Der sogenannte „softe", also weiche Typus hinterlässt einen starken Farbabrieb: gut für kräftige Flächen und eher großzügiges Zeichnen. In der Regel sind das die wasservermalbaren Stifte.

- Die härteren Farbstifte sind wasserfest. Der Strich ist feiner, Schraffuren zeigen sich deutlicher und der Abrieb ist heller. Damit sind sie ein Fall für detailreiche Zeichnungen.

Für beide Sorten gilt jedoch, dass sie je nach Hersteller unterschiedlich hart oder weich sein können.



**Farbmischungen** siehe auch S. 56

# Dahlien

Die hübschen Blütenformen werden mit Farbstift in warmen Tönen vom hellen Gelb bis zum dunklen Orange herausmodelliert. Das komplementäre Blau im Hintergrund hebt die Farbigkeit noch weiter heraus.

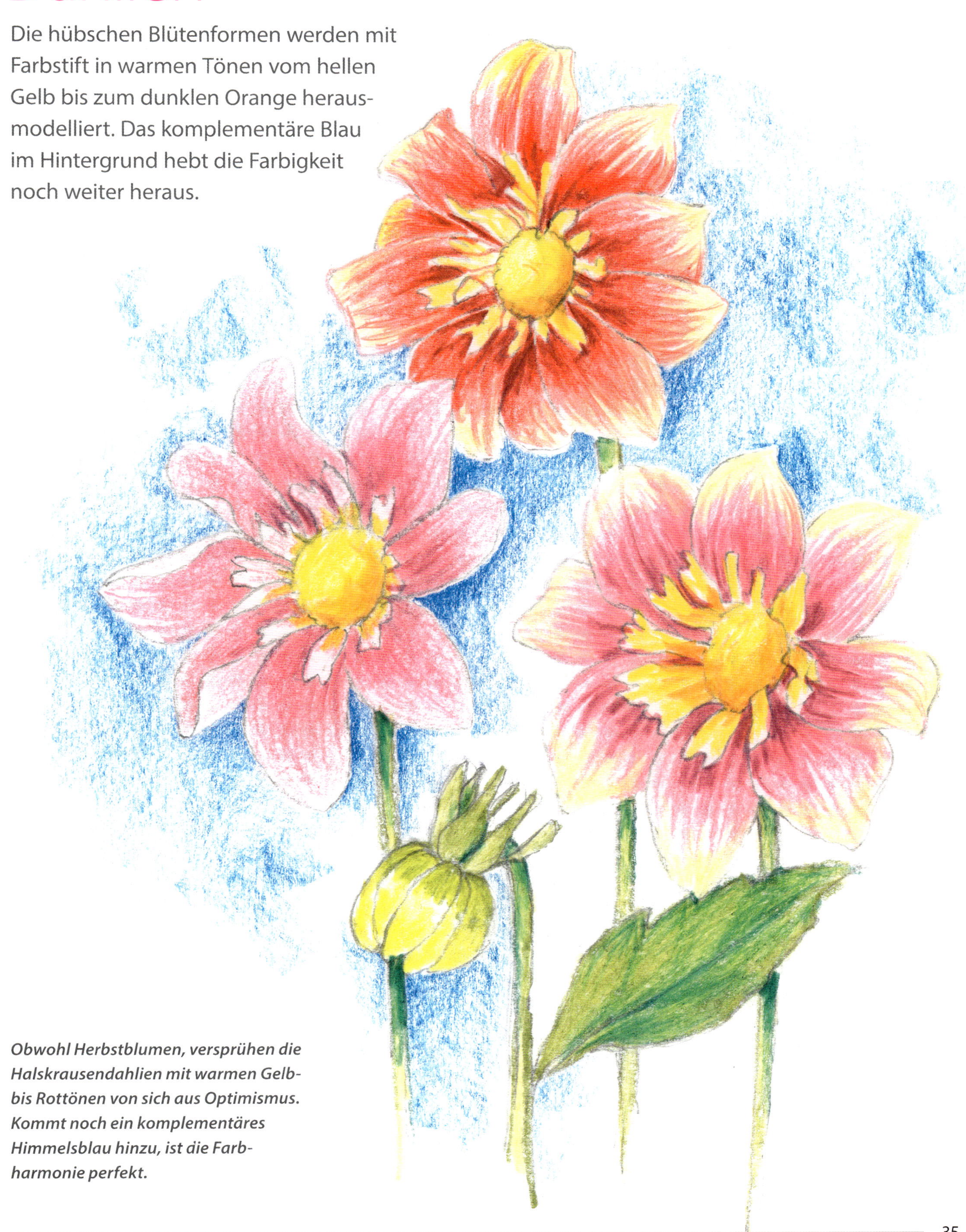

*Obwohl Herbstblumen, versprühen die Halskrausendahlien mit warmen Gelb- bis Rottönen von sich aus Optimismus. Kommt noch ein komplementäres Himmelsblau hinzu, ist die Farbharmonie perfekt.*



**Hintergrundschraffur** siehe auch S. 51, 81, 104 • **Flache Stifthaltung** siehe auch S. 47

## Material

- Zeichenpapier, rau
- Bleistift, HB
- Farbstifte, soft (siehe Seitenrand)
- Knetgummiradierer

Für die Farben und Formen liefert die Natur die Vorbilder. Die künstlerische Freiheit beginnt beim Zeichenstil (vereinfacht, detailgenau, stilisiert), vor allem beim Arrangement. Wie viele Blumen bringe ich ins Bild, wie und wo platziere ich sie, in welche Richtungen sollen sie sehen, zeige ich alles oder nur Blüten.

In diesem Beispiel kommen sie als Trio, was meistens spannender ist als ein Pärchen oder Quartett. Sie neigen sich in unterschiedlicher Höhe und leicht gestaffelt dem Betrachter zu. In einer Kompositionsskizze lässt sich die Wirkung gut ausprobieren.

Die genaue Vorzeichnung mit dem Bleistift HB. Schwächen Sie die Linien so weit ab, dass sie später nicht auffallen.

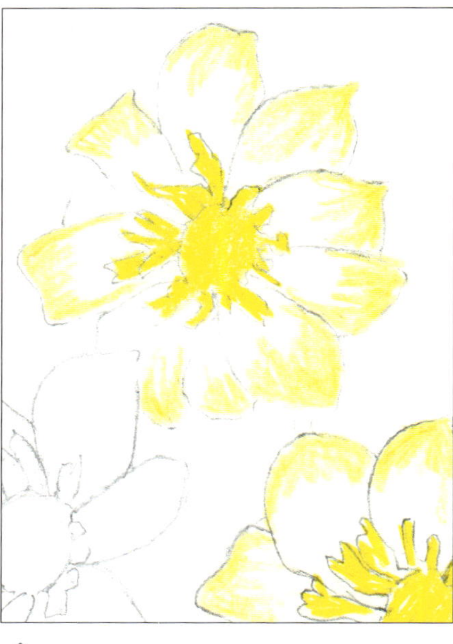

Die Spitzen der beiden rechten Dahlien stricheln Sie nach innen in hellem Gelb. Dabei folgen Sie den Blattadern, sodass sich die Blütenblätter wölben. Den Kelch füllen Sie mit Gelb.

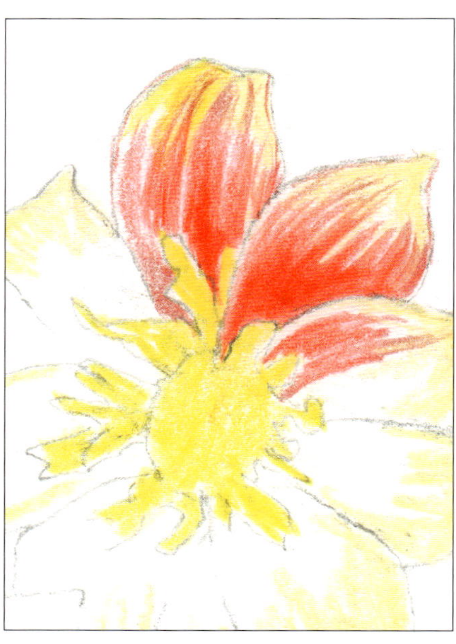

Dazwischen fügen Sie, ebenfalls von innen nach außen, hellrote Schraffurstriche ein. So entsteht die typische Maserung.

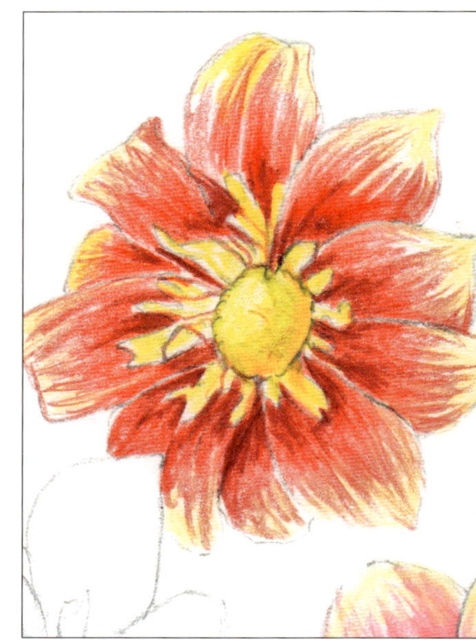

Die obere Blüte ist fertig; an den Rändern bleibt die Bleistiftkontur nur schwach sichtbar.



**Konturen finden** siehe auch S. 23

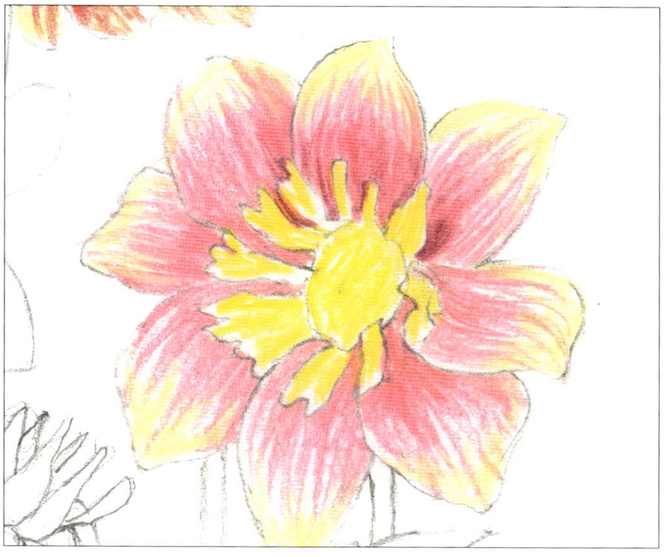

In gleicher Weise, nun aber mit Pink statt Rot, färben und modellieren Sie die Blüte rechts unten.

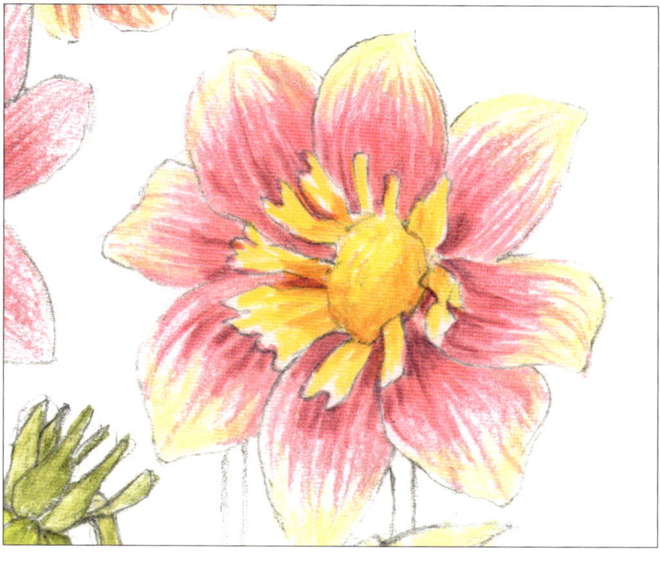

Die Blütenkelche zeichnen Sie überall in einem dunkleren Gelb, das Sie mit Orange schattieren. Damit bekommen Sie Volumen.

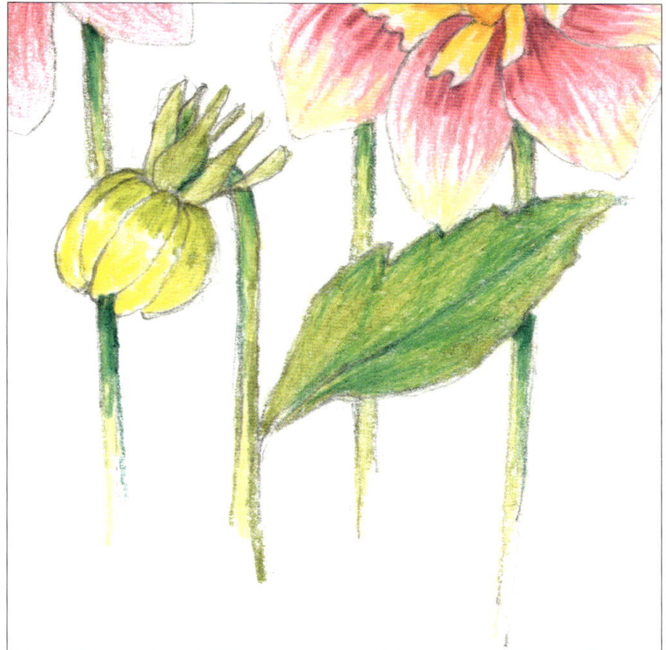

Knospe, Stängel und Blatt grundieren Sie gelb. Darüber schraffieren Sie dunkelgrüne Schatten. Auch hier soll die Grundierung durchscheinen.

## Tipp

Wo der weiße Blütenrand stellenweise in den weißen Hintergrund übergeht, zeichnen Sie farblich neutrale Bleistiftkonturen. Farbige Umrisse würden einen farbigen Blütenrand suggerieren.

Das Blau im Hintergrund ist komplementär zu den Rot- und Gelbtönen. Das wirkt harmonisch und hebt zugleich die Blütenfarben heraus. Legen Sie den Stift flach auf und ziehen Sie seitwärts breite Striche, in den dunkleren Partien auch mehrmals übereinander. Die Lücken lockern den Hintergrund auf. In den helleren Bereichen zeigt sich die Papierstruktur deutlicher. Der breite Strich wirkt wie aufgespachelt, ein schöner malerischer Effekt.

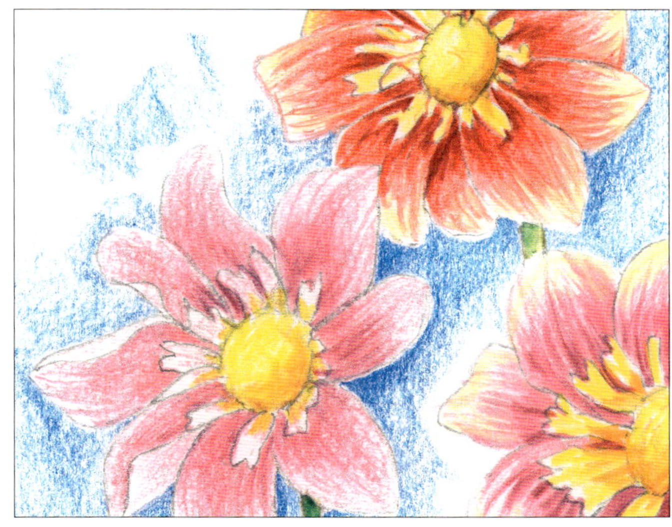



**Formschraffur** siehe auch S. 72, 102

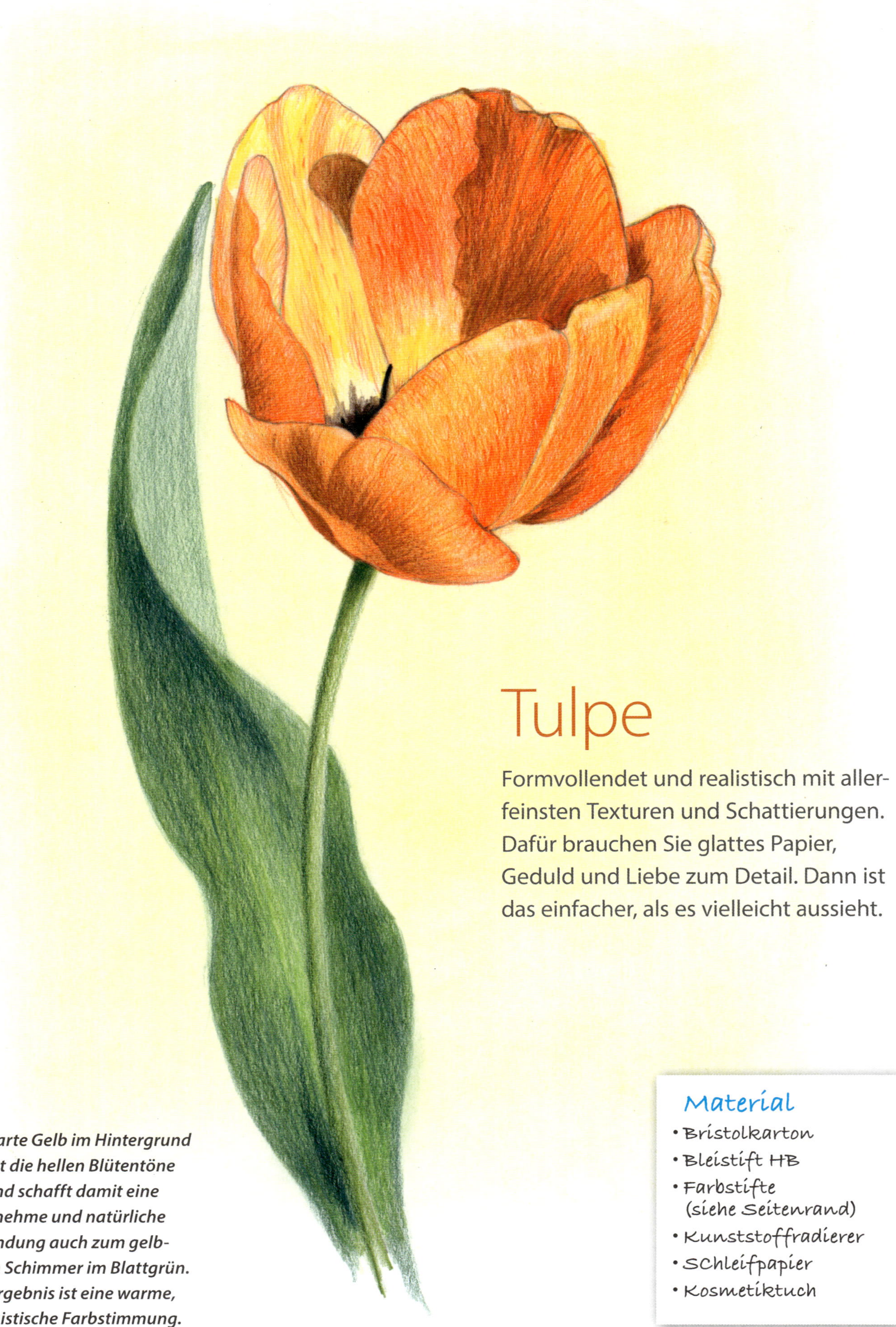

# Tulpe

Formvollendet und realistisch mit allerfeinsten Texturen und Schattierungen. Dafür brauchen Sie glattes Papier, Geduld und Liebe zum Detail. Dann ist das einfacher, als es vielleicht aussieht.

*Das zarte Gelb im Hintergrund nimmt die hellen Blütentöne auf und schafft damit eine angenehme und natürliche Verbindung auch zum gelblichen Schimmer im Blattgrün. Das Ergebnis ist eine warme, optimistische Farbstimmung.*

**Material**
- Bristolkarton
- Bleistift HB
- Farbstifte (siehe Seitenrand)
- Kunststoffradierer
- Schleifpapier
- Kosmetiktuch



**Farbstift realistisch** siehe auch S. 18, 58, 66 • **Lichtkante radieren** siehe auch S. 34

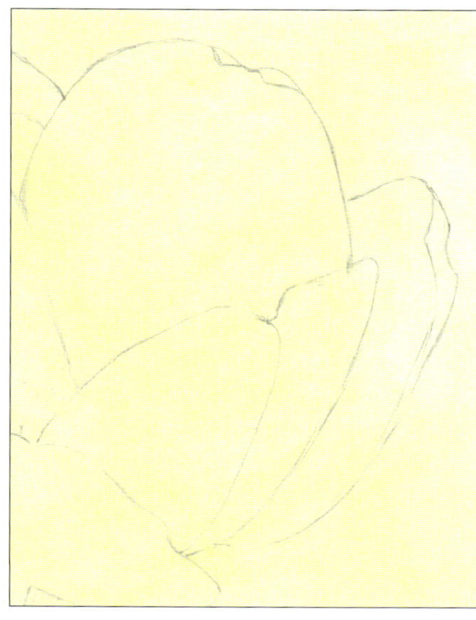

Über das gesamte Zeichenblatt mitsamt der Vorzeichnung (sehr schwach mit Bleistift HB) tragen Sie hellgelbes Farbpulver auf. Das ergibt einen freundlichen Papierton, der zugleich das Motiv hell grundiert.

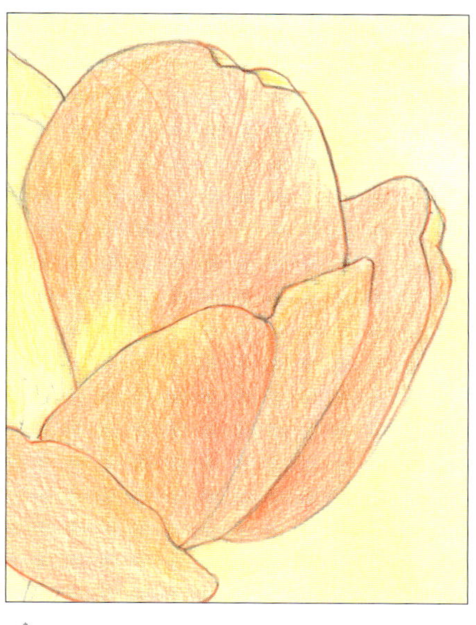

Mit dem Rotorange des Farbstiftes ziehen Sie die Konturen kräftig nach. Die Außenseiten der Blütenblätter schraffieren Sie mit der flach aufliegenden Mine in einem hellen Rot.

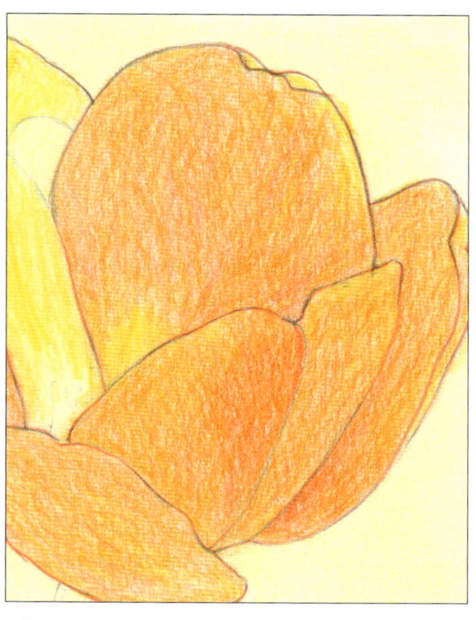

Nach und nach gehen Sie mit Orange darüber. Hier geben die drei Lasurschichten der Farbe schon eine schöne Tiefe. Die Innenseite bleibt noch hellgelb.

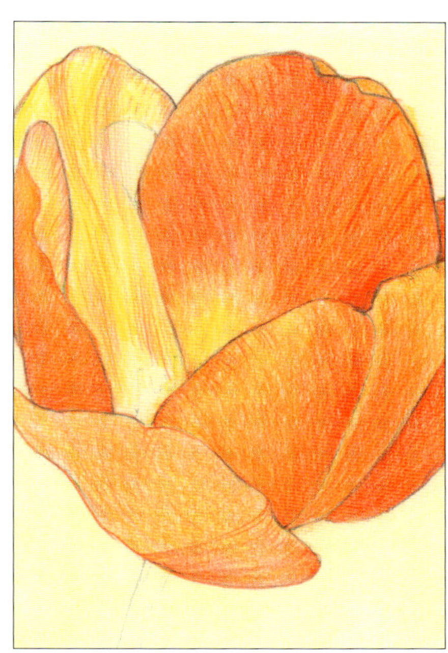

Innen ziehen Sie nur zarte rote Linien in die Blüte. Die Außenseiten dunkeln Sie nach und nach in immer dunkeren Rottönen nach. Folgen Sie dem Schwung der Formen und lassen Sie die im Licht liegenden Partien heller.

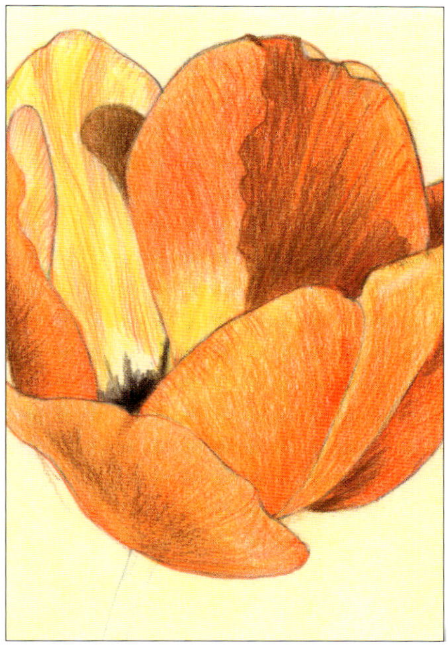

Schattiert wird mit den braunen, gut angespitzten Stiften, sodass als Textur feine Linen sichtbar bleiben. Von ganz innen ziehen Sie, kurz und kraftvoll, schwarze Striche hoch.

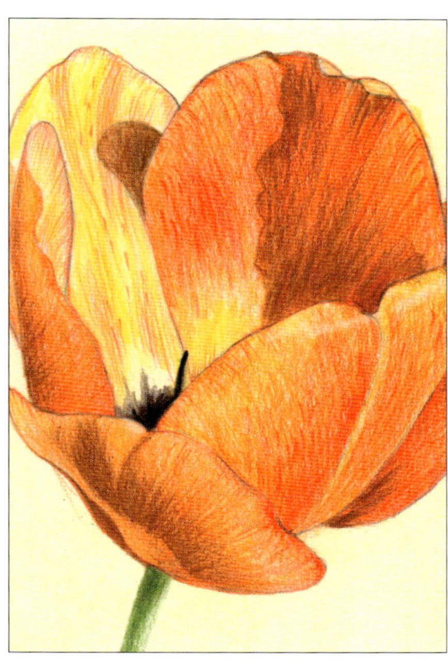

Den Stängel schraffieren Sie hellgrün; auch hier scheint die gelbe Grundierung durch. Unter der Blüte und auf der linken Seite ziehen Sie dunkel- bis blaugrüne Schattenstriche. In gleicher Weise modellieren Sie das grüne Blatt; siehe nächste Seite.



**Farbpulver erstellen** siehe auch S. 76

## Form und Farbe

Das grüne Blatt der Tulpe hat nicht diese filigrane Textur der Blütenblätter, die sich, wie zuvor gesehen, mit Formschraffuren modellieren lassen. Hier haben Sie es mit einer glatten Oberfläche in einem fast einheitlichen, nur im Licht gelblich schimmernden Grün zu tun. Die plastische Gestalt ergibt sich aus dem Spiel von Licht und Schatten. Und das macht das Tulpenblatt auch als Übungsmodell so interessant.

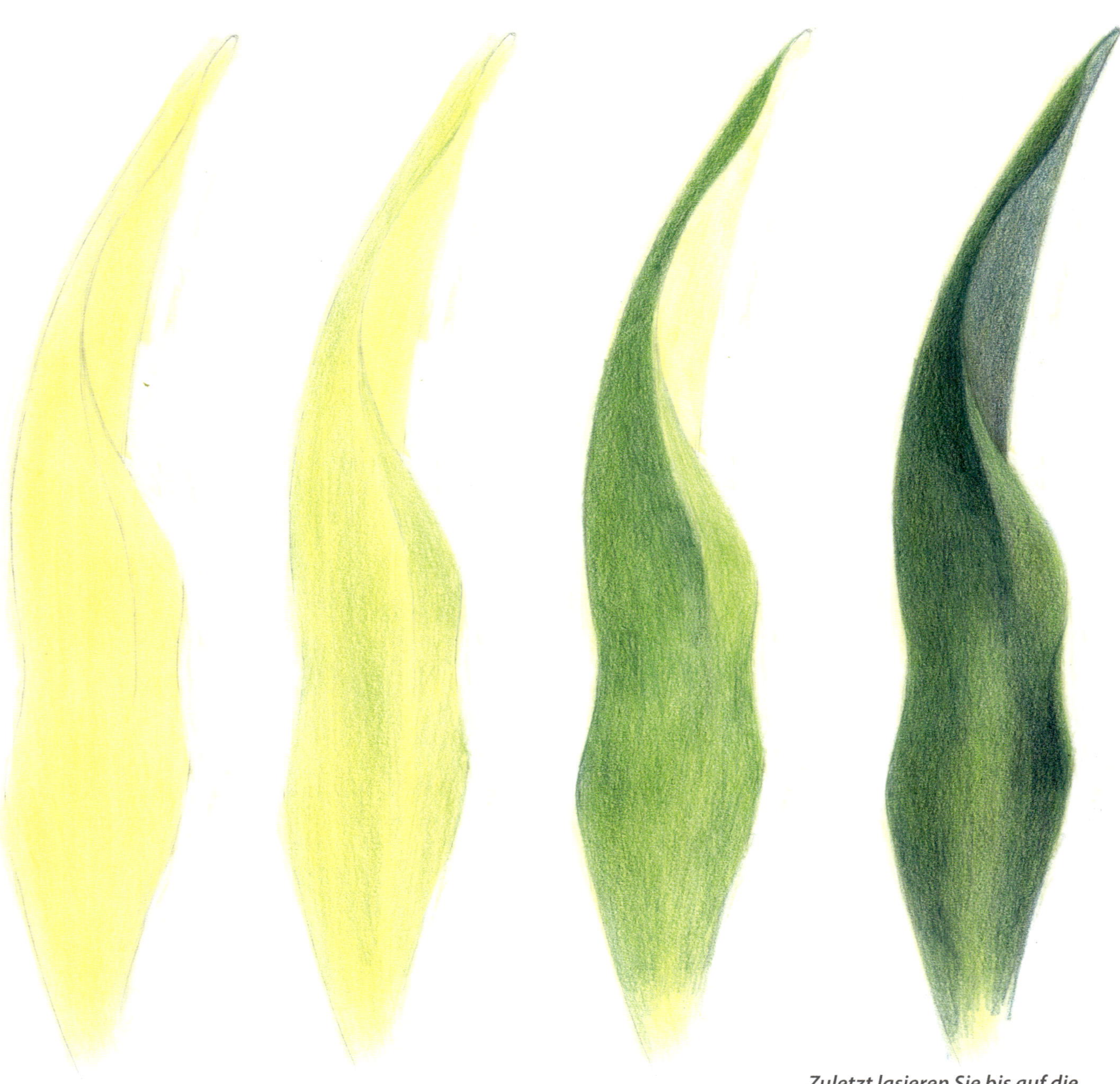

*Die schwache Bleistiftvorzeichnung dient als Anhalt. Beim hellgelben, flächigen Grundieren den Farbstift ganz flach halten, sodass die Mine aufliegt!*

*Die Vorderseite dunkeln Sie mit grünem Strich nach. Gelb belassen Sie vorerst nur die sich oben zurückwendende Seite.*

*Weiter geht es in einem mittleren Grün. Unter der Lasur schimmern in den helleren Bereichen die Gelbtöne durch.*

*Zuletzt lasieren Sie bis auf die hellen Streifen in der Mitte und die Blattwölbung alles in Blau. Die bislang gelbe Rückseite des Blattes erscheint in einem kalten (grünlichen) Blauton; hier mischt das Gelb der Grundierung mit.*



**Schichtweiser Farbaufbau** siehe auch S. 72, 103

# Magnolie

Klare Kontur, filigrane Schraffur und ein weich verwischter Hintergrund: Im Magnolienzweig verbinden sich diese drei typischen Arten des Farbauftrags zu einem romantisch-dekorativen Gesamtbild.

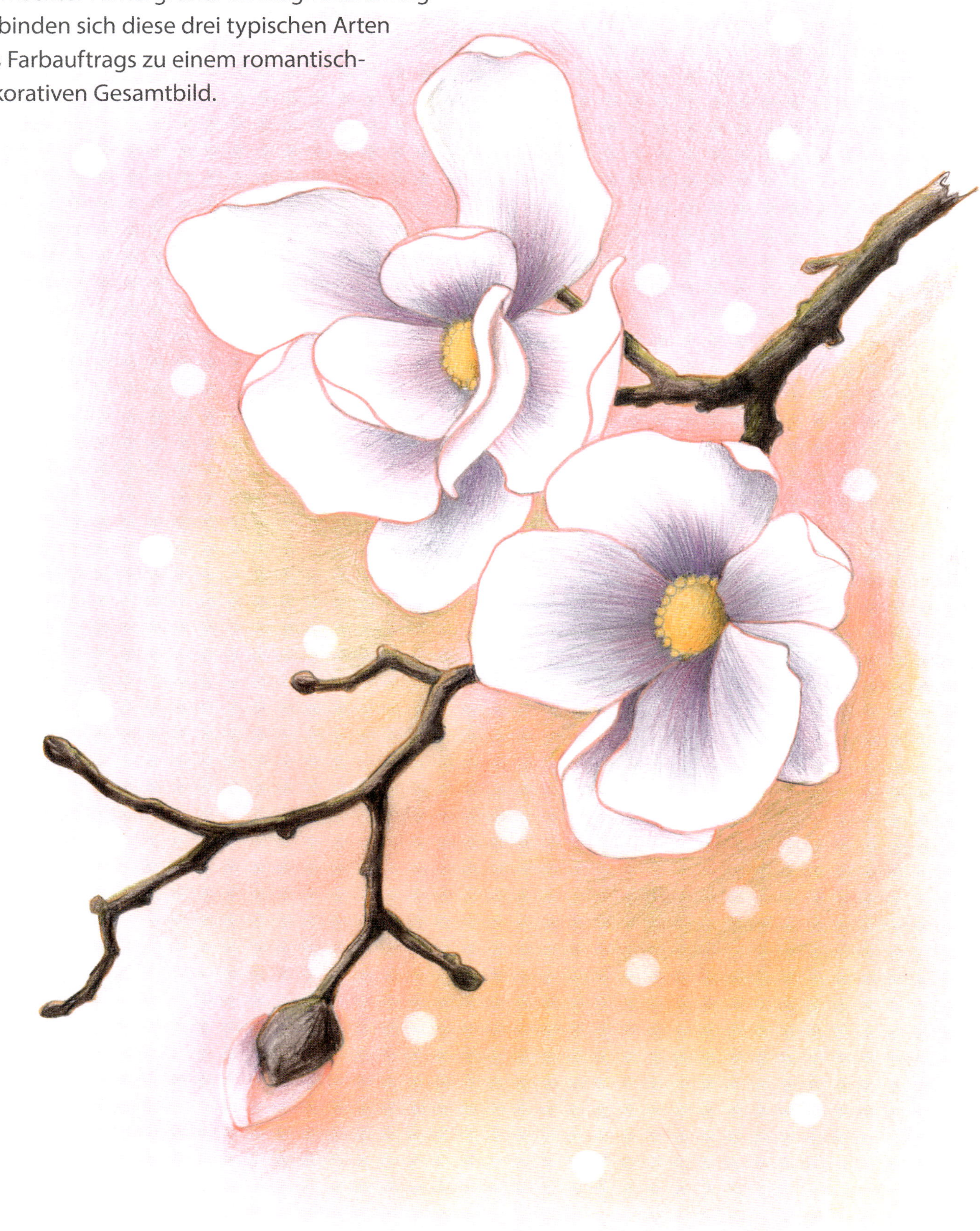

**Deutliche Blütenränder** siehe auch S. 98, 101, 109 • **Elemente herausradieren** siehe auch S. 97

In dieser Farbstiftzeichnung spielen drei Stilelemente zusammen. Erstens die realistische Ausarbeitung der Blüten und Zweige mit Formschraffuren für Textur und Schattierung. Im Gegensatz dazu stehen zweitens die klaren Farbkonturen. Eigentlich haben Blüten ja keine Farbränder. So jedoch bekommt die Zeichnung ihren illustrativen Charakter. Dazu passt drittens auch der mit Farbpulver angelegte Hintergrund, der viel Spielraum für dekorative Ausgestaltungen gibt – hier zum Beispiel mit den weiß herausradierten, dekorativ verteilten Punkten.

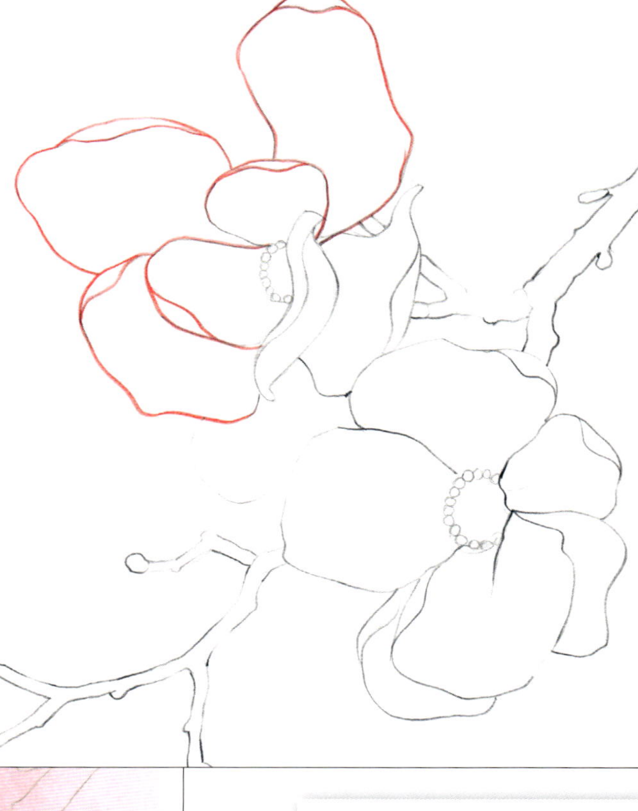

Für die Vorzeichnung (Bleistift HB) ziehen Sie die besten Konturen der Skizze nach. Schwächen Sie alles mit dem Knetgummi ab und überzeichnen Sie die Konturen mit dem pinkfarbenen Farbstift.

**Material**

- Bristolkarton
- Bleistift H, HB
- Farbstifte (siehe Seitenrand)
- Lochschablone
- Kunststoffradierer oder Radierstift
- Kosmetiktuch
- Schleifpapier

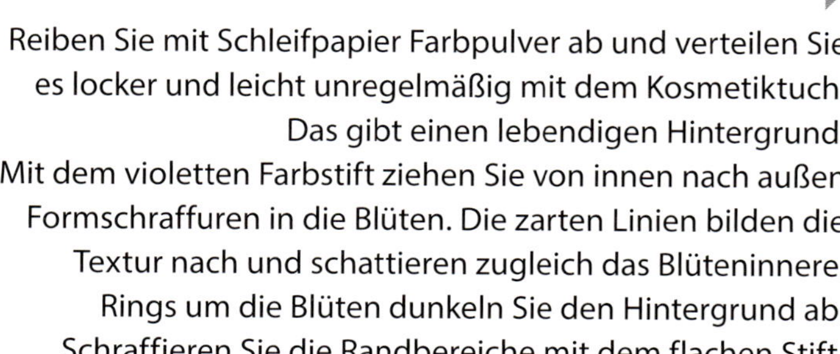

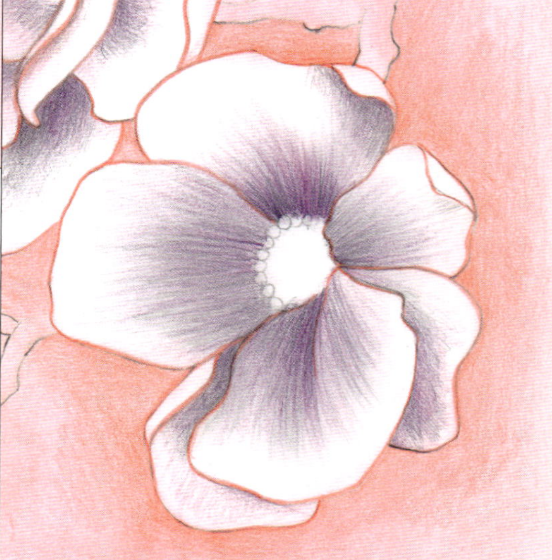

Reiben Sie mit Schleifpapier Farbpulver ab und verteilen Sie es locker und leicht unregelmäßig mit dem Kosmetiktuch. Das gibt einen lebendigen Hintergrund.
Mit dem violetten Farbstift ziehen Sie von innen nach außen Formschraffuren in die Blüten. Die zarten Linien bilden die Textur nach und schattieren zugleich das Blüteninnere. Rings um die Blüten dunkeln Sie den Hintergrund ab. Schraffieren Sie die Randbereiche mit dem flachen Stift.



**Konturen finden** siehe auch S. 23

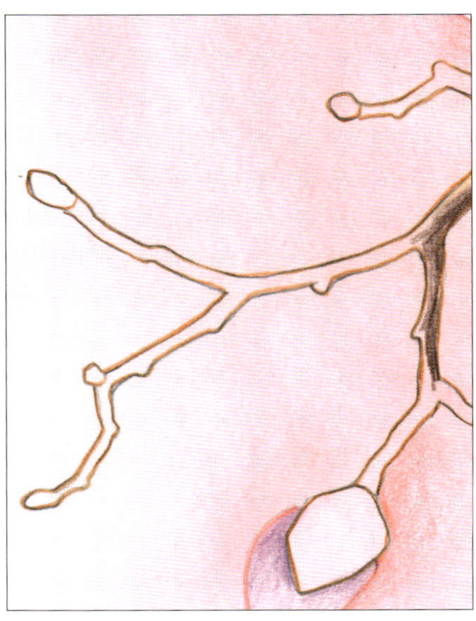

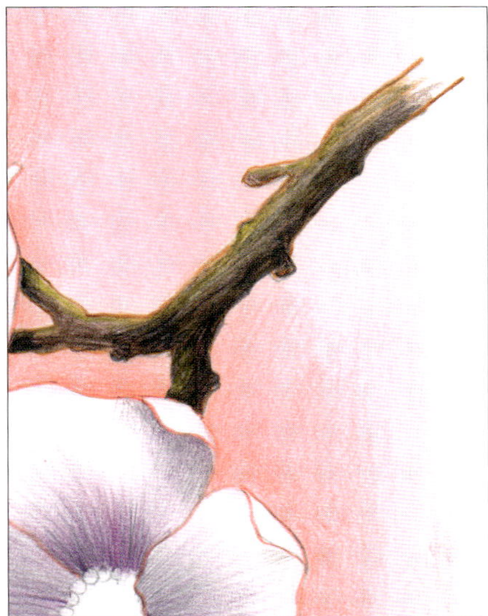

Ziehen Sie die Umrisse der Zweige dunkelbraun nach und füllen Sie die Konturen in Längsrichtung mit ockerfarbenen, im Schatten dunkelbraunen Schraffuren. Etwas Hellgrün bringt einen lebendigen und natürlichen Ton ins Spiel.

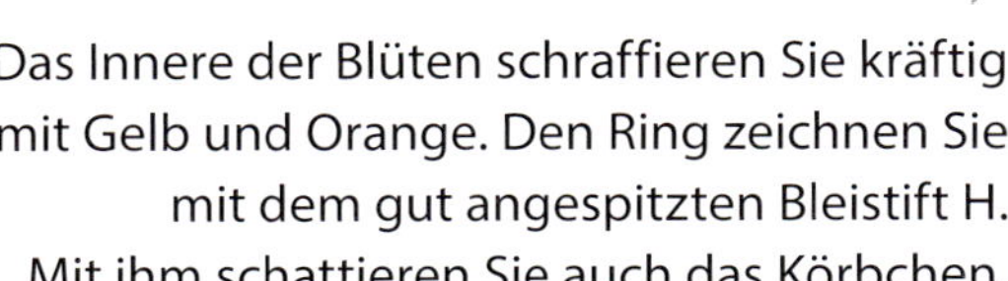

Das Innere der Blüten schraffieren Sie kräftig mit Gelb und Orange. Den Ring zeichnen Sie mit dem gut angespitzten Bleistift H. Mit ihm schattieren Sie auch das Körbchen.

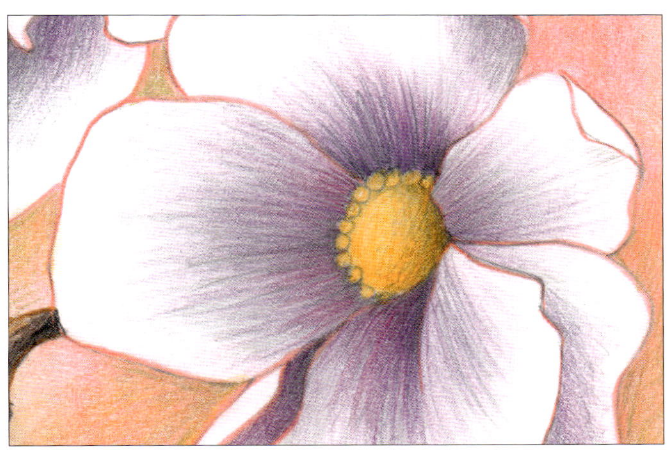

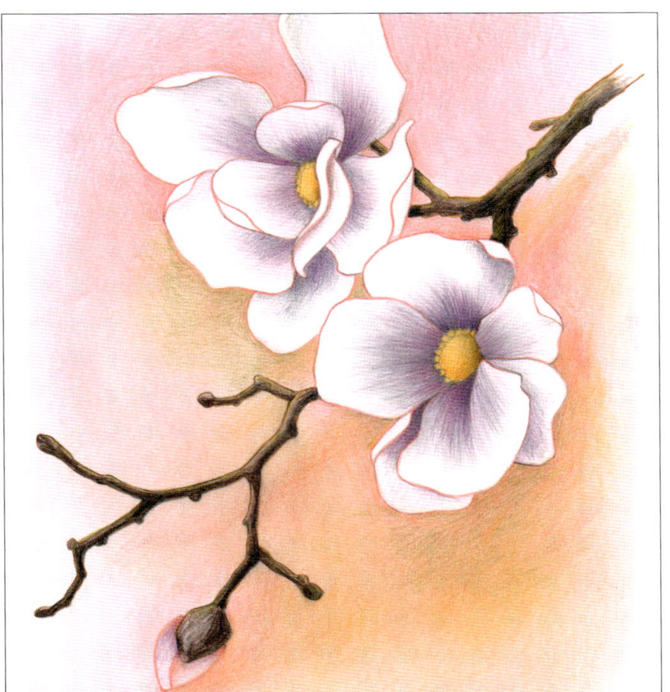

Zurück zum Hintergrund. Verwischen Sie unterhalb der Blüten und des Zweigs zusätzlich gelbes Farbpulver und schraffieren Sie mit dem hellgrünen Farbstift leicht darüber. Diese Andeutung eines Schattens hebt die Magnolie aus der Fläche. Motiv und Hintergrund wirken noch eine Spur räumlicher.

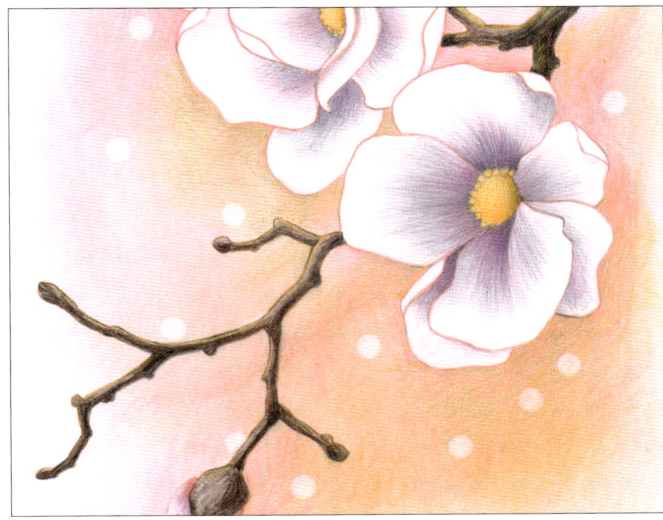

Die locker im Hintergrund verteilten, weiß herausradierten Kreise passen zum dekorativen Erscheinungsbild. Am besten geht das mit einer Radierschablone: auflegen und über die Ausnehmung radieren.



**Formschraffuren** siehe auch S. 38, 58

# Farbige Freiheiten

Kraftvoller Strich und heitere Farben bringen den rustikalen Charakter der Gerbera gut gelaunt zur Geltung.

Mit skizzenhaften Studien und Übungen holen Sie sich Schwung und Sicherheit für die lockere, großzügige Strichführung. Denn darauf kommt es in diesem beschwingten Zeichenstil mehr an als auf genaue Details. Dabei können Sie verschiedene optimistische Farbkombinationen ausprobieren.

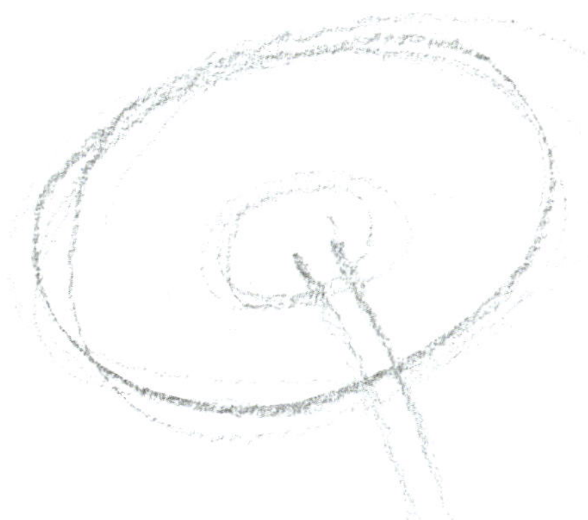

*Den Anfang machen Bleistiftskizzen. Aus schrägem Blickwinkel wird der Blütenkreis zum Oval. Der Stängel setzt im Mittelkreis an.*

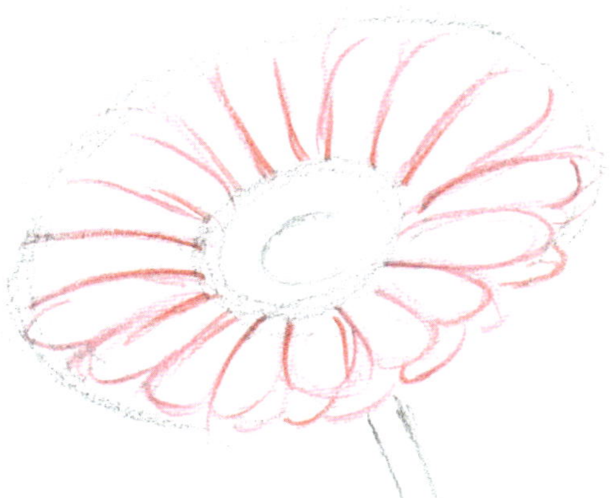

*Dann lassen sich die Blütenblätter locker und perspektivisch richtig einzeichnen – in diesem Fall auch schon in Farbe. Den Bleistift radieren Sie aus.*

*Die Schraffuren folgen der Form der Blütenblätter. Im Schatten dicht, im Licht schwach oder weiß auslaufend.*

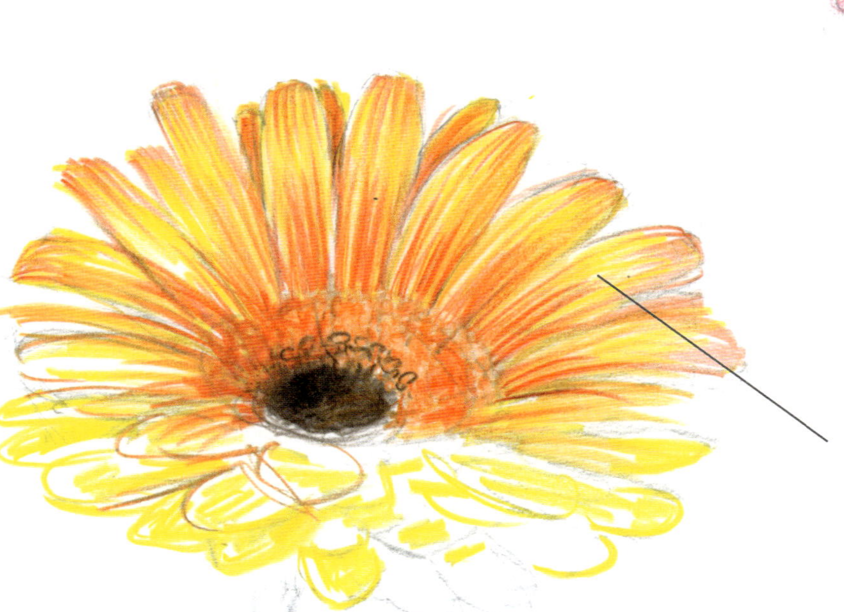

*Bei mehrfarbigen Blüten beginnen Sie mit den hellen Farben und schraffieren dann mit dunkleren Tönen und spitzem Stift in gleicher Richtung darüber.*



**Konturen finden** siehe auch S. 23, 26 • **Formschraffur** siehe auch S. 18, 36, 41

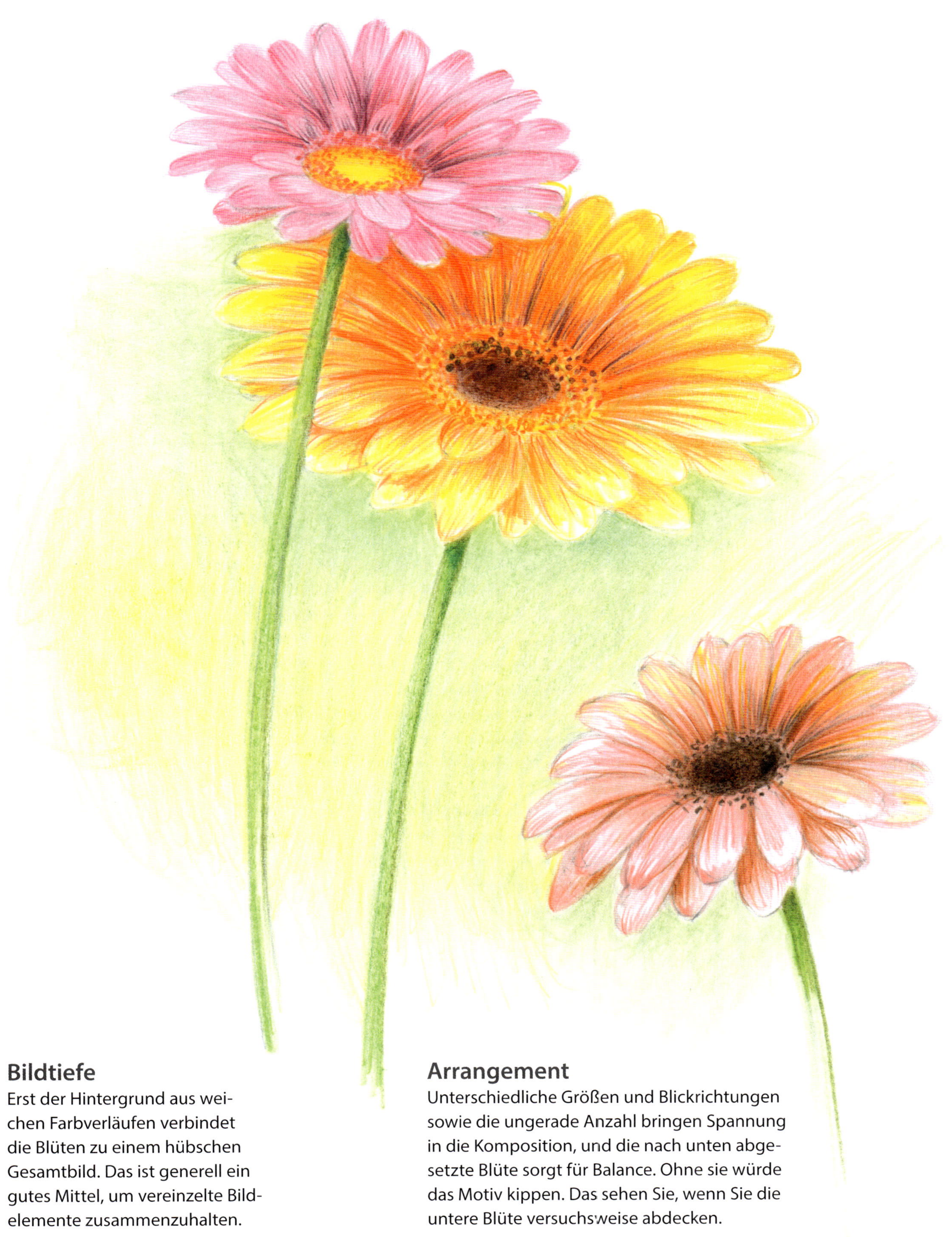

## Bildtiefe

Erst der Hintergrund aus weichen Farbverläufen verbindet die Blüten zu einem hübschen Gesamtbild. Das ist generell ein gutes Mittel, um vereinzelte Bildelemente zusammenzuhalten.

## Arrangement

Unterschiedliche Größen und Blickrichtungen sowie die ungerade Anzahl bringen Spannung in die Komposition, und die nach unten abgesetzte Blüte sorgt für Balance. Ohne sie würde das Motiv kippen. Das sehen Sie, wenn Sie die untere Blüte versuchsweise abdecken.



**Farbpulver erstellen** siehe auch S. 76

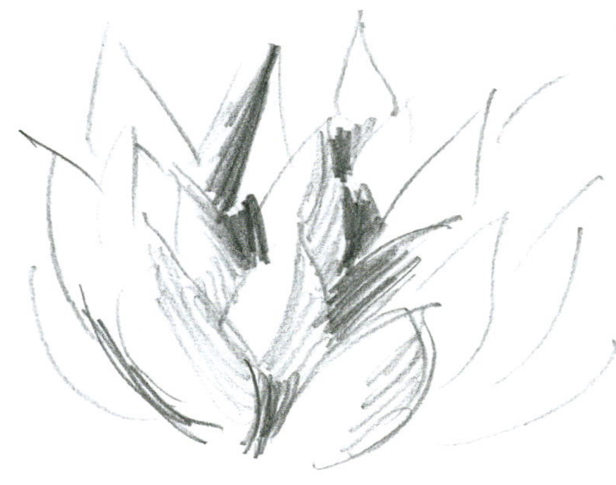

# Licht und Schatten

Beim Schattieren und Modellieren verwandeln Sie die zweidimensionalen „flachen" Umrisse nach und nach in plastische dreidimensionale Gebilde.

Das deutet sich zwar schon in der (perspektivisch richtigen) Vorzeichnung an, doch erst mit Licht, Schatten und Texturen schaffen Sie die überzeugende Illusion von Räumlichkeit – immer wieder ein faszinierendes Erlebnis.

Der Effekt ist im Grunde ganz einfach. Das helle Licht liegt oben auf den Dingen, der dunkle Schatten darunter und dahinter. Wenn Sie diese Alltagserfahrung nachbilden, entsteht sogleich der Eindruck von Räumlichkeit. Weiche Schattenverläufe erzeugen Wölbungen oder Vertiefungen. Auch die Texturen, etwa die Muster und Adern in Blüten und Blättern, folgen dem Schattenverlauf und verstärken so den plastischen Eindruck.

Am klarsten zeigt sich der Licht-Schatten-Effekt in einer schwarzweißen Zeichnung, und zwar besonders bei Motiven mit einer glatten Oberfläche, so wie hier am Beispiel der Aloe.

Licht und Schatten wirken sich natürlich auch auf die Farbigkeit aus. Die Beleuchtung hellt sie auf und lässt die Texturen verblassen – bis hin zum papierweißen Glanzlicht.

In der Natur (und in der Farbzeichnung) sind die Schattentöne dunklere Versionen der Eigenfarbe, wobei die Reflexionen der Umgebungsfarben mitspielen. Selbst ein Schlagschatten auf farblosem Untergrund ist niemals neutral grau oder schwarz. Leichte Blautönen passen fast immer.

## Aloe

Die gleichmäßig gewölbten und gestaffelt angeordneten Blätter der Aloe beispielsweise haben eine glatte Oberfläche. Hier ist alles Schattenschraffur.

In Skizzen holen Sie das Typische des Motivs heraus: die Form und rhythmische Anordnung der Blätter, die Eigen- und Schlagschatten.

Die Vorzeichnung auf glattem Zeichenpapier hat schwungvolle Konturen. Der Verlauf der Eigenschatten modelliert die einzelnen Blätter. Halten Sie den Bleistift 3B flach, sodass keine einzelnen Striche sichtbar sind. Die Schlagschatten auf den jeweils hinteren Blättern und in den tiefen Zwischenräumen laufen von unten nach oben ins Helle.

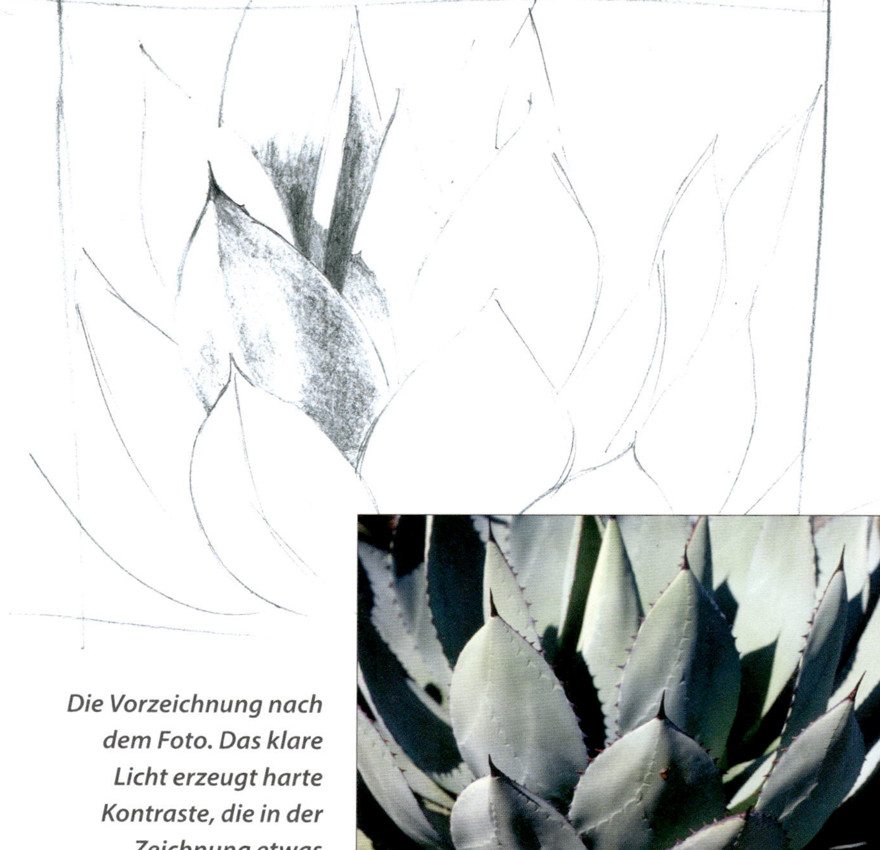

*Die Vorzeichnung nach dem Foto. Das klare Licht erzeugt harte Kontraste, die in der Zeichnung etwas weicher ausfallen.*

Foto: PDFoto.org



**Skizzen** siehe auch S. 16, 48

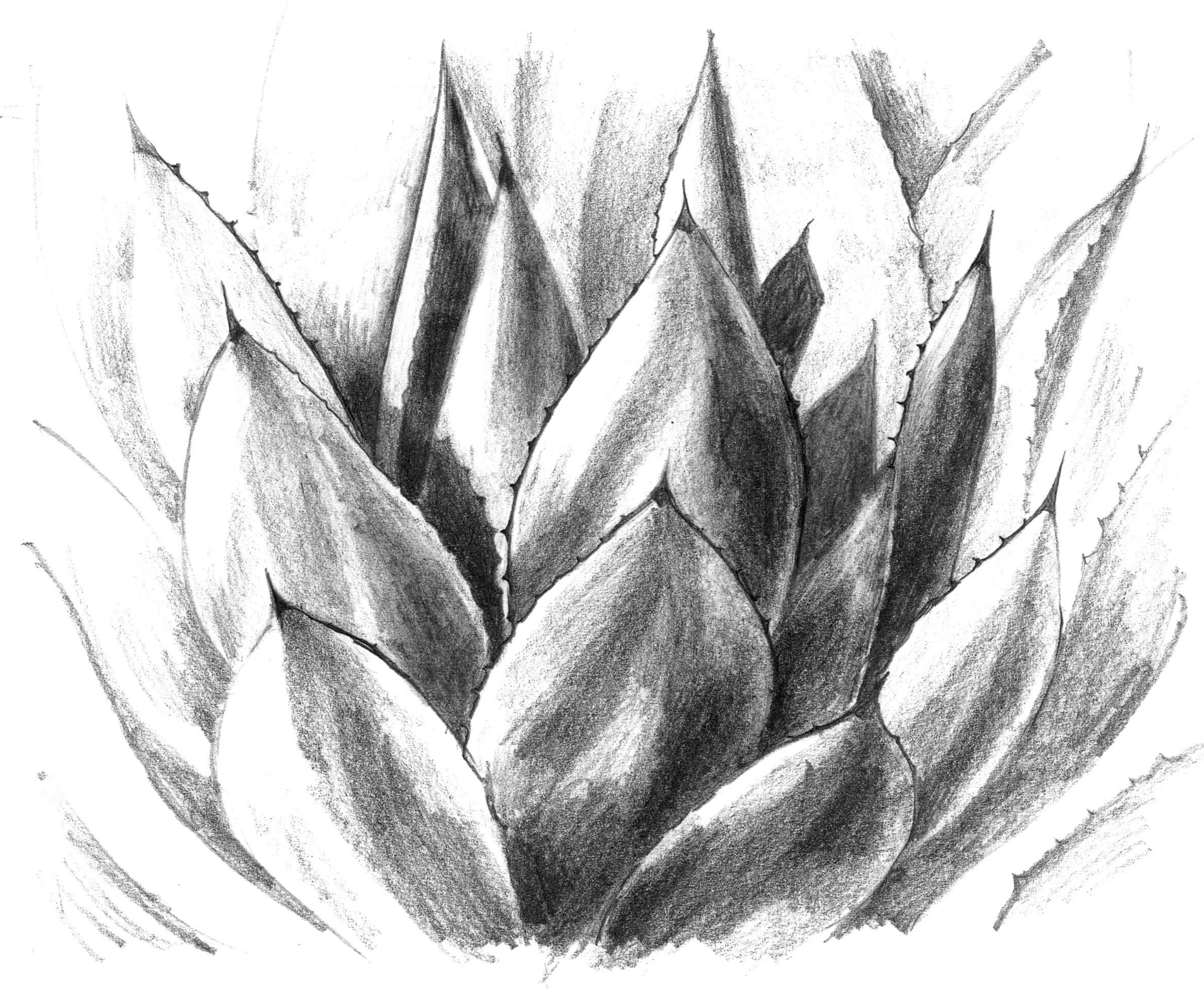

*Weiche Verläufe und harte Kontraste von Licht und Schatten lassen die strenge Architektur der Aloe fast greifbar aus der Fläche treten.*

Viel sehen, wenig zeichnen: Wenn Sie das Typische eines Motivs zum Ausdruck bringen wollen, arbeiten Sie nur das Wichtigste deutlich heraus. Hier sind es die stacheligen Konturen, die Schatten und mit den weichen, glatt schraffierten Verläufen auch die Beschaffenheit der Oberfläche. Alles Drumherum kann skizzenhaft bleiben und wird nach hinten und zur Seite immer blasser, beiläufiger, bis die Schraffuren im Weiß verschwinden.

Mit dem weichen Bleistift lassen sich die Schatten schön weichzeichnen. Die hellen und weißen Partien wölben sich nach vorne, die dunklen ziehen sich zurück und die Richtung der Schraffuren verstärkt die plastische Wirkung. Nur die Schlagschatten auf den hinteren Blättern haben einen klaren Rand. Mit mehr Druck auf dem flachen Stift und weiteren Schraffuren vertiefen Sie die Schatten, die Sie mit dem Papierwischer gut glätten und verdichten können.

Dazu passt es, mit dem Knetgummi helle Lichtstreifen als Glanzlichter einzuziehen. Für einzelne, frei und schwungvoll gezogene Schraffurstriche legen Sie die Mine breit auf, damit sie nicht wie Kerben wirken. So bleibt es beim Eindruck einer glatten, glänzenden Oberfläche.



**Flache Stifthaltung** siehe auch S. 35, 68

# Weihnachtsstern

Skizzen, auch nach Fotos, sind gute Übungen, um die Gestalt des Modells aus einem bestimmten Blickwinkel zu erfassen. Hier liefert der Blätterkreis die Grundform für die Lage der Blätter und der Blüte.

Die Verteilung von Licht und Schatten lässt sich im Foto oft besser erkennen als im natürlichen Modell. Noch deutlicher wird das in einer schwarz-weißen Version, zum Beispiel in einer Kopie. Hier sind die Farbtöne bereits in Tonwerte, also Graustufen übersetzt: ein gutes Vorbild für die Bleistiftzeichnung.

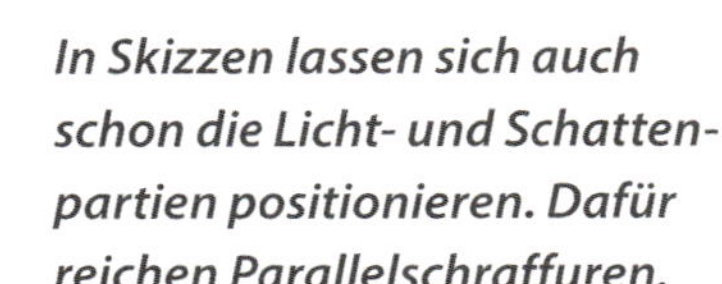

*In Skizzen lassen sich auch schon die Licht- und Schattenpartien positionieren. Dafür reichen Parallelschraffuren.*

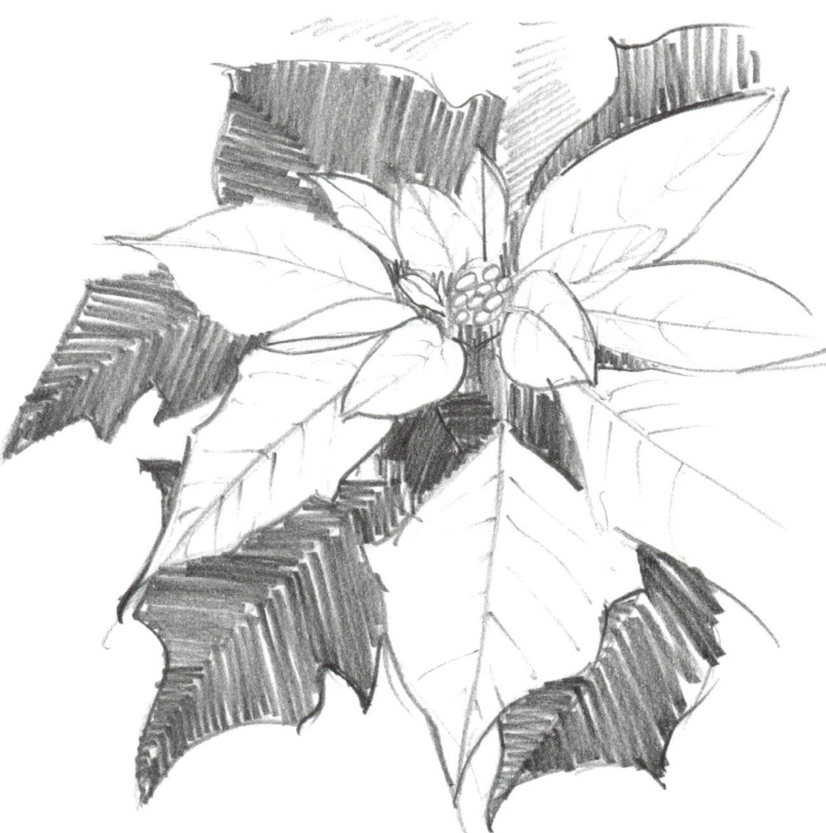

Foto: iStock.com/ Liliboas

*Im Farbfoto (und in der Natur) heben sich die roten Blätter deutlich von den hinteren grünen Blättern ab. Dieser Farbkontrast wird in der Skizze zum Hell-Dunkel-Kontrast: Rot bleibt fast weiß, Grün wird mit dem weichen Bleistift dicht und dunkel schraffiert.*



**Bleistiftzeichnung nach Farbfoto** siehe auch S. 12, 22

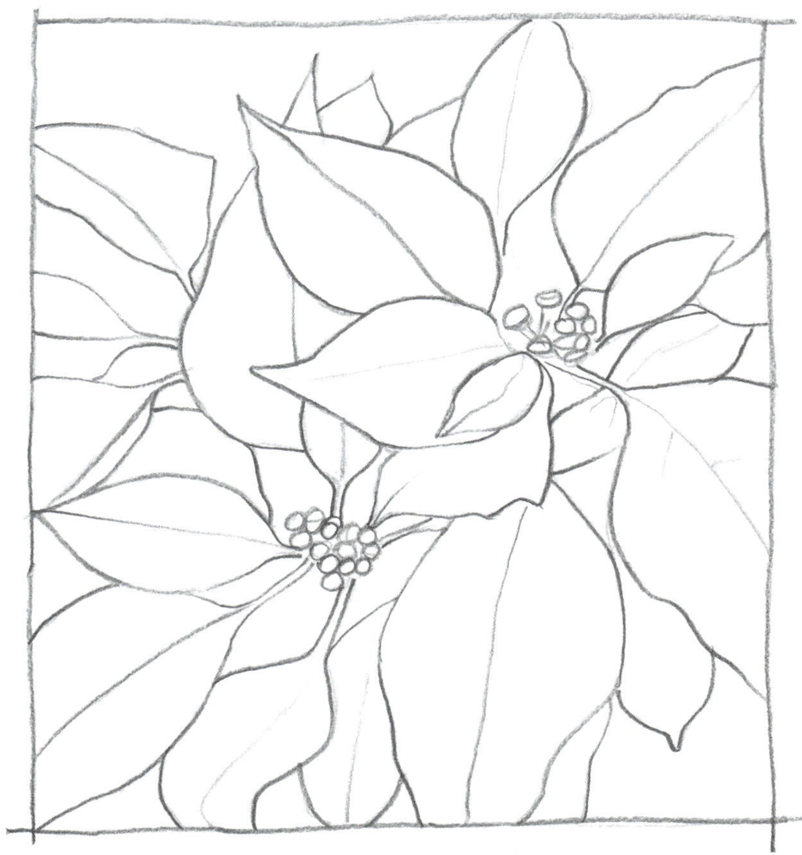

# Blüten in Schwarz-Weiß

Ein Weihnachtsstern in Schwarz-Weiß, also ohne das typische (und stimmungsvolle) Rot und Grün der Blätter? Ungewöhnlich, aber effektvoll.

Schon die Vorzeichnung zeigt ein interessantes Bild der Blattformen. Im Zusammenspiel von Licht, Schatten und Hintergrund entsteht sodann eine Bleistiftzeichnung mit grafischem Charakter.

**Material**

- Zeichenpapier, glatt
- Bleistift 3B, 8B
- Knetgummiradierer

▲ Zeichnen Sie die Konturen mit dem Bleistift HB vor und dann mit dem weichen Bleistift 3B kräftig nach.

## Tipp

Als Rechtshänder beginnen Sie am besten links oben – und umgekehrt. So verdecken Sie nichts mit der Zeichenhand.

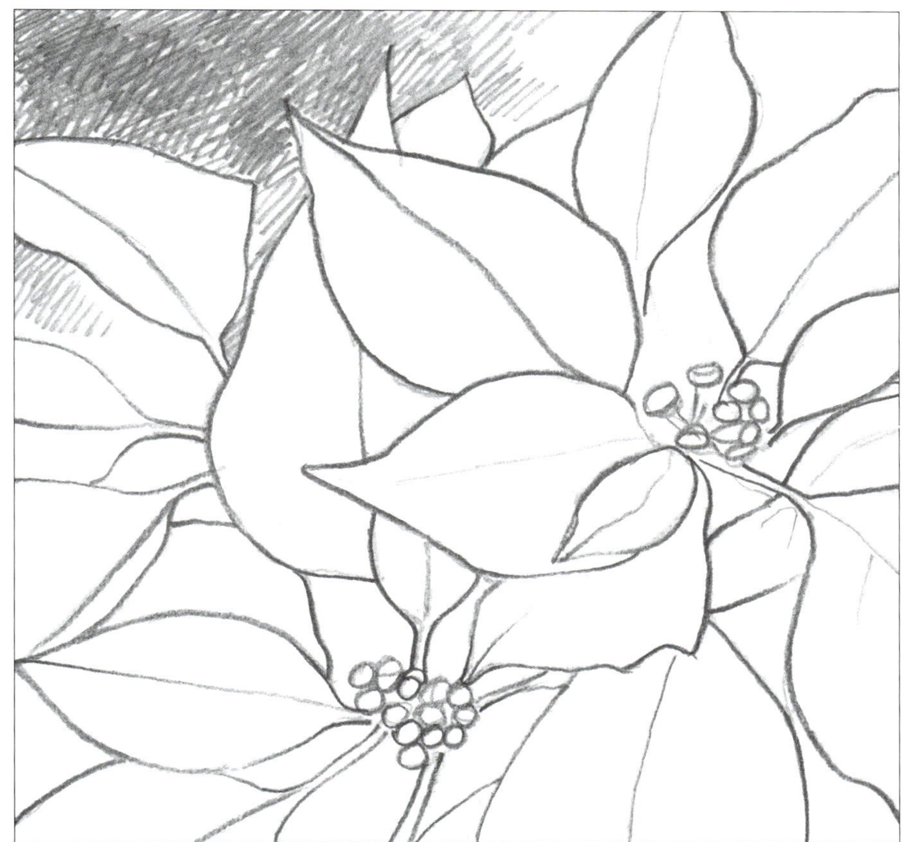

▶ Schraffieren Sie den gesamten Hintergrund mit dem 3B gleichmäßig dicht mit Kreuzschraffuren. Kurze, diagonal laufende Striche ergeben eine grafische und trotzdem lebendige Struktur.



**Deutliche Blütenränder** siehe auch S. 41, 98, 101, 109

Sparen Sie alle Blätter und auch die Kügelchen der Blüte sorgfältig aus.

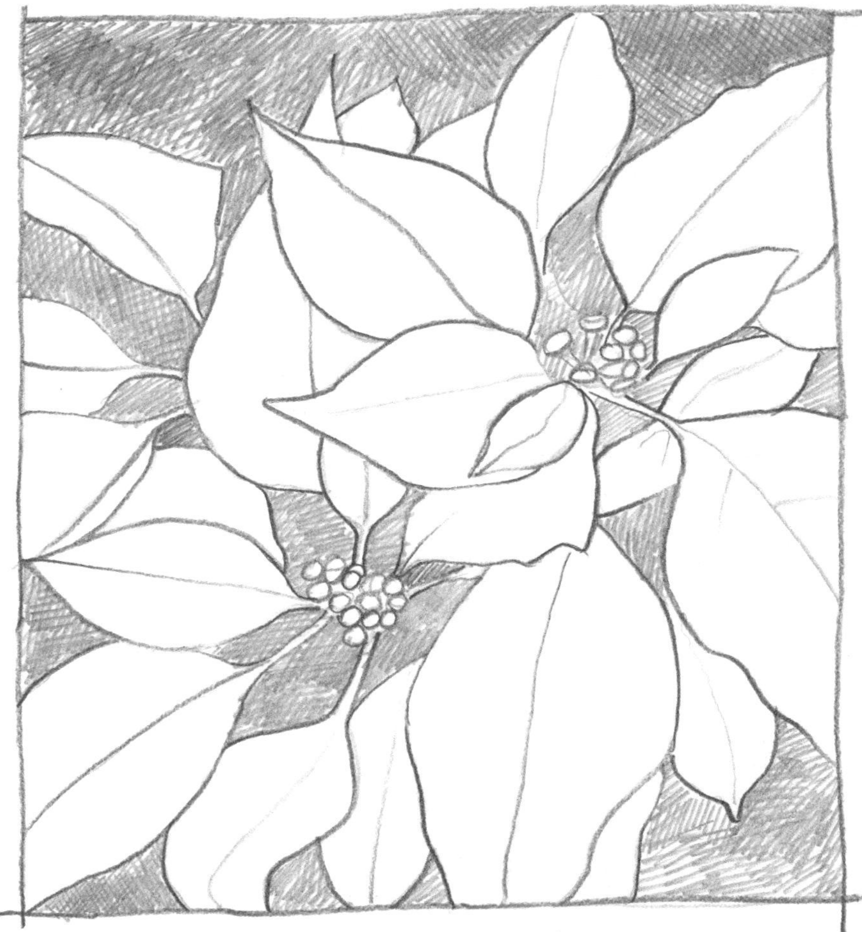

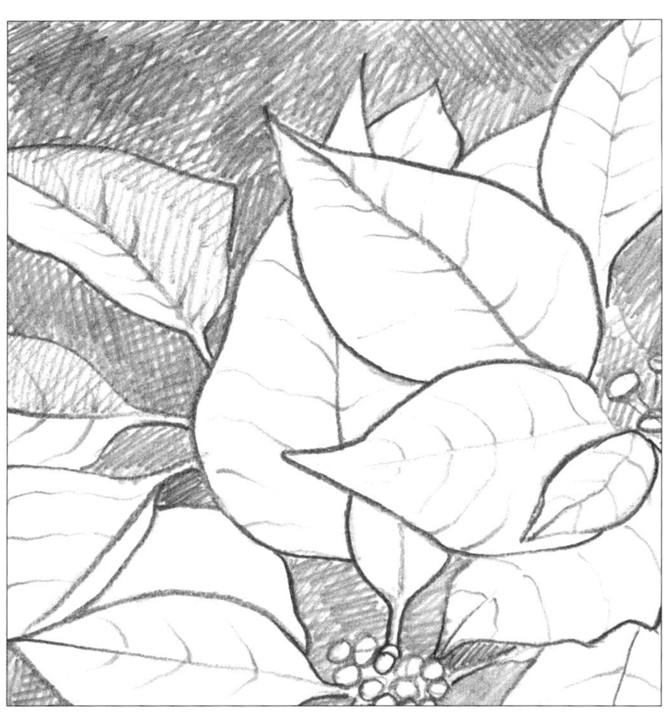

Zeichnen Sie die Blattadern ein und beginnen Sie bei den hinteren Blättern mit den ersten (noch hellen) Schattenschraffuren. Bis auf die angedeuteten Adern bleiben die Lichtseiten weiß.

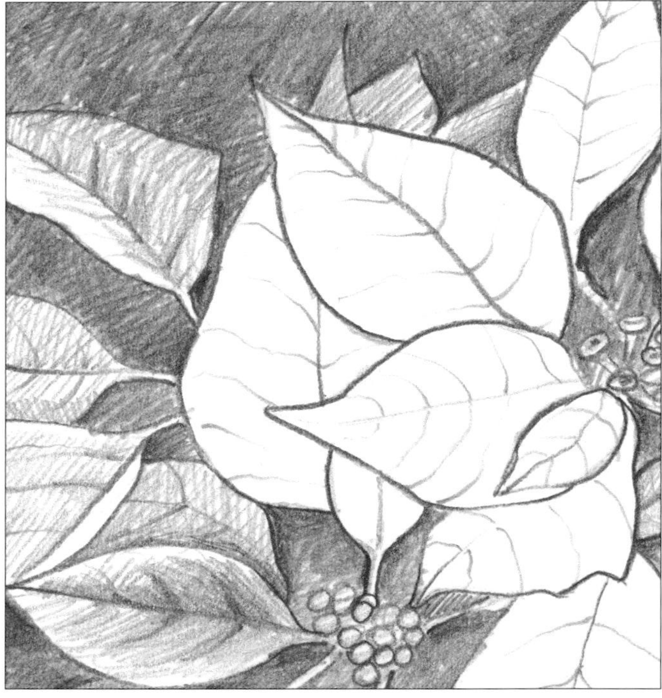

Die hintersten Blätter zeichnen Sie mit Parallelschraffuren. Ringsum dunkeln Sie den Hintergrund weiter ab. Wo die Blätter überlappen, schattieren Sie auch die hinteren. So kommt nach und nach immer mehr Tiefe ins Bild.



**Kreuzschraffur** siehe auch S. 74

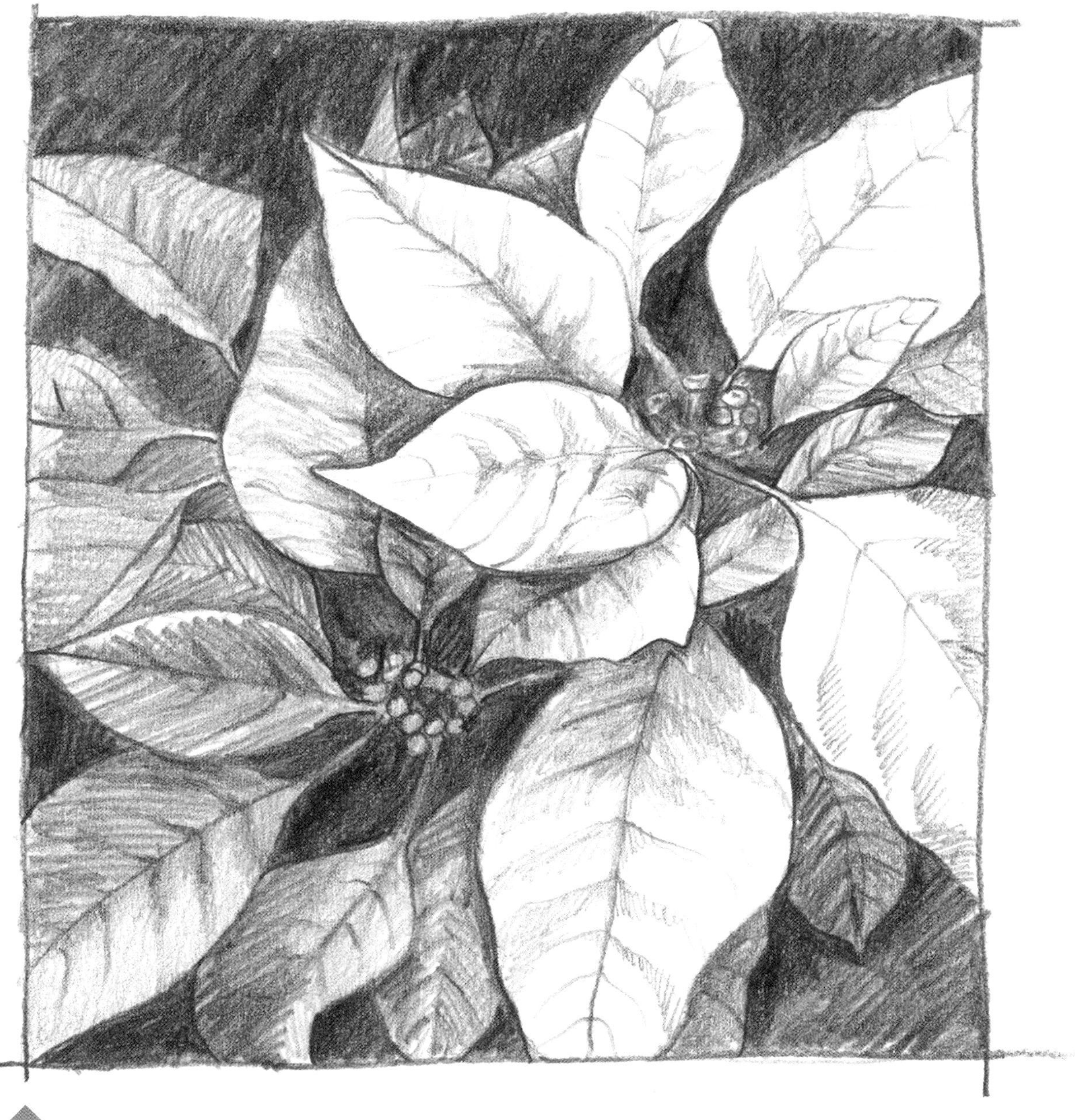

In den letzten Schritten verstärken Sie die Kontraste.
Beginnen Sie im Hintergrund mit dem Bleistift 6B.
Die Schlagschatten auf den hinteren Blättern deuten Sie mit mehr oder weniger kräftigen Schattenstrichen an.

## Schlagschatten und Eigenschatten

Eigenschatten nennt man jene Schatten, die sich auf dem Motiv, hier auf den einzelnen Blättern des Weihnachtssterns selbst abzeichnen. Der Schatten, den das Objekt auf den Boden oder andere Dinge wirft, heißt Schlagschatten. Er zeigt oder deutet den Raum an, in dem sich das Ding befindet. Schlagschatten sind sozusagen Platzanweiser. Hier zeigen sie den Abstand zwischen den Blättern und erzeugen dadurch Tiefe. Bei diffusem Licht laufen Schlagschatten weich aus. Im klaren Licht der Sonne oder einer Lampe hingegen grenzen sie sich klar und dunkel vom Untergrund ab. Deshalb können Sie mit weich verlaufenden oder aber kontrastreichen Schlagschatten auch eine bestimmte Lichtstimmung oder interessante Muster erzeugen, wie der Oleander auf den folgenden Seiten zeigt.


**Hintergrundschraffur** siehe auch S. 35 • **Schlagschatten** siehe auch S. 60

# Oleander

In zarten Farben schwebt die Blüte über dem grauen Granit. Der Strauch selbst tritt nur durch das dunkle Schattenmuster in Erscheinung – eine schöne Komposition.

**Material**
- Zeichenpapier, glatt
- Bleistifte HB bis 5B
- Knetgummiradierer
- Radierstift
- Farbstifte in Pink, Grün und Blaugrau

Schlagschatten können von sich aus interessante Formen und Muster auf den Boden (oder andere Dinge) zeichnen. Weil die Schattenformen naturgemäß immer flach (und farbarm) sind, wirken sie oft grafisch. Das ist eine interessante Möglichkeit, sie zur Bildgestaltung heranzuziehen und damit die plastische Gestalt und Farbigkeit des eigentlichen Motivs zu betonen.

In diesem Beispiel bleibt der schattenwerfende Oleanderstrauch außer Sicht. Er zeigt sich nur indirekt durch seine Schlagschatten. Das ist übrigens ein einfaches Mittel, um ein Bild sozusagen zu öffnen und die Umgebung mit einzubeziehen – ohne sie zu zeichnen. Auf diese Weise bekommt auch die Blüte Sinn und Halt im Bild. Man weiß (oder ahnt), woher sie kommt. Fein mit Farbstift modelliert, liefert sie einen spannenden Gegensatz zum hellen Bleistiftgrau des Granits und dem Dunkelgrau des Schattenmusters.

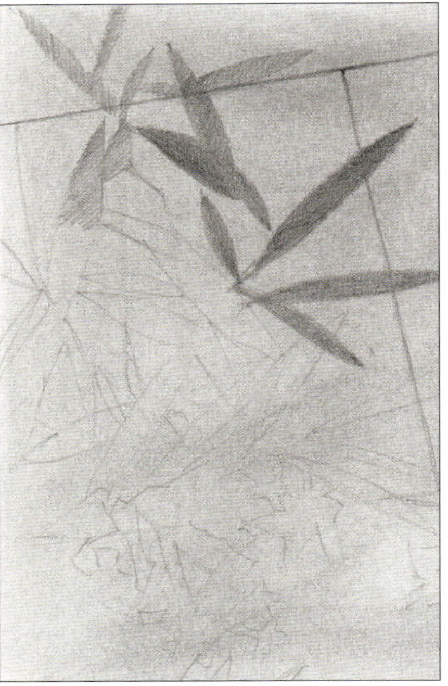

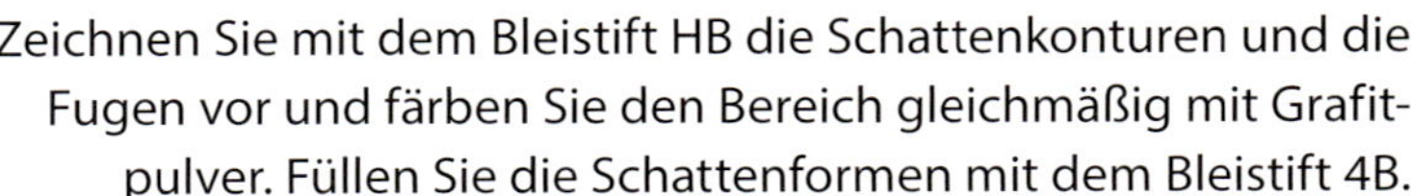

Zeichnen Sie mit dem Bleistift HB die Schattenkonturen und die Fugen vor und färben Sie den Bereich gleichmäßig mit Grafitpulver. Füllen Sie die Schattenformen mit dem Bleistift 4B.

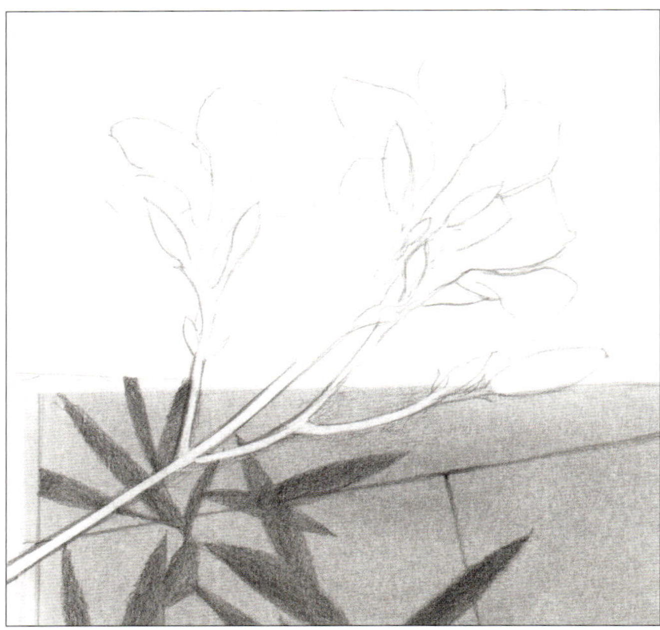

Die Blütenkonturen zeichnen Sie mit dem Bleistift vor und schwächen die Konturen mit dem Knetgummiradierer ab. Die Stängel mit dem Radierstift herausradieren.

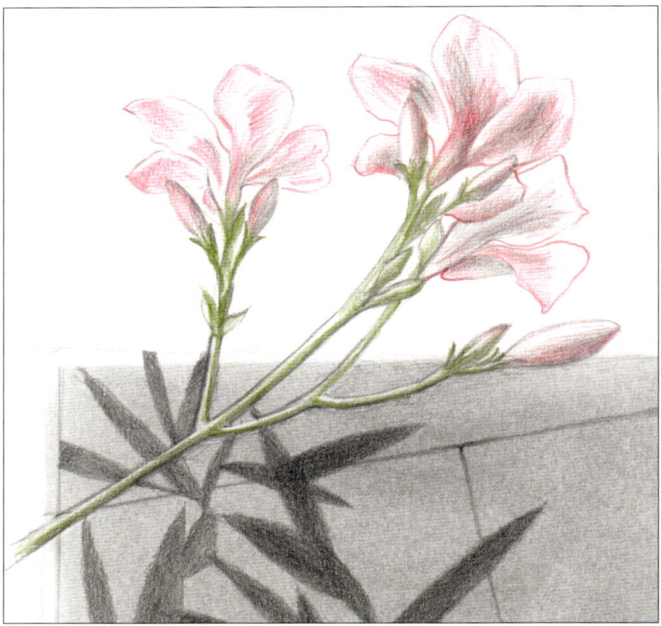

Ziehen Sie die Linien mit dem pinkfarbenen und grünen Farbstift nach und modellieren Sie Blüte und Stängel mit Formschraffuren aus.



**Herausradieren** siehe auch S. 8 • **Schlagschatten** siehe auch S. 53, 60

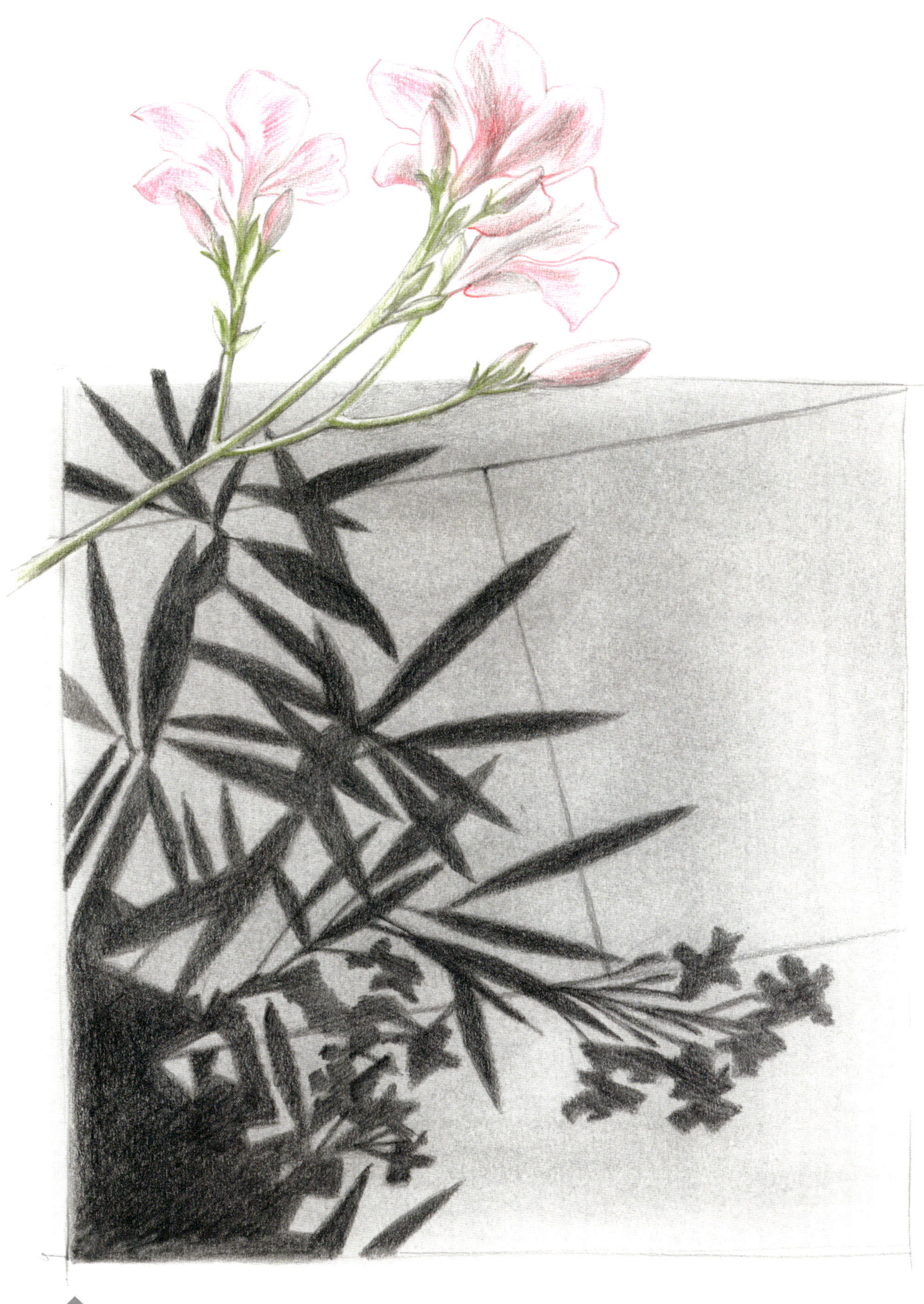

Behalten Sie die flüchtig gezogenen Hilfslinien bei.
Dadurch wirkt die Zeichnung lebendiger und künstlerischer.



**Grafitpulver** siehe auch S. 5

# Schattenspiel

Der Orchideenzweig ragt frei in den dekorativ tapezierten Raum, sein Schattenspiel belebt den Vorhang: ein Beispiel, wie sich einzelne florale Motive effektvoll inszenieren und in eine stimmungsvolle Umgebung einbetten lassen.

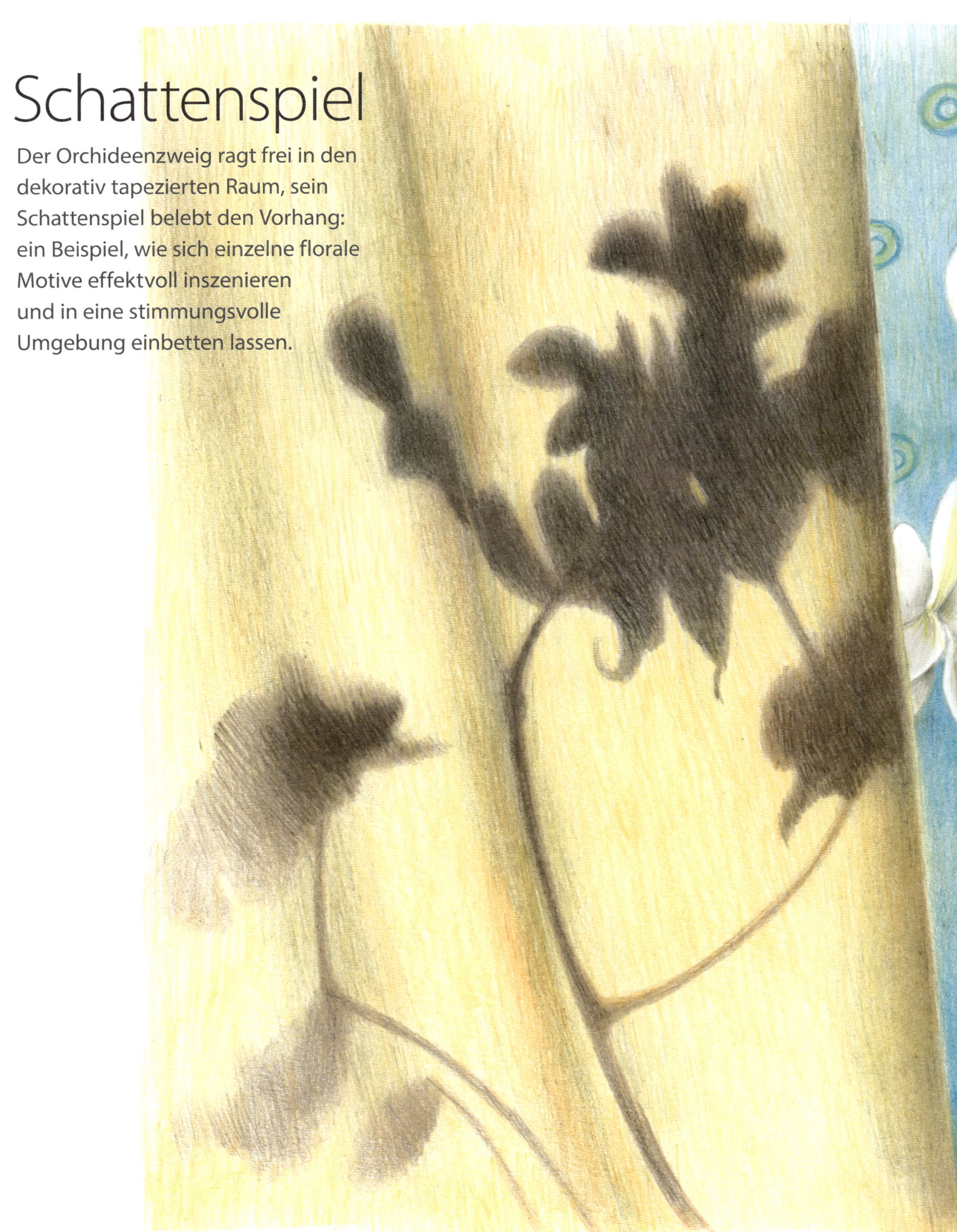



**Schlagschatten** siehe auch S. 47, 53, 60

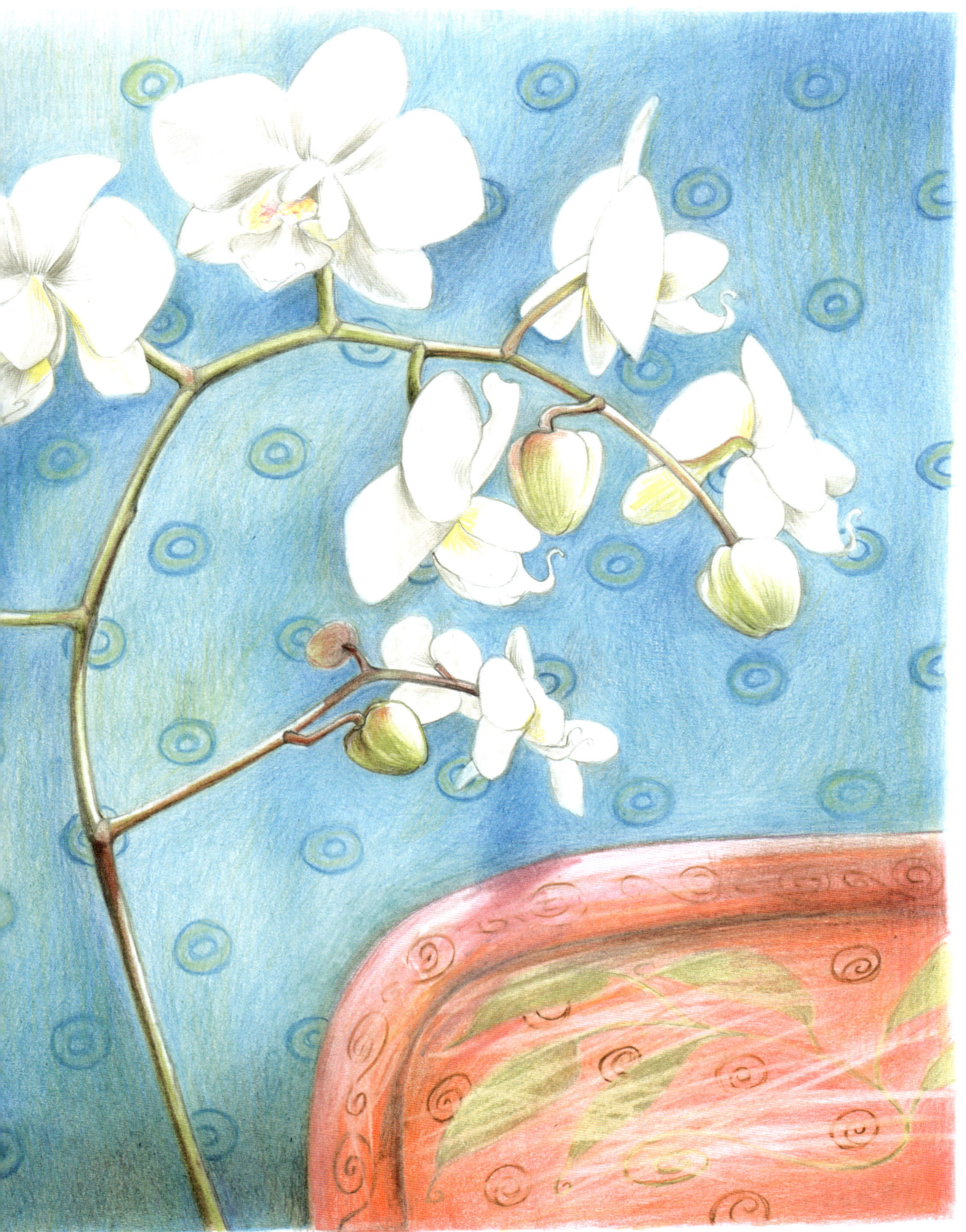



**Dekorative Hintergründe** siehe auch S. 41, 101 • **Herausradieren** siehe auch S. 67

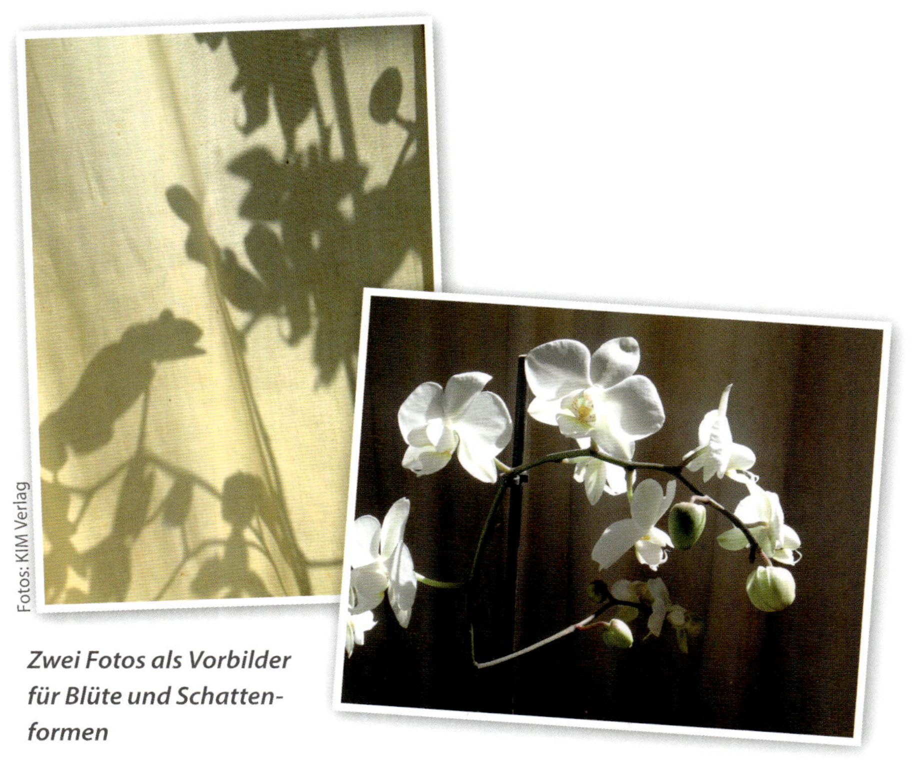
Fotos: KIM Verlag

*Zwei Fotos als Vorbilder für Blüte und Schattenformen*

# In Szene gesetzt

Der Blütenzweig, sein Schatten und auch der Faltenwurf des Vorhangs halten sich ziemlich genau an die Fotos. Detailliert und realistisch gezeichnet, sind sie die zentralen Elemente der Inszenierung.

Das bleibt der Orchideenzweig auch vor dem frei und mit ornamentalen Mustern ausgestalteten Hintergrund. Das aufgestellte Tablett gibt der Komposition mehr Spannung und liefert einen interessanten und harmonischen Farbkontrast.

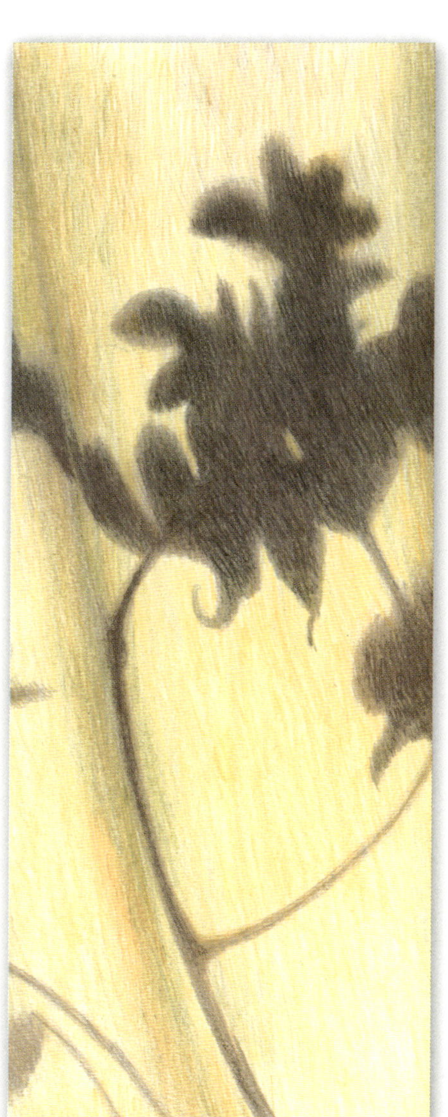

# Lebendiger Schatten

Selbst wenn das Foto etwas anderes zeigt: In der Natur und in der Farbzeichnung sind Schatten nicht neutral grau oder schwarz. Die Farbe des Untergrundes spielt immer mit.

*Mit lasierenden Schraffuren, hier mit den rechts gezeigten Farben, können Sie schöne und lebendige Nuancen herausarbeiten.*

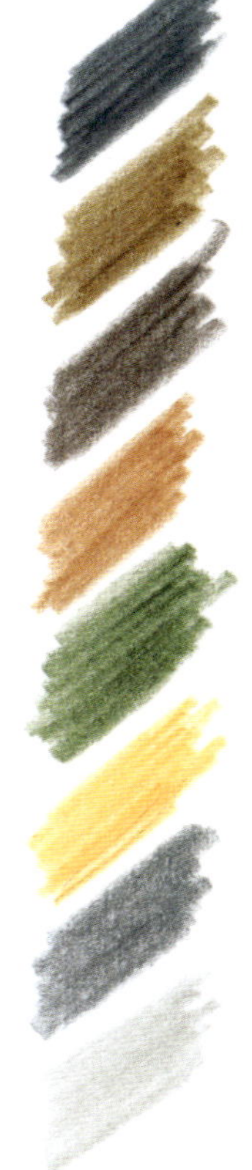

*Solche Farbstudien sind auch ein gutes Mittel, um die Wirkung auszuprobieren.*

*Auf der Vorhangfarbe spielen die Eigen- und Schlagschatten ins Bräunliche.*



**Farblasuren** siehe auch S. 40, 41, 72, 77

# Dekorativer Hintergrund

Vor dem kräftigen Hintergrund setzen sich die weißen Blüten deutlich ab. Die Wahl der Farben unterstützt die harmonische Bildwirkung. Während das Beige des Vorhangs im linken Bildteil für eine ruhige Atmosphäre sorgt, bringt das Tapetenmuster Leben in die Wand. Mit dem Tablett kommen lebhafte Farbakzente ins Bild, dank der groben Farb- und Radierstriche auch interessante Texturen.

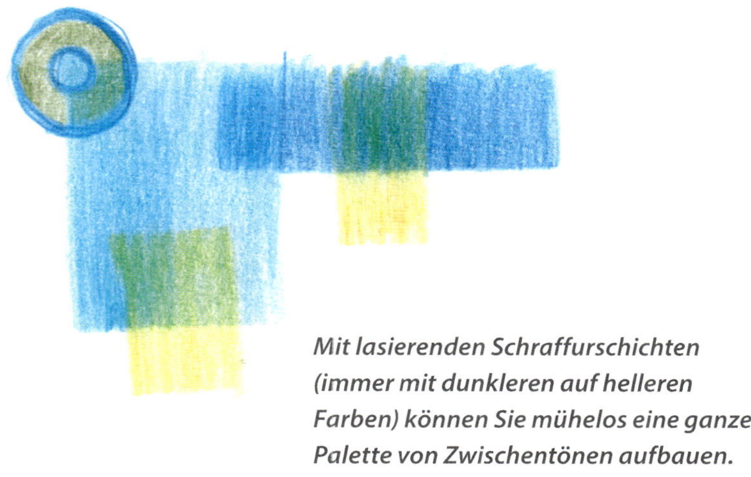

*Mit lasierenden Schraffurschichten (immer mit dunkleren auf helleren Farben) können Sie mühelos eine ganze Palette von Zwischentönen aufbauen.*

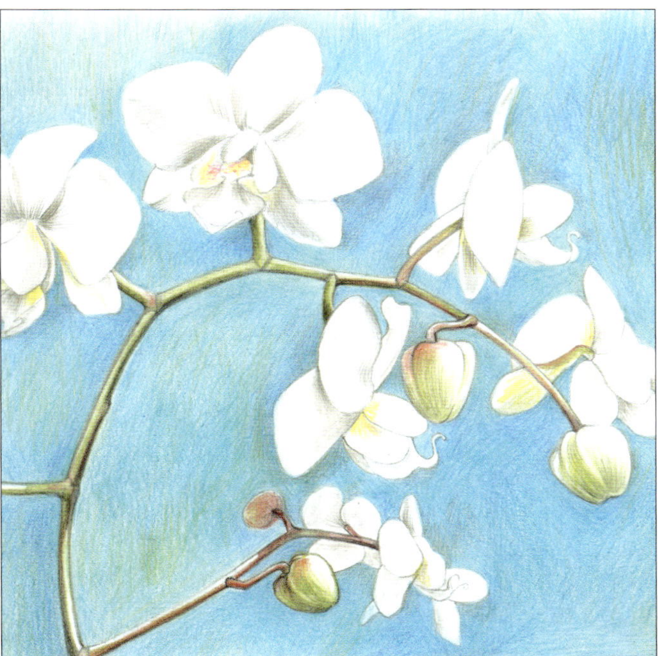

Die Tapete grundieren Sie gleichmäßig hell und schraffieren, stellenweise mehrmals, dunkler darüber. Das gibt den Farben eine schöne Textur, Transparenz und Tiefe.

## Material

- Zeichenpapier, glatt
- Bleistift H, HB
- Farbstifte (siehe Seitenrand)
- Knetgummiradierer
- Kunststoffradierer

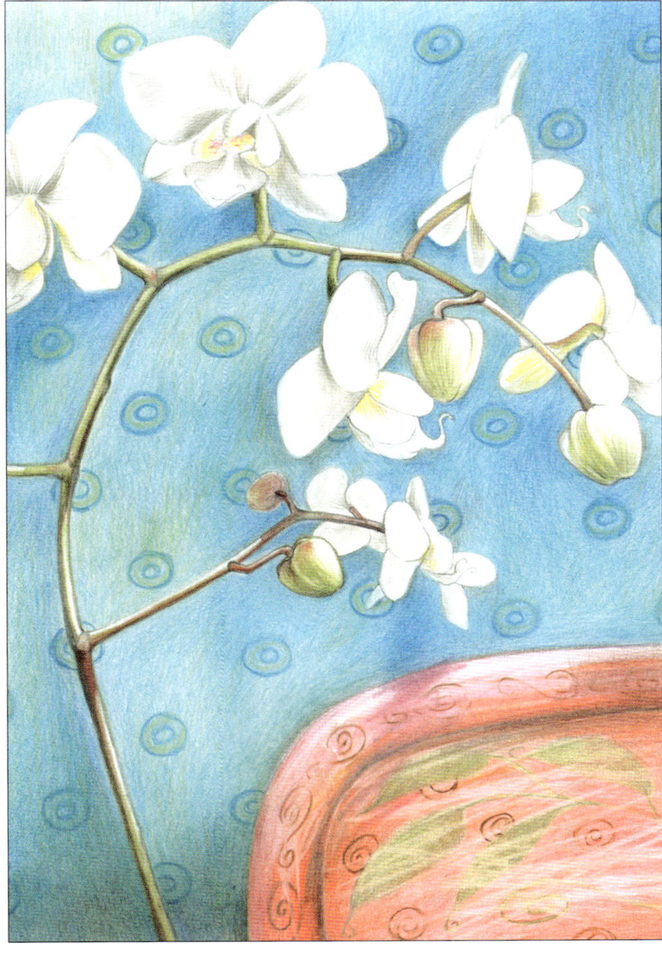

Die locker verteilten Tapetenmuster beleben die Fläche. Das ebenfalls hell (in Rosa) grundierte Tablett schattieren Sie in verwandten dunklen Farben. Am Rand radieren Sie Glanzlichter heraus. Die Fläche stricheln Sie in Grün, zeichnen Muster hinein und radieren Lichtlinien heraus.



**Orchideen in Schwarz-Weiß** siehe auch S. 12 • **Hintergrund ausgestalten** siehe auch S. 101

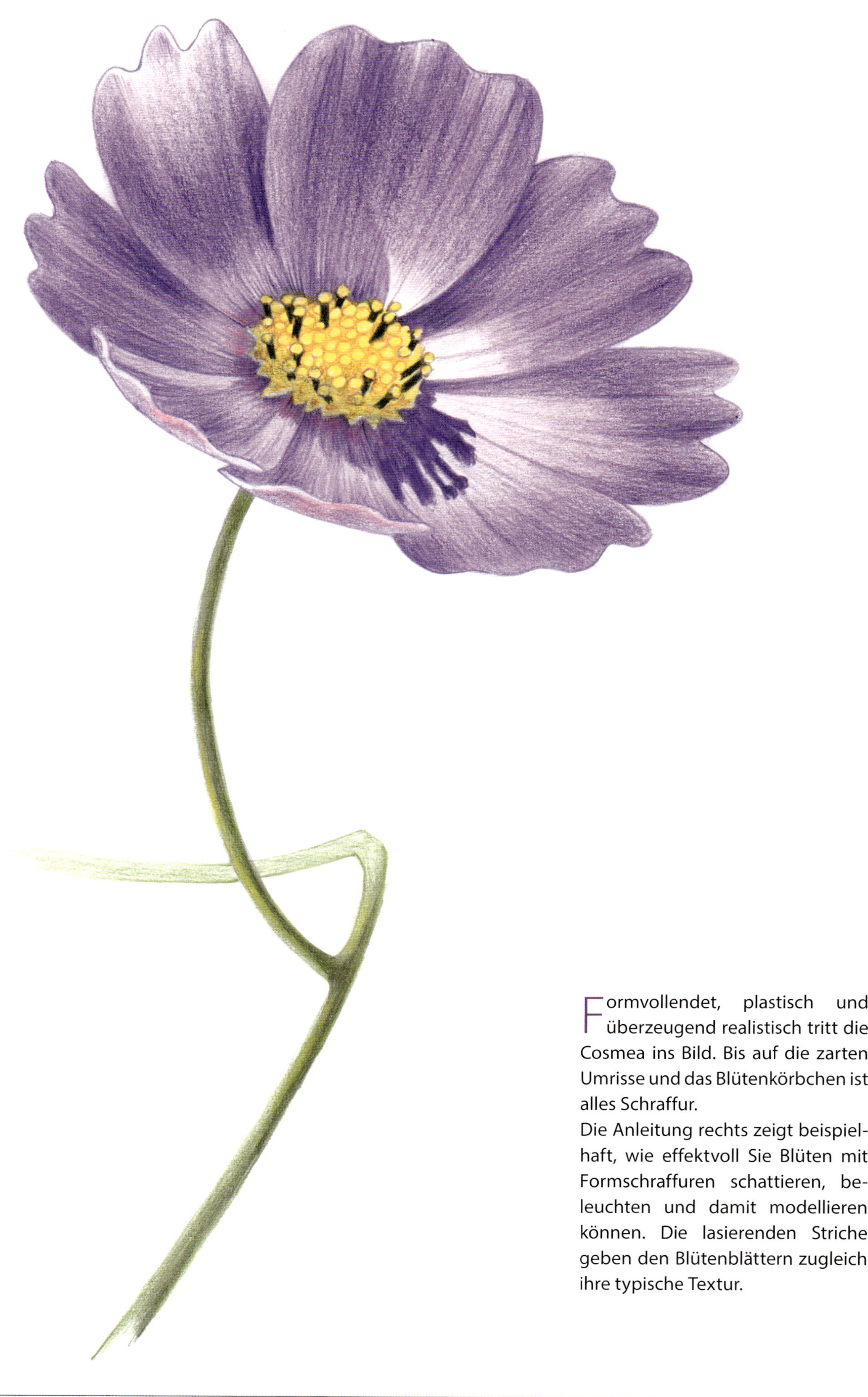

Formvollendet, plastisch und überzeugend realistisch tritt die Cosmea ins Bild. Bis auf die zarten Umrisse und das Blütenkörbchen ist alles Schraffur.

Die Anleitung rechts zeigt beispielhaft, wie effektvoll Sie Blüten mit Formschraffuren schattieren, beleuchten und damit modellieren können. Die lasierenden Striche geben den Blütenblättern zugleich ihre typische Textur.



**Farbstift realistisch** siehe auch S. 38, 66

# Modellieren

*Als Designerin ist die Natur unübertrefflich. Uns bleibt das Vergnügen, Gestalt und Charakter einer Blume formvollendet und plastisch ins Bild zu bringen. Das Mittel dazu sind Formschraffuren.*

Die Beispiele in diesem Kapitel zeigen Ihnen, wie einfach Sie damit erstaunlich realistische Effekte erzielen können. Formschraffuren sind Striche, die gezielt der (gedachten) Form folgen und sich dabei den Rundungen, also den Wölbungen und Vertiefungen, anpassen. Und weil die Schraffurstriche mehr oder weniger sichtbar bleiben, zeigen sie auch die Beschaffenheit der Oberfläche. Je dichter und feiner, desto glatter wirkt die Textur. Gröbere Linien zeigen Muster, Maserung und Adern. In den im Licht liegenden Bereichen werden die Formschraffuren heller, undeutlicher und können dort auch ganz verschwinden. Den hellsten Grundton liefert meist die (flächige) Grundierung. Sie bildet das Fundament, auf dem alles Weitere aufbaut. Auch beim Schraffieren beginnen Sie mit hellen Farben, in einer Bleistiftzeichnung mit dem Stift HB. Für die weiteren Schraffuren nehmen Sie dunklere Farben, sodass die hellen Töne stellenweise durchscheinen können. So entstehen weiche Farbübergänge und Verläufe vom Licht zum Schatten. Für zarte Linien halten Sie den gespitzten Stift steil, für glatte Flächen flach.

## Cosmea

Ein ideales Modell ist die Cosmea mit ihrer ebenso einfachen wie eleganten Blütenform, der filigranen Maserung und dem hübschen Körbchen. Der Lohn fürs geduldige und detailgenaue Zeichnen und Schraffieren ist eine erstaunlich realistische Blumenstudie.

**Material**

- Bristolkarton
- Bleistift HB
- Farbstifte (siehe Seitenrand)
- Knetgummiradierer

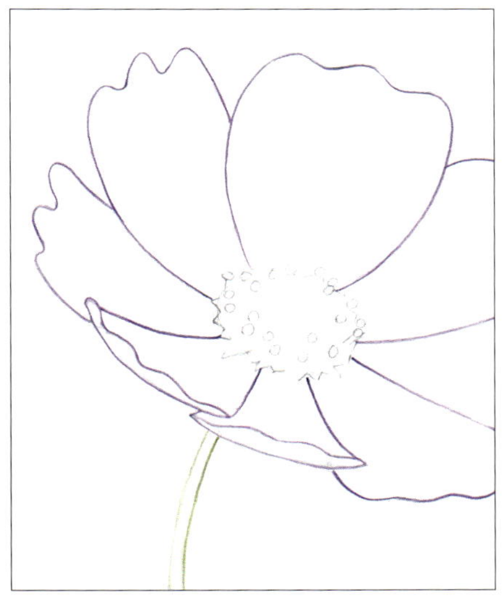

Grundlage ist eine klare, mit dem Knetgummi abgeschwächte Vorzeichnung mit dem Bleistift HB.

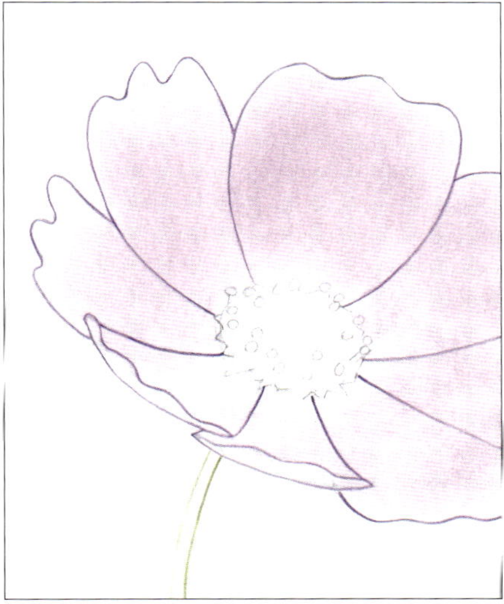

Grundieren Sie die Blütenblätter flächig und gleichmäßig mit hellviolettem Farbstaub.

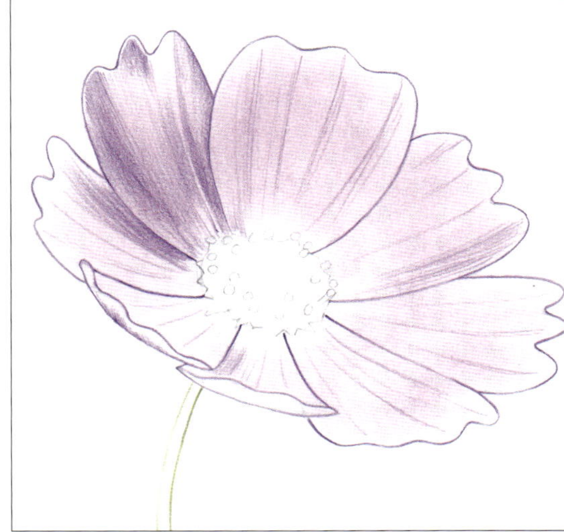

Nun ziehen Sie von innen nach außen, der Form folgend, die feinen Linien der Maserung, dann nach und nach schattierende Schraffurstriche.



**Konturen finden** siehe auch S. 23 • **Farbpulver erstellen** siehe auch S. 76

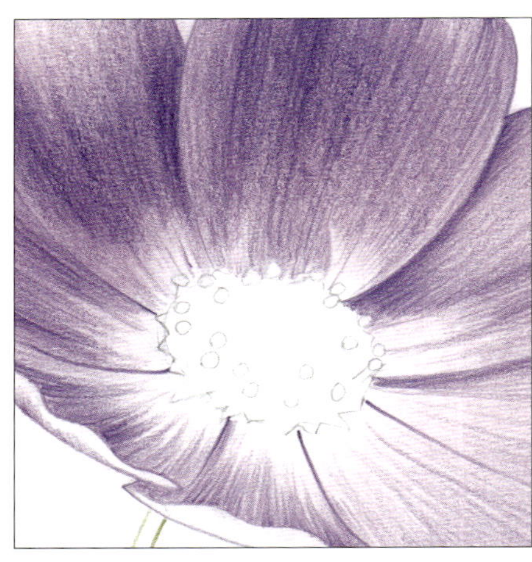

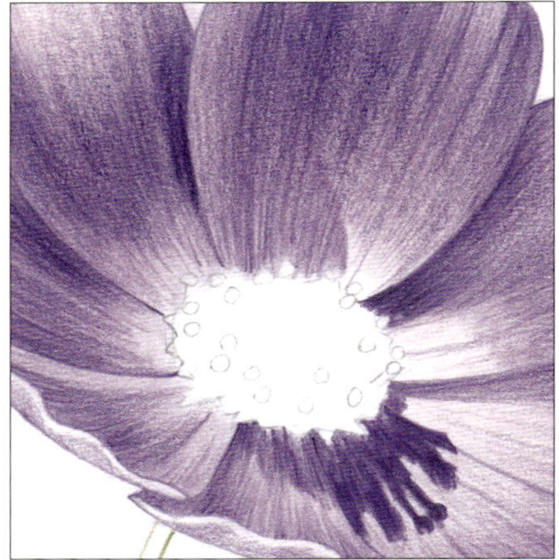

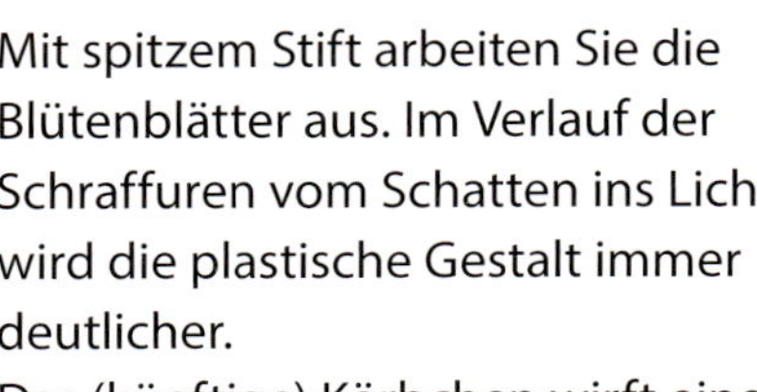

Mit spitzem Stift arbeiten Sie die Blütenblätter aus. Im Verlauf der Schraffuren vom Schatten ins Licht wird die plastische Gestalt immer deutlicher.
Das (künftige) Körbchen wirft einen hart abgegrenzten Schlagschatten auf die unteren Blütenblätter.
Das erzeugt das Sonnenlicht.
Unter einem bewölktem Himmel würde der Schatten diffus auslaufen.

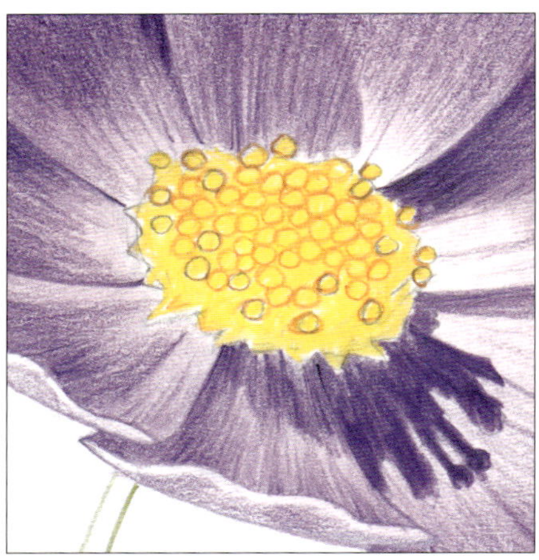

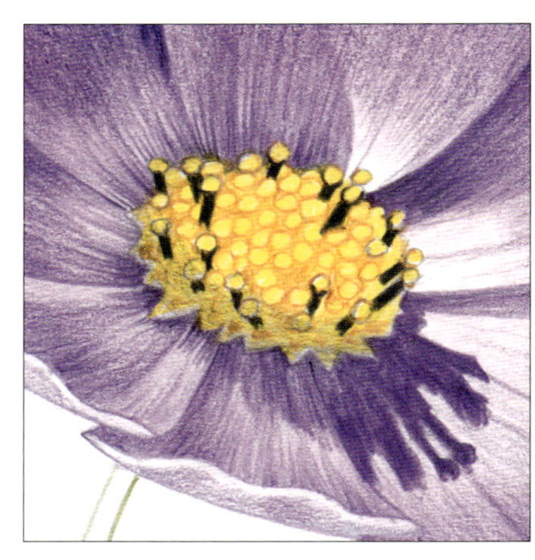

Das Körbchen grundieren Sie ebenfalls zuerst flächig und zeichnen orangefarbene Kreise hinein.
Die Zwischenräume füllen Sie ebenfalls in Orange und verteilen sodann schwarzen Stäbchen, die in gelben Köpfchen enden.

Der verzweigte Stängel gibt der großen Blüte zusätzlichen Halt. Erst grundieren Sie alles schwach in Olivgrün. Dann ziehen Sie die Schattenseiten nur beim vorderen Stängel dunkler nach, um ihn zu modellieren. Den hinteren Stängel hingegen lassen Sie hell ins Weiß (und damit in die Tiefe des Bildes) auslaufen.

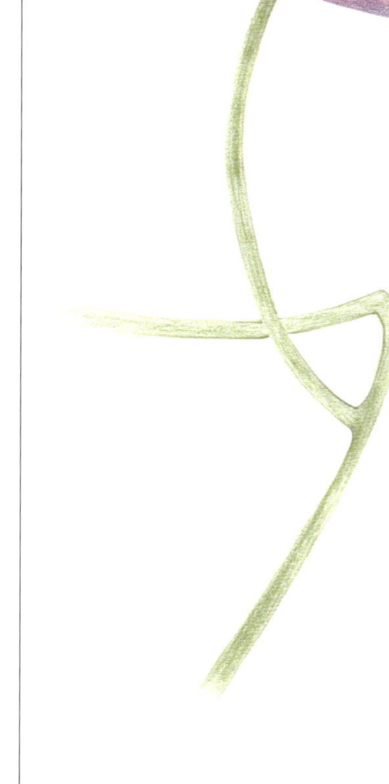

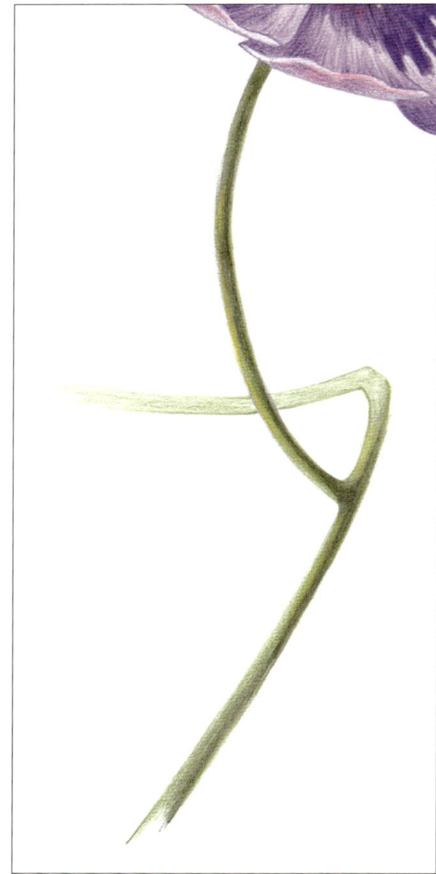



**Tiefe durch Schatten** siehe auch S. 81, 101 • **Schlagschatten** siehe auch S. 52, 54

# Narzissen

Kraftvoll gezeichnet treten die Narzissen ins Bild. Die schraffierten Farbverläufe von Gelb zu Orange und die grünlichen Schatten modellieren die Blüten, die locker gestrichelten Stiele und schmalen Blätter geben dem Motiv Halt und Lebendigkeit.

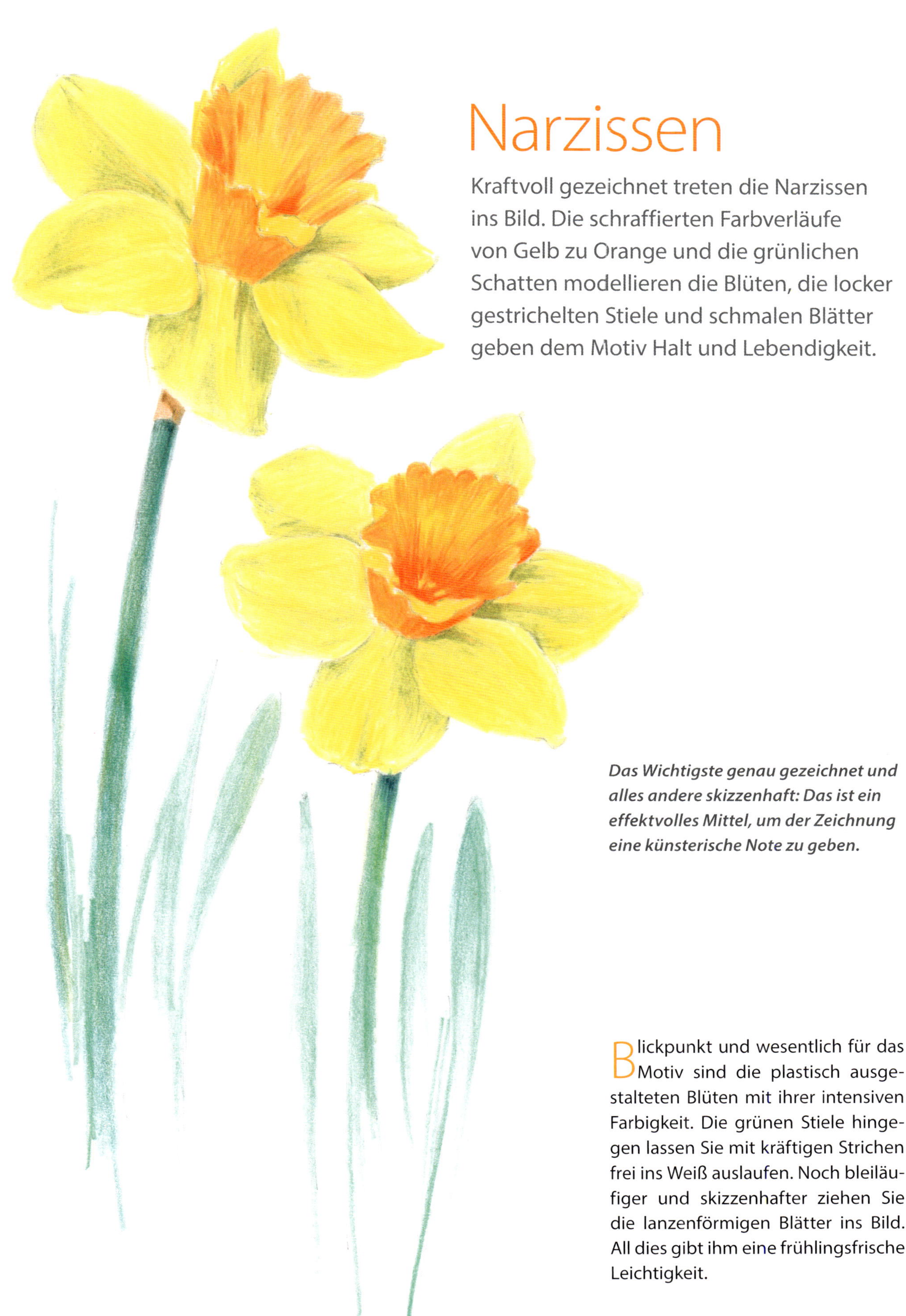

***Das Wichtigste genau gezeichnet und alles andere skizzenhaft: Das ist ein effektvolles Mittel, um der Zeichnung eine künsterische Note zu geben.***

Blickpunkt und wesentlich für das Motiv sind die plastisch ausgestalteten Blüten mit ihrer intensiven Farbigkeit. Die grünen Stiele hingegen lassen Sie mit kräftigen Strichen frei ins Weiß auslaufen. Noch bleiläufiger und skizzenhafter ziehen Sie die lanzenförmigen Blätter ins Bild. All dies gibt ihm eine frühlingsfrische Leichtigkeit.



**Unfertige Bildelemente** siehe auch S. 69, 74

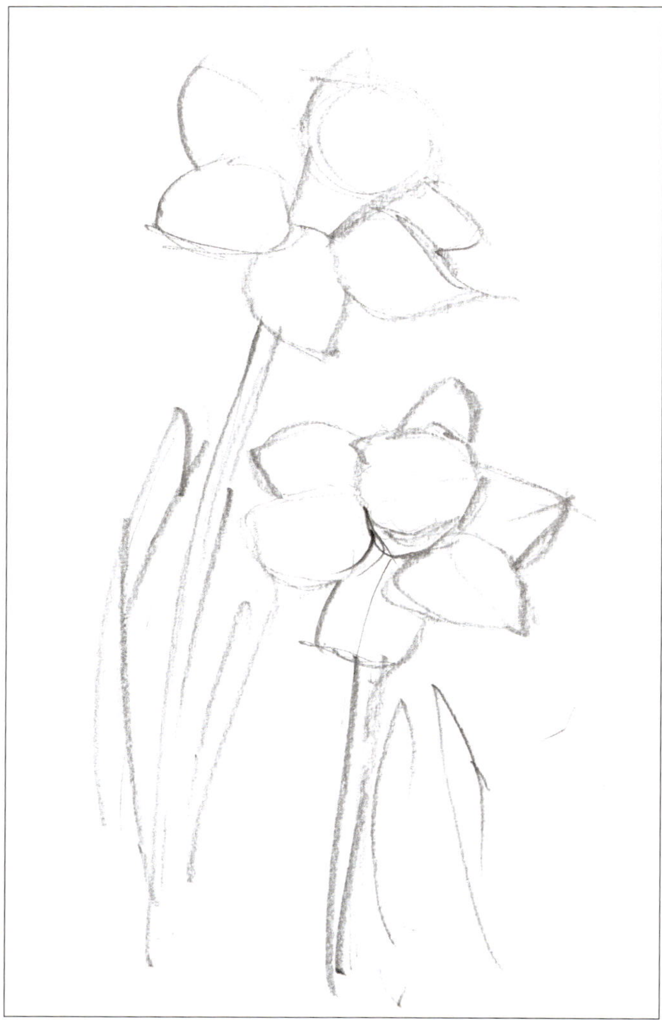

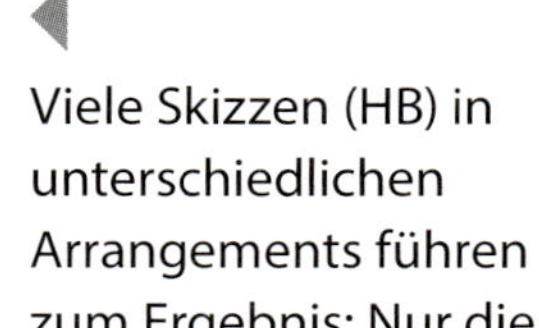

Viele Skizzen (HB) in unterschiedlichen Arrangements führen zum Ergebnis: Nur die beste kommt durch …

**Material**

- Zeichenpapier, glatt
- Bleistift HB
- Farbstifte (siehe Seitenrand)
- Knetgummiradierer

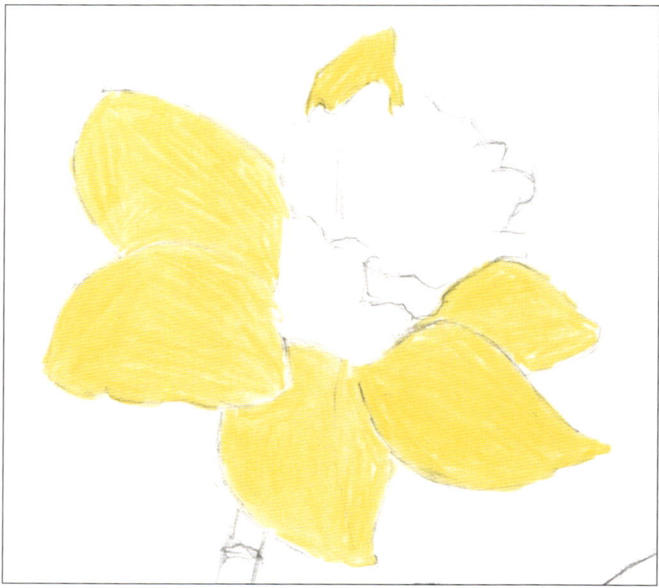

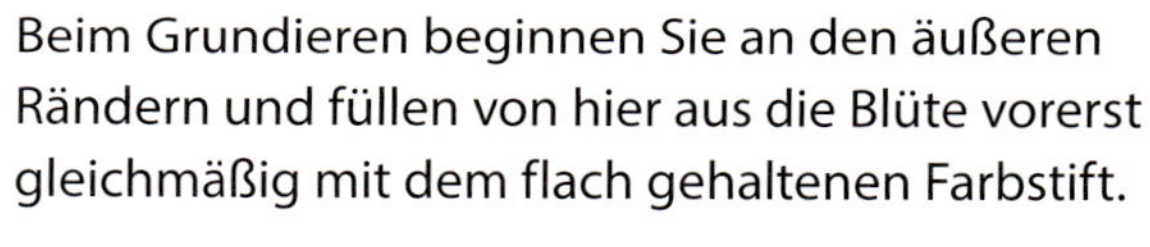

Beim Grundieren beginnen Sie an den äußeren Rändern und füllen von hier aus die Blüte vorerst gleichmäßig mit dem flach gehaltenen Farbstift.

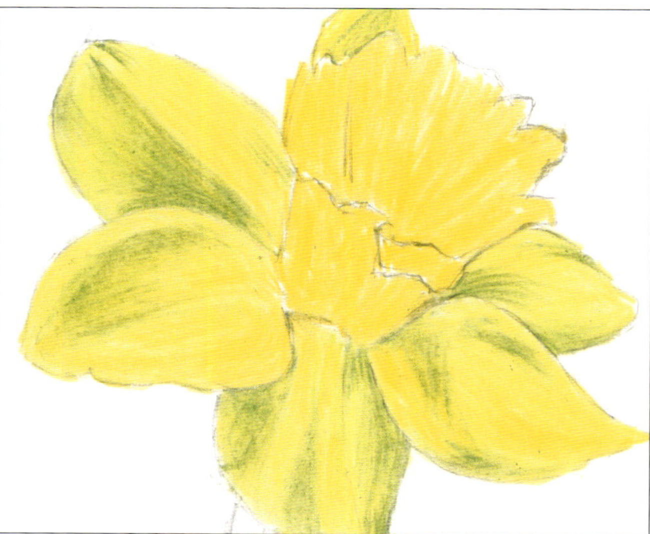

Schattiert wird mit olivengrünen und orangen Formschraffuren, die zugleich die Maserung andeuten.

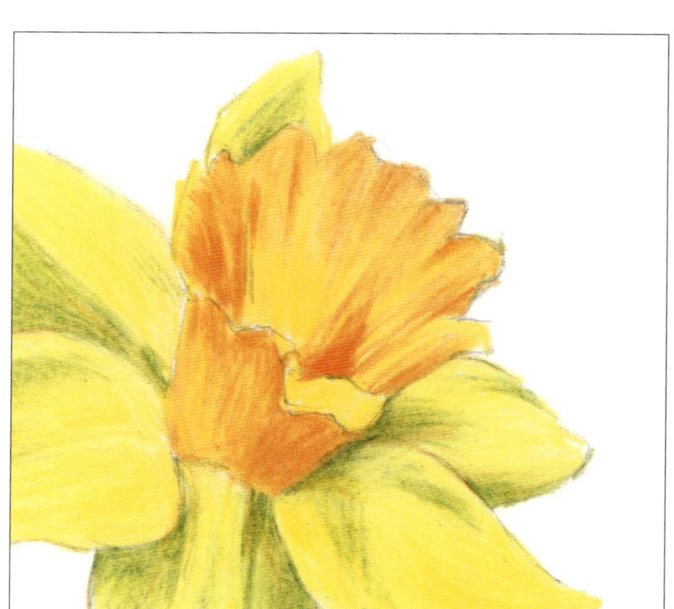



**Konturen finden** siehe auch S. 23 • **Olivgrün auf Gelb** siehe auch S. 110

Die dunkleren Schattenpartien überzeichnen Sie eventuell mehrmals. Für die im Licht liegenden Bereiche reicht die Grundierung.

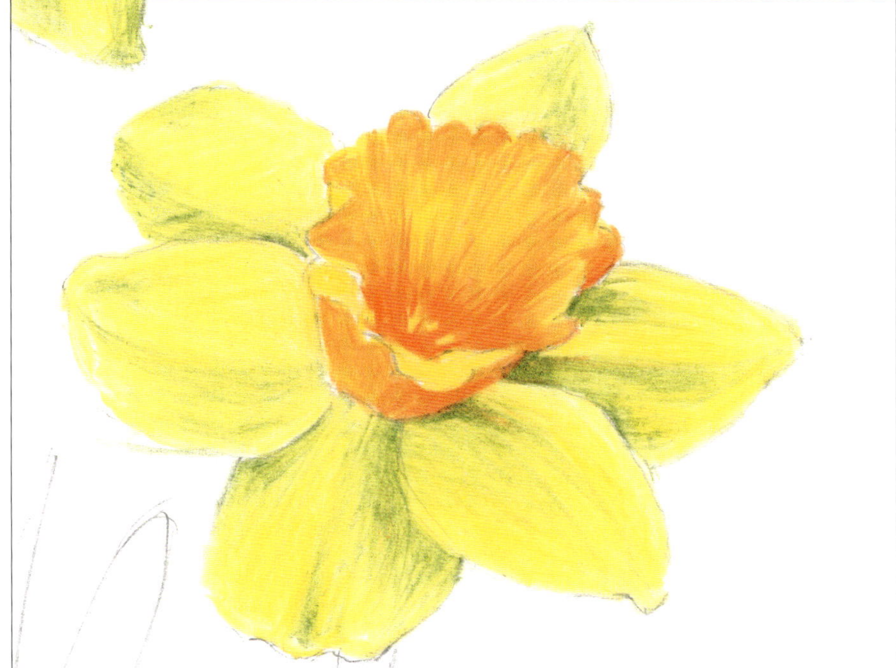

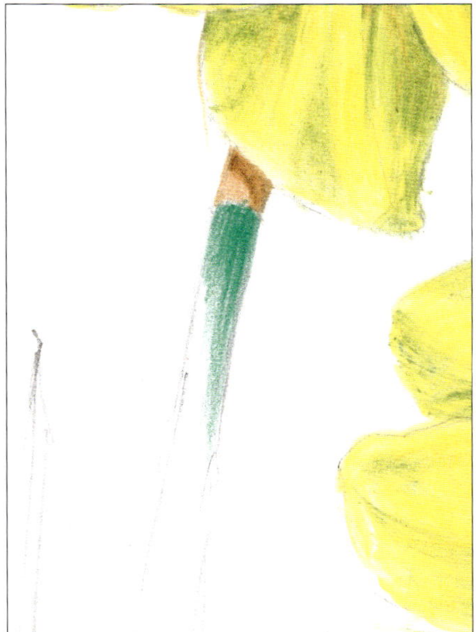

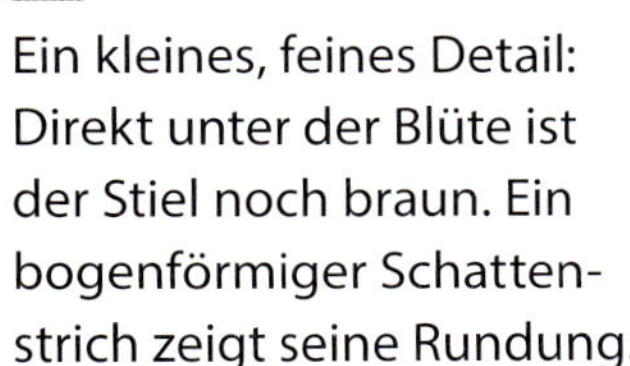

Ein kleines, feines Detail: Direkt unter der Blüte ist der Stiel noch braun. Ein bogenförmiger Schattenstrich zeigt seine Rundung.

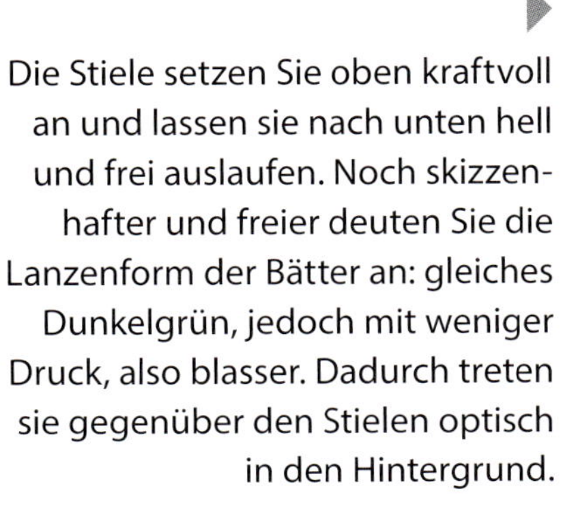

Die Stiele setzen Sie oben kraftvoll an und lassen sie nach unten hell und frei auslaufen. Noch skizzenhafter und freier deuten Sie die Lanzenform der Bätter an: gleiches Dunkelgrün, jedoch mit weniger Druck, also blasser. Dadurch treten sie gegenüber den Stielen optisch in den Hintergrund.

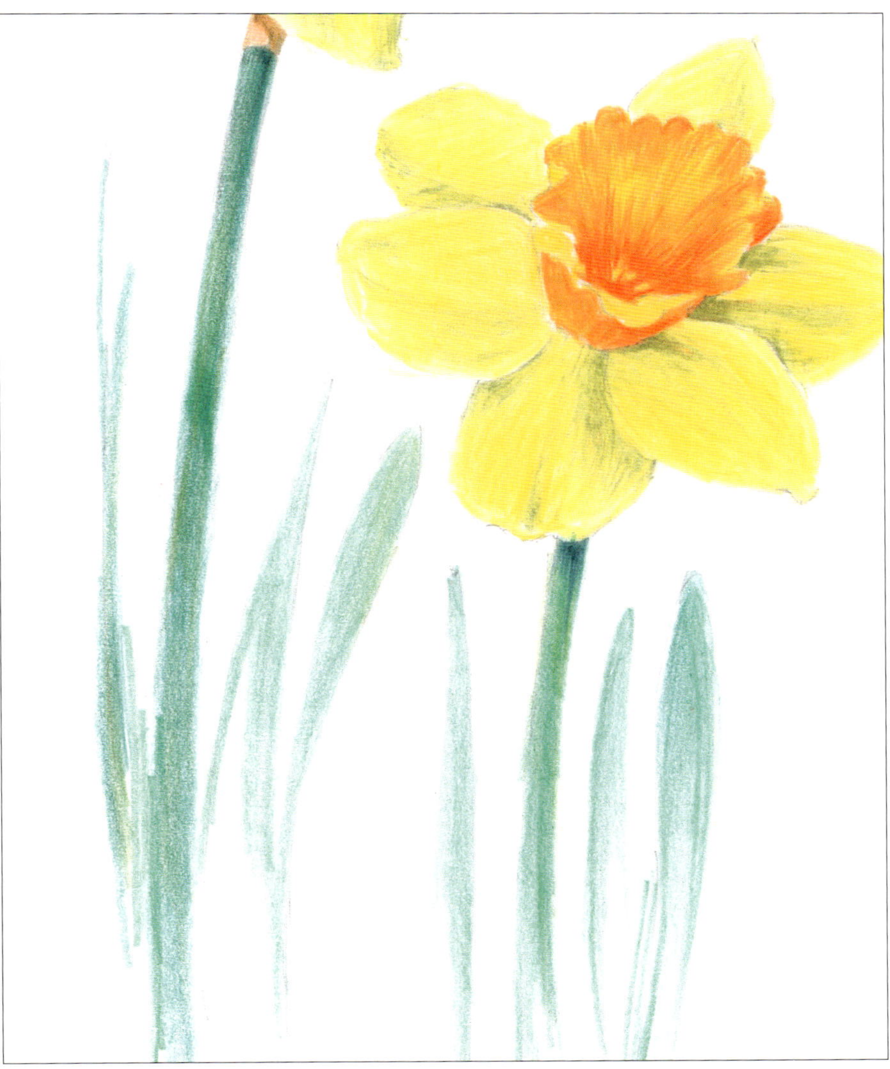



**Wenige Farben, große Wirkung** siehe auch S. 68

# Rosenrot

Zwei Rottöne mit Farbstift, silbrige Schattentöne mit Bleistift in die Rosenblüte zeichnen: Mehr brauchen Sie nicht für diese realistisch fein ausgearbeitete Blumenstudie.

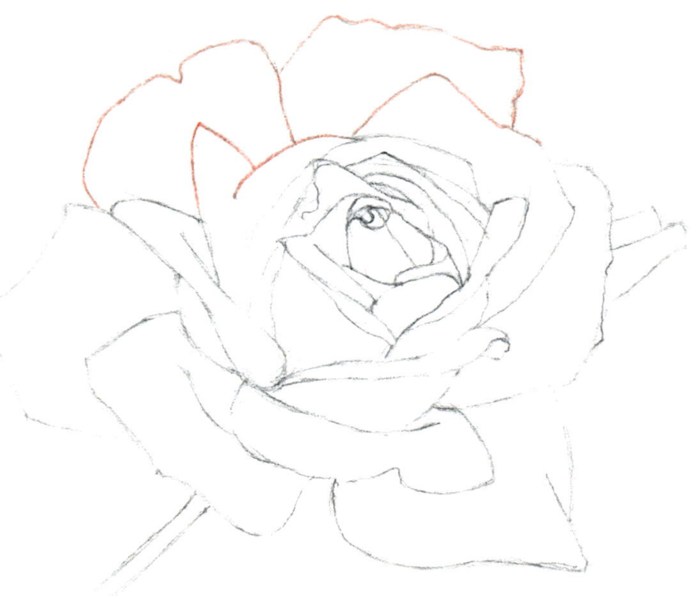

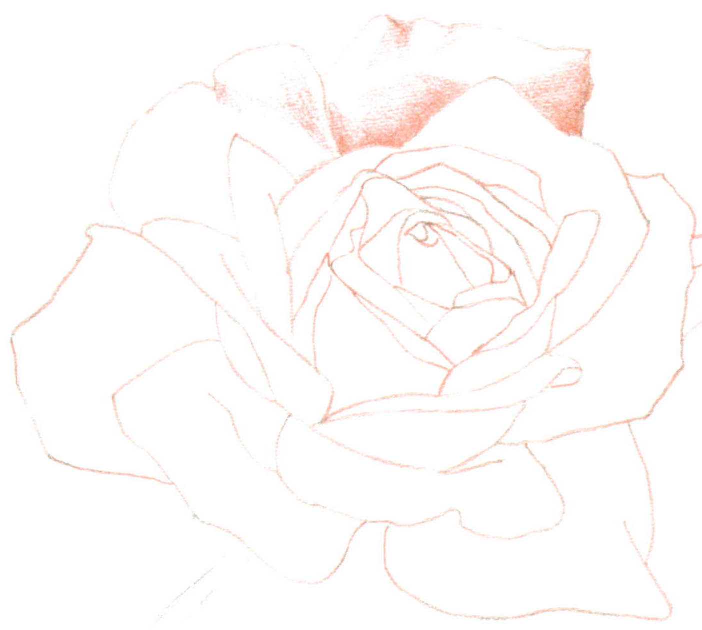

## Vorzeichnen

Für die verwirrend gefalteten, in sich verschlungenen Blütenblätter brauchen Sie eine klare Vorzeichnung (Bleistift HB). Sonst laufen Sie Gefahr, später den Überblick beim Schattieren und Schraffieren zu verlieren. Da ist es ratsam, nach einem Foto zu zeichnen oder die Konturen vom Foto zu übertragen.

## Konturieren

Die Bleistiftstriche in HB schwächen Sie mit dem Knetgummiradierer so weit ab, dass sie gerade noch sichtbar sind. Dann können Sie die Konturen mit dem helleren Rotton nachziehen, ohne sie zu verschmieren.

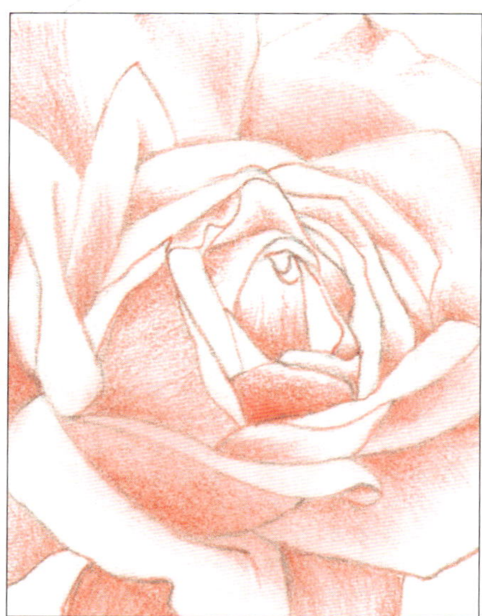

## Grundieren

*Grundieren Sie die Farbflächen (nicht die Lichter) mit zarten, dichten Formschraffuren, die weich ins Weiß der beleuchteten Partien auslaufen.*

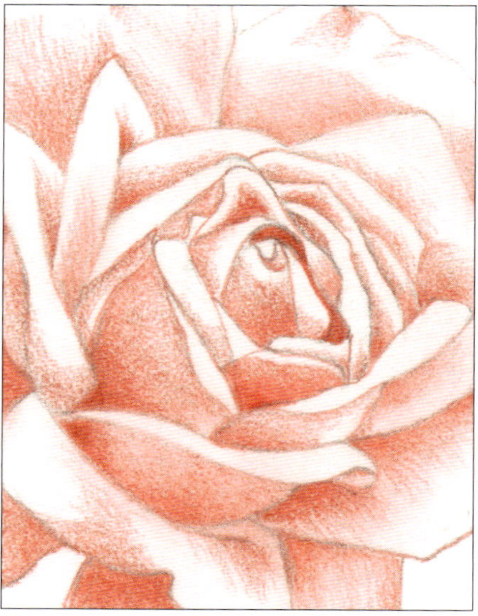

## Modellieren

*Nach und nach vertiefen Sie die Schattenpartien in Dunkelrosa. Aus den Schattenbereichen ziehen Sie feine, schwungvolle Linien ins Licht.*

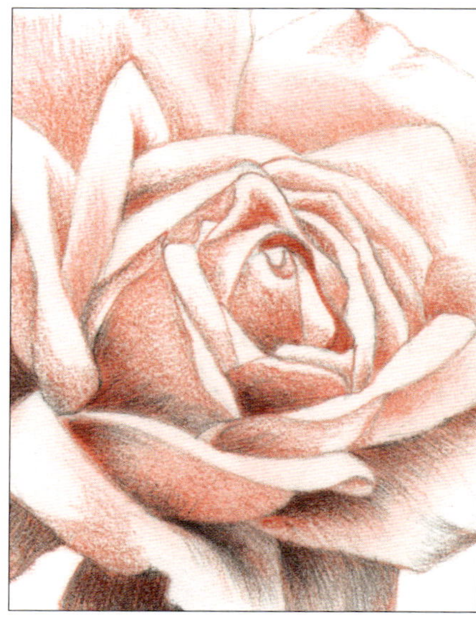

## Schattieren

*Zuletzt schraffieren Sie mit dem Bleistift H über die dunkelsten Schatten nach, die auf diese Weise einen bräunlich-silbrigen Schimmer erhalten.*



**Konturen finden durch Rastern** siehe auch S. 14

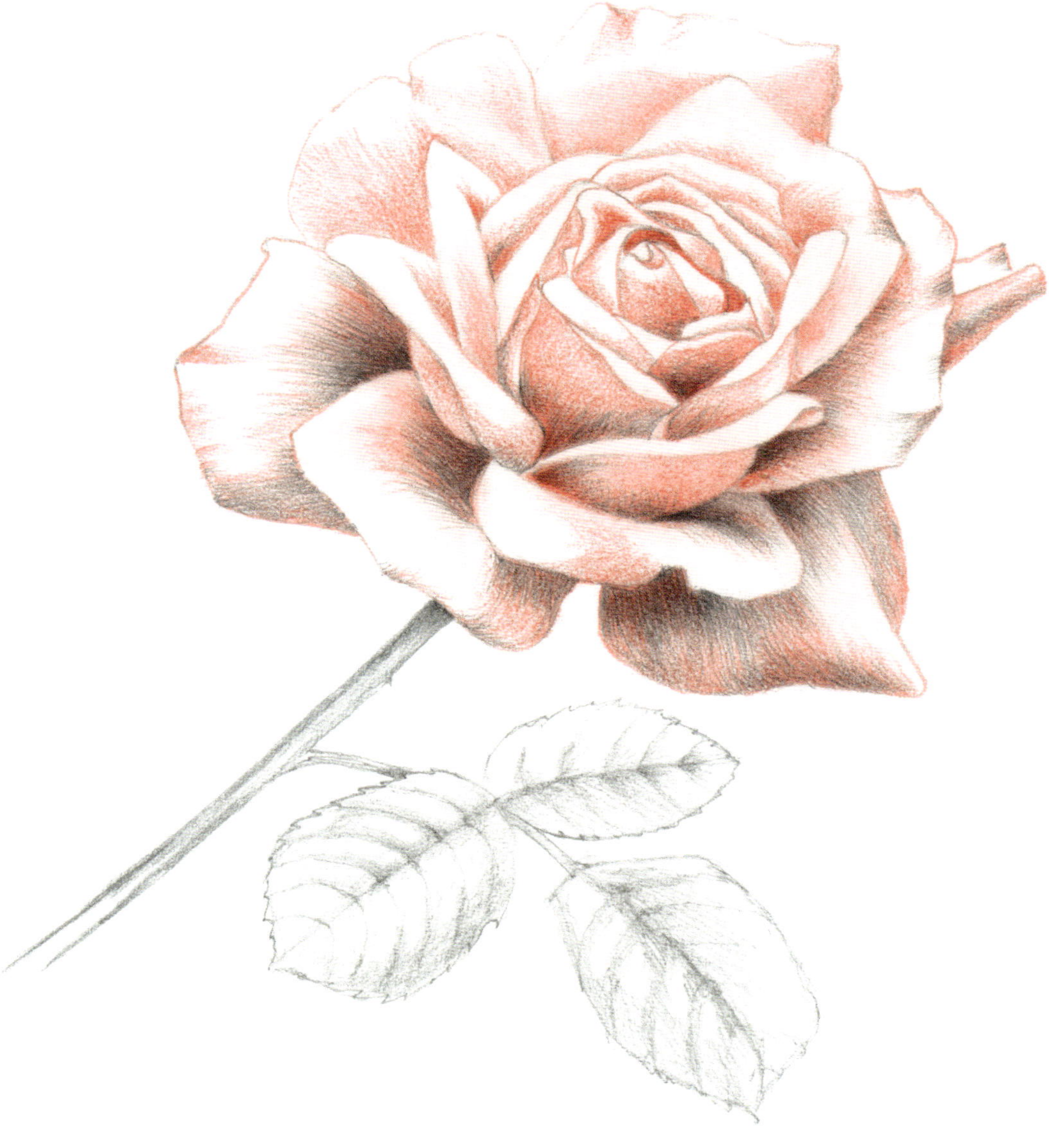

In dieser Farbzeichnung spielt der Bleistift eine dreifach gute Rolle: zunächst in der Vorzeichnung, dann für die schimmernden Schatten und schließlich beim Blattwerk. Denn Rosenblätter sind robuste Gesellen. Ihr natürliches Grün würde hier eine unliebsame Konkurrenz darstellen. Doch ohne Stiel und Blätter würde dem Gesamtbild etwas fehlen. Als interessante Lösung bietet sich der bescheidene Bleistift an, mit dem Sie eher skizzenhaft als detailgenau zeichnen. Dieser Kontrast gibt dem Motiv zudem eine interessante Note.

### Material

- Zeichenpapier, glatt
- Bleistifte H, HB
- Knetgummiradierer
- Farbstifte in

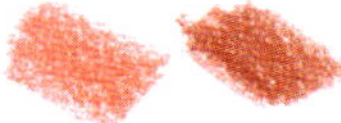



**Bleistiftschatten in der Farbzeichnung** siehe auch S. 75, 84

**Material**
- Zeichenpapier (Bristolkarton)
- Bleistift HB
- Farbstifte (siehe Seitenrand)
- Knetgummiradierer
- Kunststoffradierer
- Kosmetiktuch

# Lotus

Als Symbol steht die Lotusblüte für Reinheit, hier als Modell für die beeindruckenden Fähigkeiten des Farbstiftes, Formen und Texturen auf ideale Weise nachzubilden. Ein weich verwischter Hintergrund macht die Harmonie perfekt.

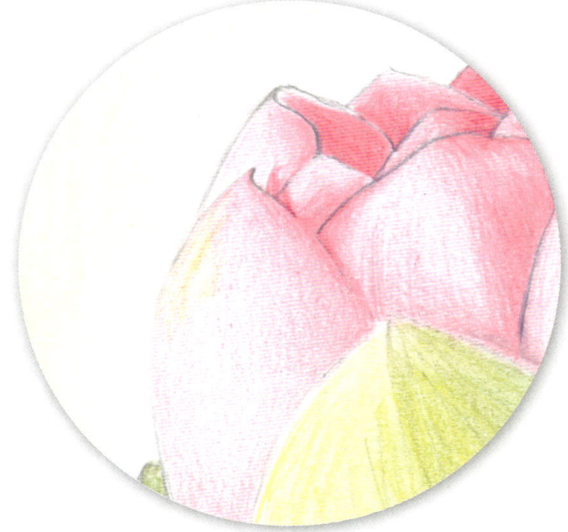

Schwächen Sie die Bleistiftkonturen so weit ab, dass sie kaum mehr sichtbar sind. Die einzelnen Bildteile grundieren Sie in den hellsten Tönen (Gelb und Hellrosa). Auf den linken Blütenrand zeichnen Sie einen schwachen grünen Lichtstrich.

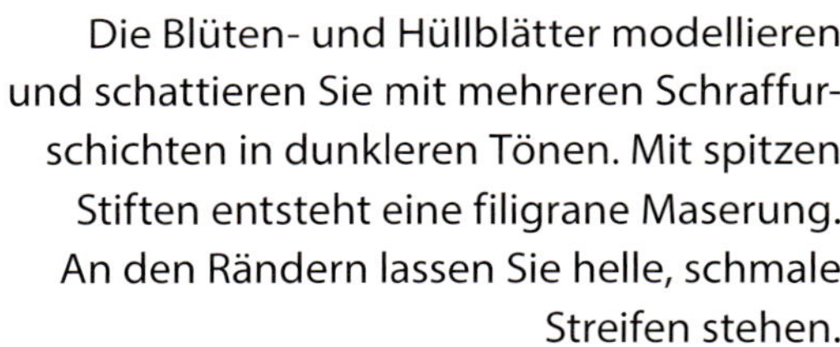

Die Blüten- und Hüllblätter modellieren und schattieren Sie mit mehreren Schraffurschichten in dunkleren Tönen. Mit spitzen Stiften entsteht eine filigrane Maserung. An den Rändern lassen Sie helle, schmale Streifen stehen.

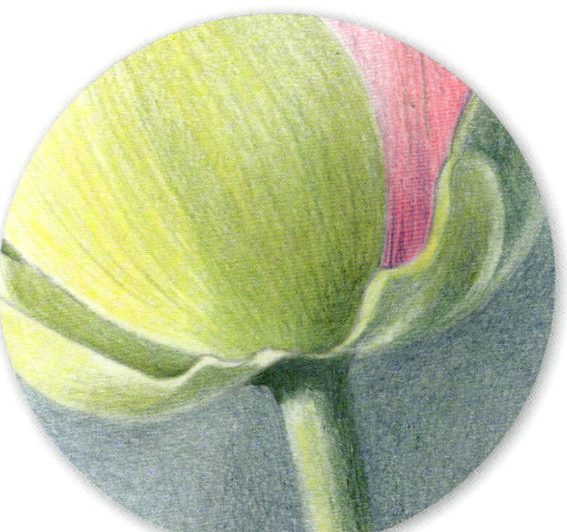

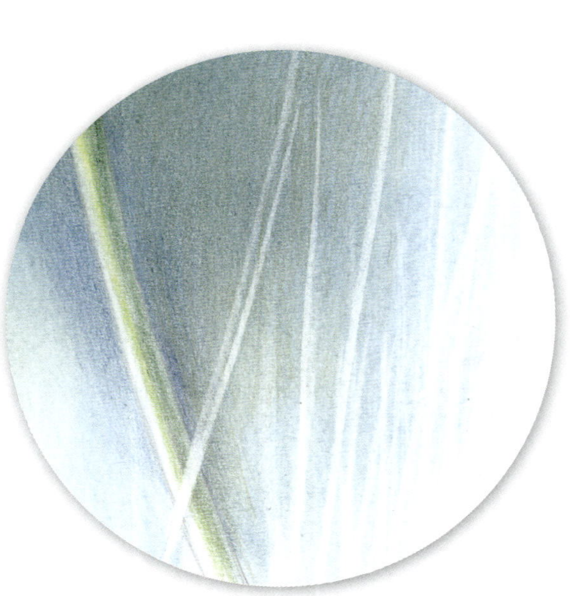

Den Hintergrund gestalten Sie am besten und einfachsten mit Farbpulver: oben Gelb, unten Grün und Blau mit dem Kosmetiktuch im Hintergrund verteilen und sanft verblenden. Die Lichtstriche ziehen Sie mit der Ecke des harten Radierers oder dem Radierstift von unten in einem Schwung ins Bild. Auf keinen Fall hin und her radieren.



**Konturen finden** siehe auch S. 23, 27 • **Farbstift realistisch** siehe auch S. 38, 58

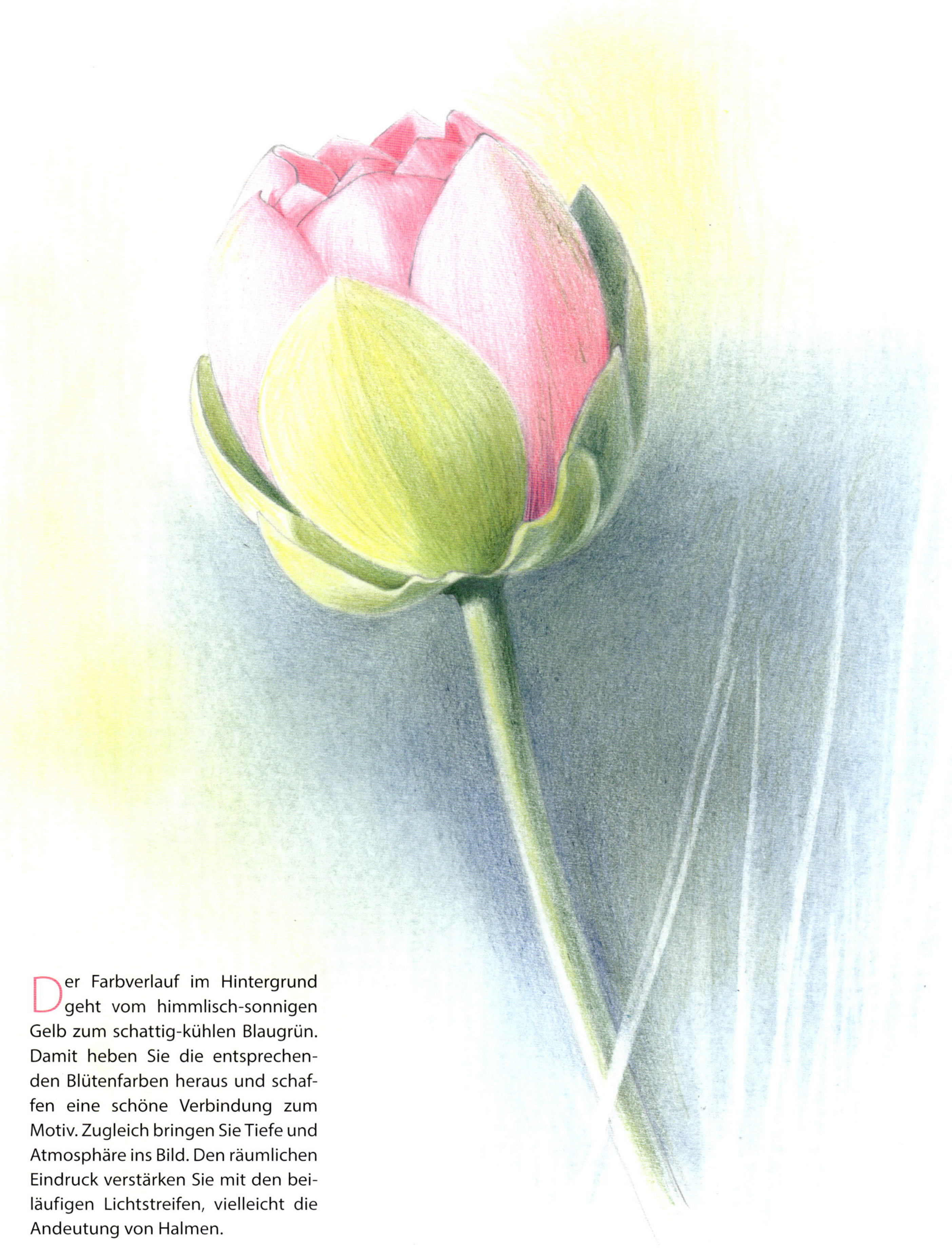

Der Farbverlauf im Hintergrund geht vom himmlisch-sonnigen Gelb zum schattig-kühlen Blaugrün. Damit heben Sie die entsprechenden Blütenfarben heraus und schaffen eine schöne Verbindung zum Motiv. Zugleich bringen Sie Tiefe und Atmosphäre ins Bild. Den räumlichen Eindruck verstärken Sie mit den beiläufigen Lichtstreifen, vielleicht die Andeutung von Halmen.



**Farbpulver** siehe auch S. 76 • **Radierwerkzeuge** siehe auch S. 8

# Magnolie

Nichts verpflichtet Sie, ein Motiv vollständig auszuarbeiten, hier beispielsweise auch noch die dritte Magnolienblüte oder den ganzen Zweig. Die (absichtsvolle) Unfertigkeit deutet den freien, künstlerischen Werkcharakter an – besonders wirkungsvoll im Kontrast zu den fertige Bildteilen.

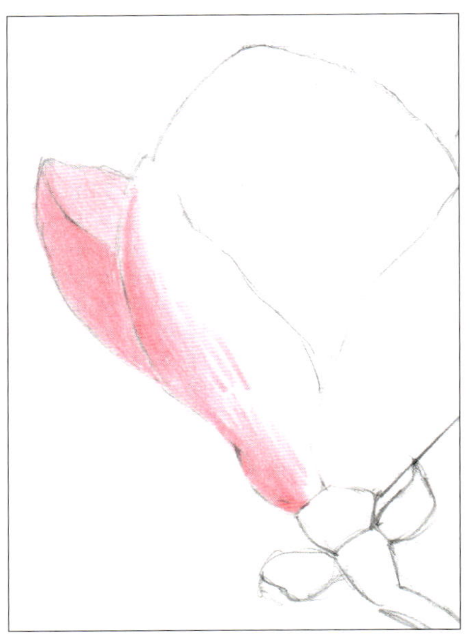

Umso genauer zeichnen Sie die anderen Blüten, die Sie mit hellen Formschraffuren und flach aufliegendem Stift grundieren.

**Material**

- Bristolkarton
- Bleistift HB
- Farbstifte (siehe Seitenrand)
- Knetgummiradierer

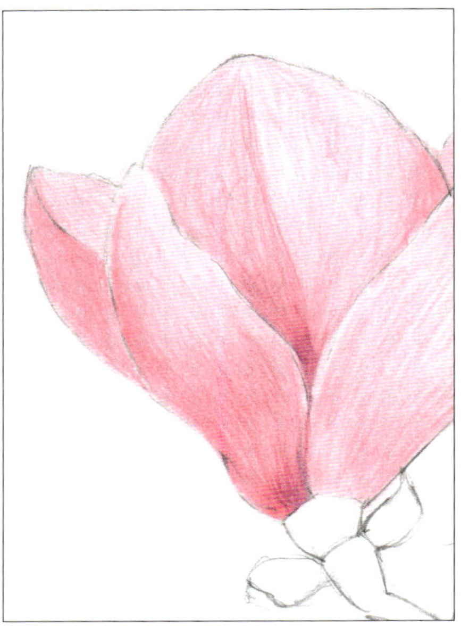

Im gleichen hellen Pink deuten Sie erste Schatten an. Ziehen Sie die Linien von den dunklen Partien ins Helle. Mit weiteren Schraffuren verdichten Sie den Auftrag.

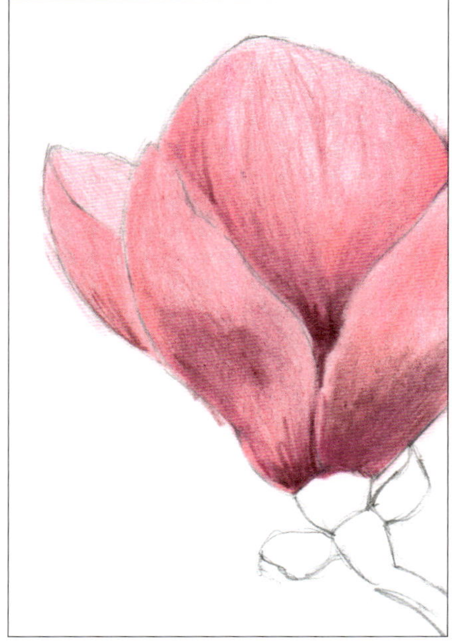

Danach vertiefen Sie die Schatten mit dem dunklen Farbstift. Auch hier folgen Sie den Blütenformen. Der Verlauf der sehr leichten Maserung unterstützt den plastischen Eindruck.

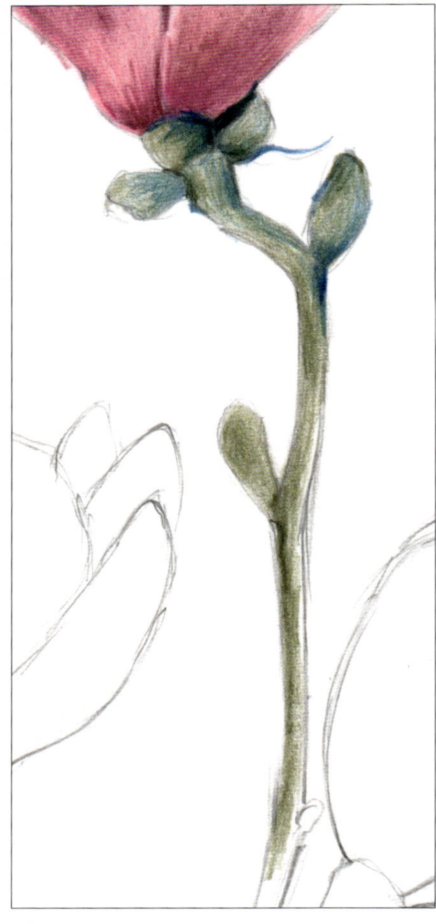

Stiel und Knospen schraffieren Sie entlang des Verlaufs in Olivgrün, mit dem Sie weiter unten nur noch die Bleistiftkonturen flüchtig nachziehen. Zum Schattieren nehmen Sie Blau, das auch gut zur Blütenfarbe passt.



**Konturen finden** siehe auch S. 23 • **Wenige Farben, große Wirkung** siehe auch S. 63, 75

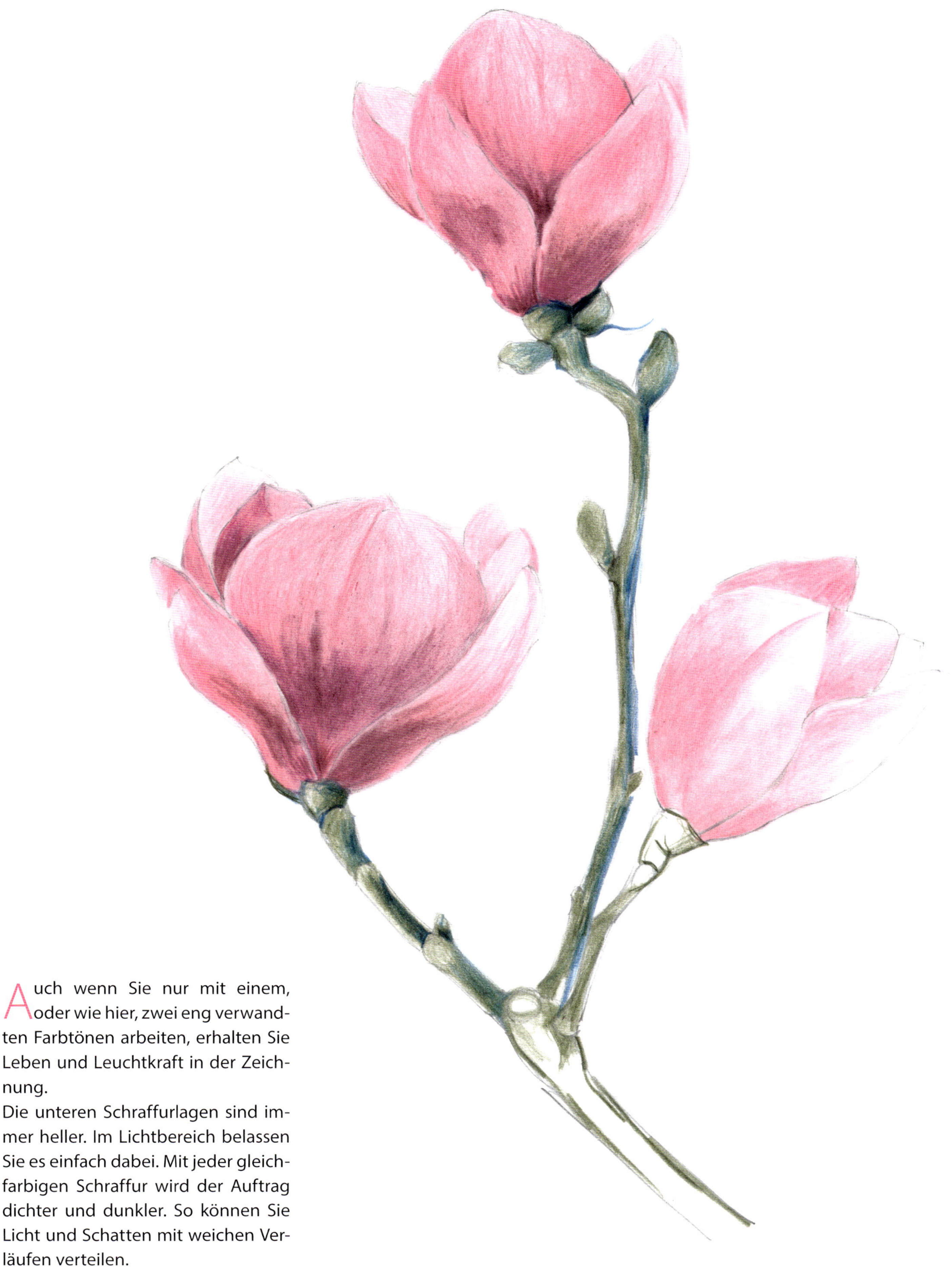

Auch wenn Sie nur mit einem, oder wie hier, zwei eng verwandten Farbtönen arbeiten, erhalten Sie Leben und Leuchtkraft in der Zeichnung.
Die unteren Schraffurlagen sind immer heller. Im Lichtbereich belassen Sie es einfach dabei. Mit jeder gleichfarbigen Schraffur wird der Auftrag dichter und dunkler. So können Sie Licht und Schatten mit weichen Verläufen verteilen.



**Unfertige Bildelemente** siehe auch S. 61, 74

# Lupine

Lauter hübsch modellierte Einzelstücke lassen die Lupine formvollendet in Erscheinung treten. Das Ganze ist mehr als die Summe ihrer Blüten …

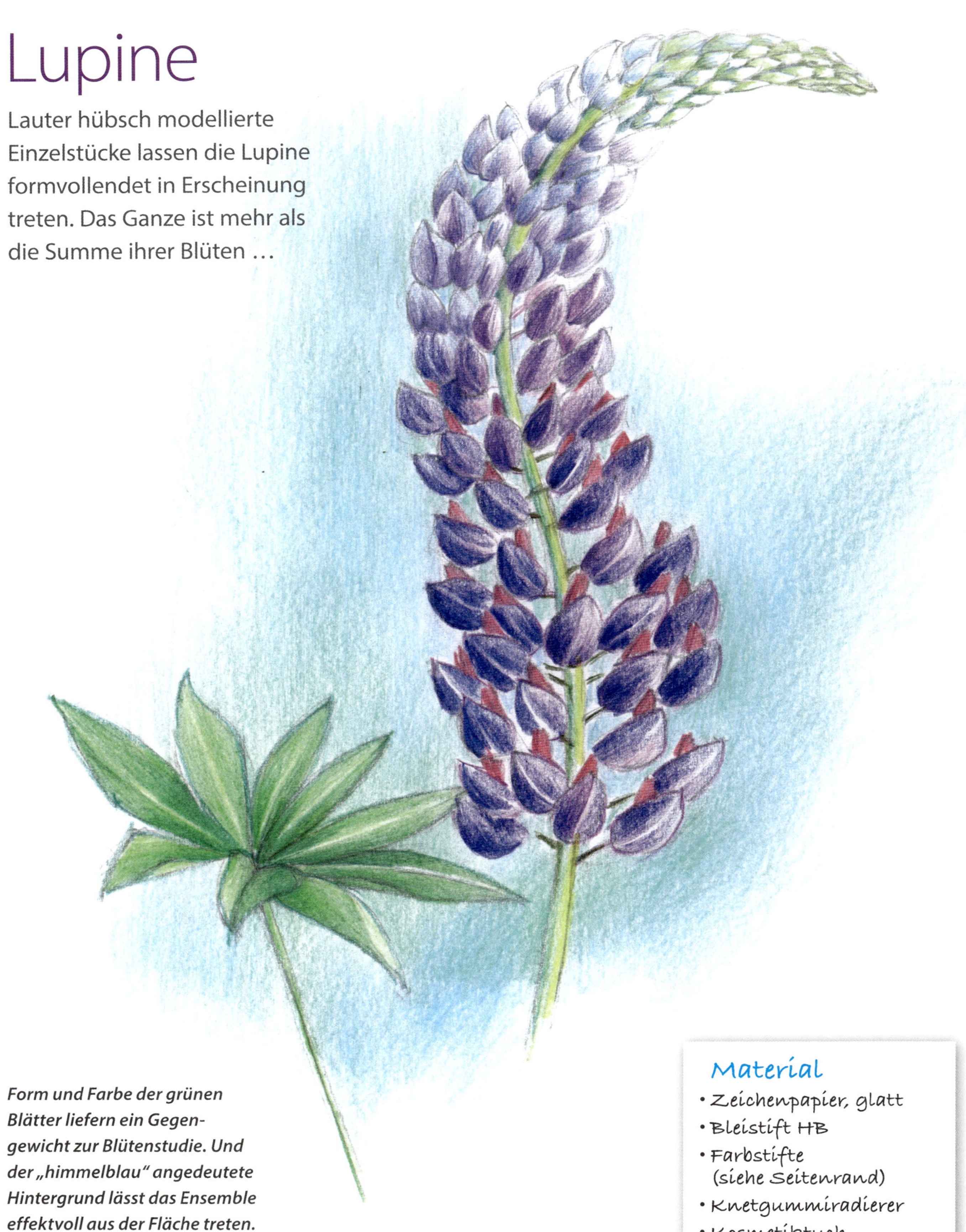

*Form und Farbe der grünen Blätter liefern ein Gegengewicht zur Blütenstudie. Und der „himmelblau" angedeutete Hintergrund lässt das Ensemble effektvoll aus der Fläche treten.*

## Material

- Zeichenpapier, glatt
- Bleistift HB
- Farbstifte (siehe Seitenrand)
- Knetgummiradierer
- Kosmetiktuch



**Schraffur mit dem Kosmetiktuch verwischen** siehe auch S. 104

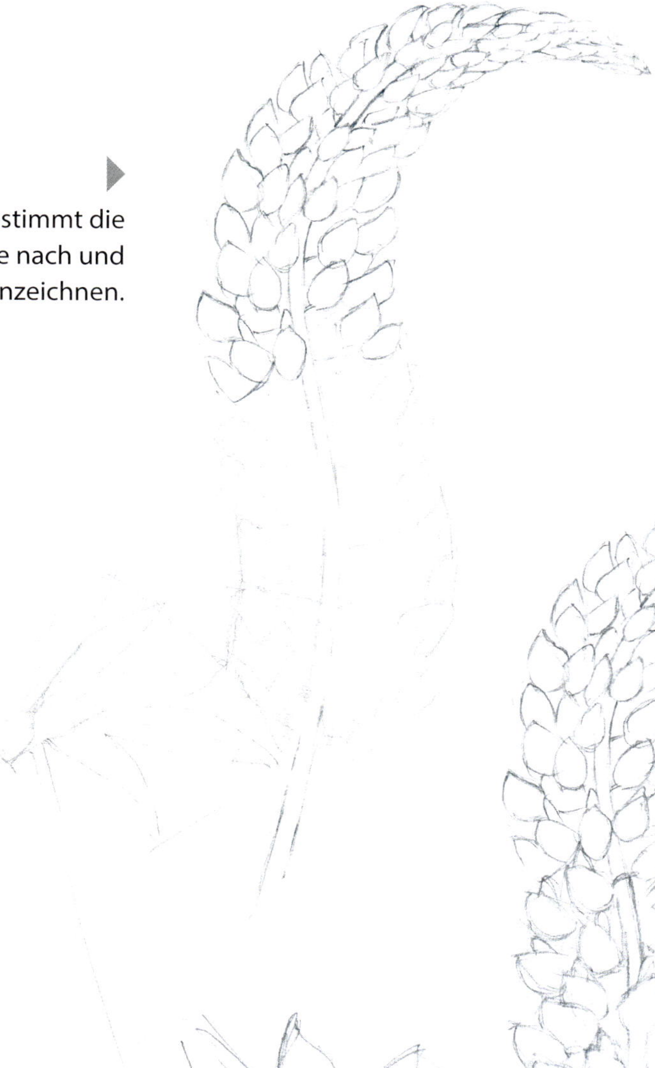

Die Bleistiftskizze (HB) bestimmt die großen Formen, in die Sie nach und nach die Details genau einzeichnen.

Ein paar gezielte Farb- und Schattenstriche reichen, um die kleinen Blüten plastisch hervortreten zu lassen. Sie überlappen einander, wenden sich in unterschiedliche Richtungen und umkleiden den Stängel. Zusammen geben sie der ganzen Lupine Fülle und Volumen. Der Verlauf der Blütenfarben vom dunklen Violett ins helle Grün und die schwungvolle Form verstärken den plastischen Eindruck. So wird aus der scheinbar unscheinbaren Lupine eine elegante Erscheinung, für die sich all die Fein- und Kleinarbeit lohnt. Das ebenso genau ausgearbeitete grüne Blatt kann dazu einen – auch farblich – interessanten Kontrapunkt liefern.

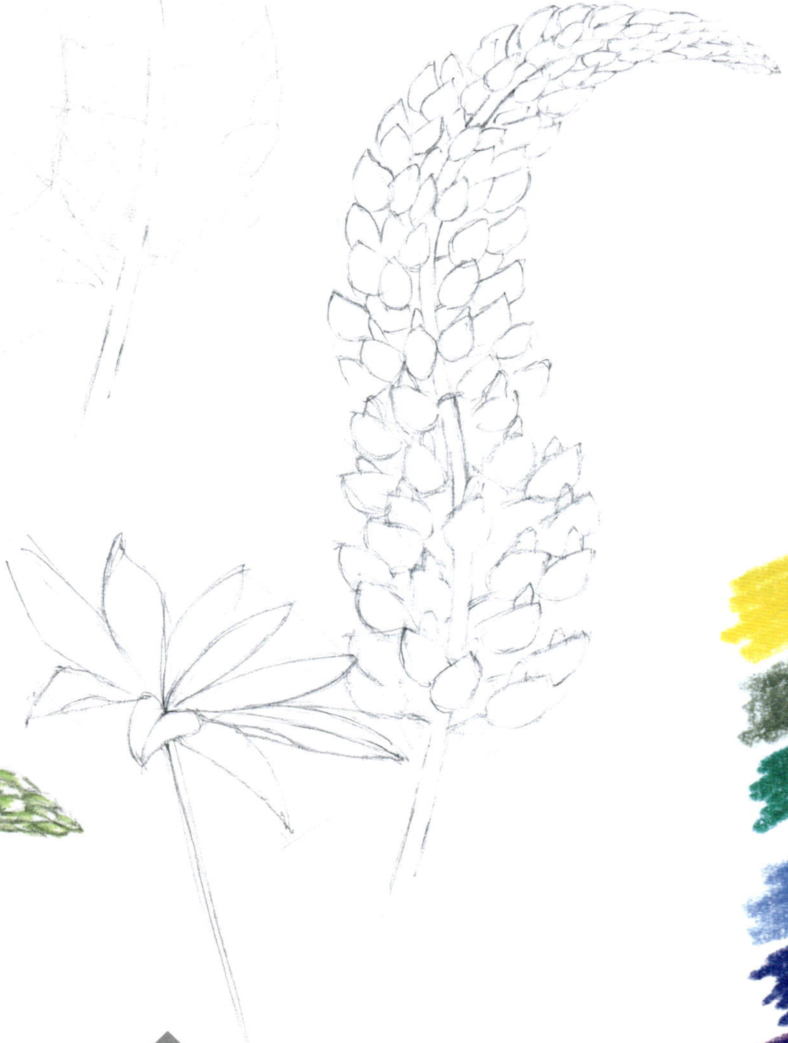

Wischen Sie mit dem Knetgummiradierer über alles. So verblassen und verschwinden die schwachen Hilfslinien.

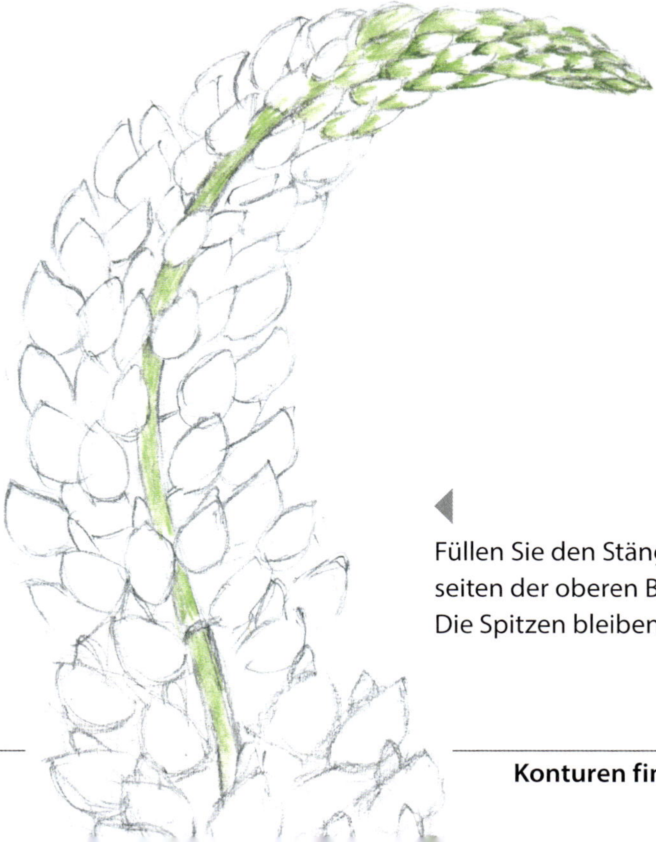

Füllen Sie den Stängel und die unteren Schattenseiten der oberen Blüten mit grünen Schraffuren. Die Spitzen bleiben weiß.



**Konturen finden** siehe auch S. 23

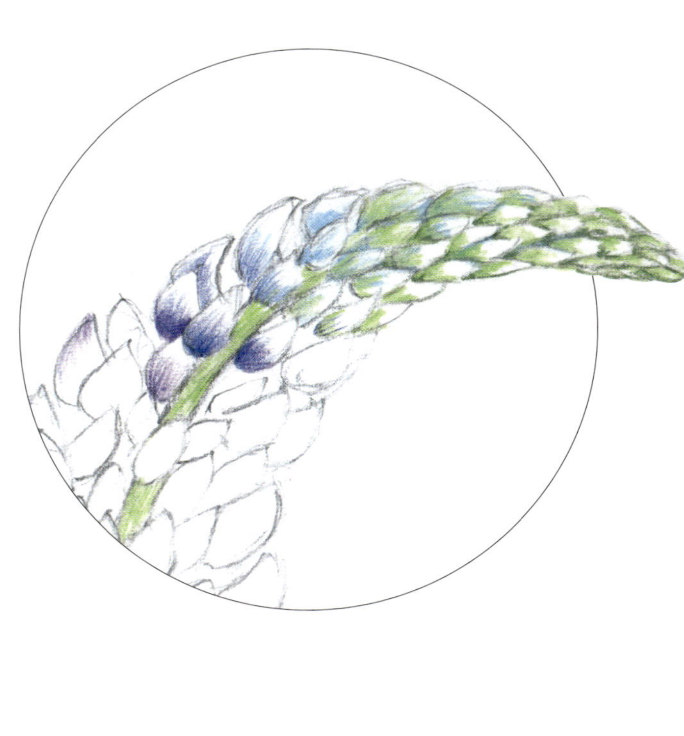

Auch bei den violetten Blüten setzen Sie unten kräftig an und lassen die Striche nach oben zart auslaufen. Im Übergangsbereich zeichnen Sie zarte violette Schatten ins Grün.

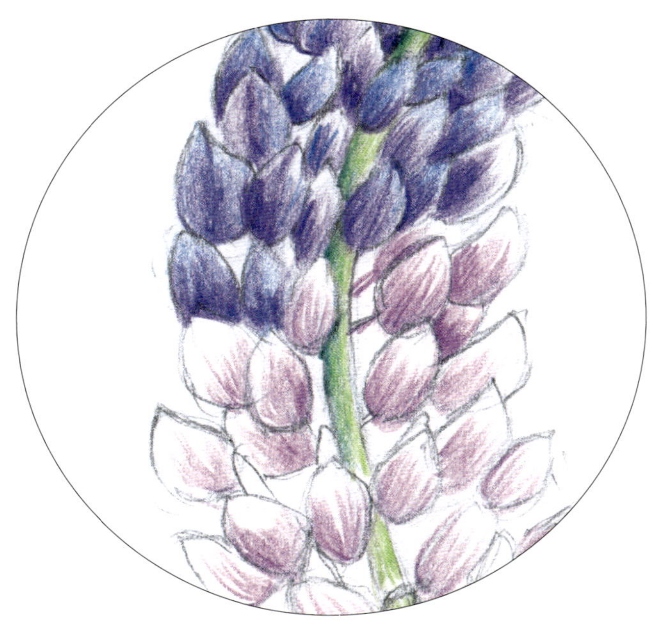

Weiter unten grundieren Sie die Schattenpartien der Blüten in hellem Violett mit lockeren Formschraffuren für die Schattenbereiche vor.

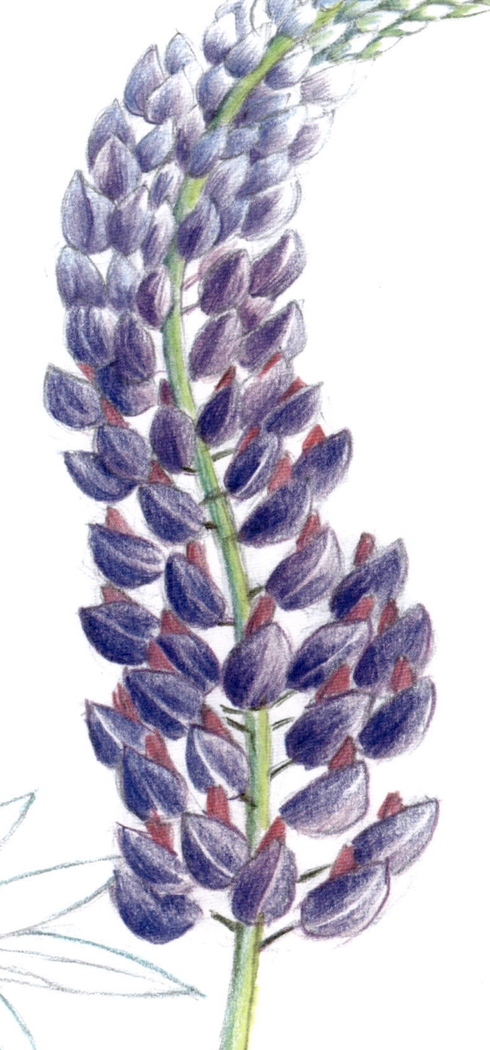

Die hellere Untermalung wirkt auch beim dunklen Überzeichnen mit, und es entstehen Mischfarben und kleine Farbübergänge. Die Zungen der Staubgefäße zeichnen Sie rot ein.



**Farblasuren** siehe auch S. 40, 41, 56, 77

Die Blätter schraffieren Sie schwach mit Gelb vor. Beim Überzeichnen mit Grün sparen Sie die Blattadern aus. Dank der perspektivischen Verkürzungen wirkt das Blatt schon in der Vorzeichnung plastisch. Beim Schattieren der Mitte verstärken Sie diesen Eindruck.

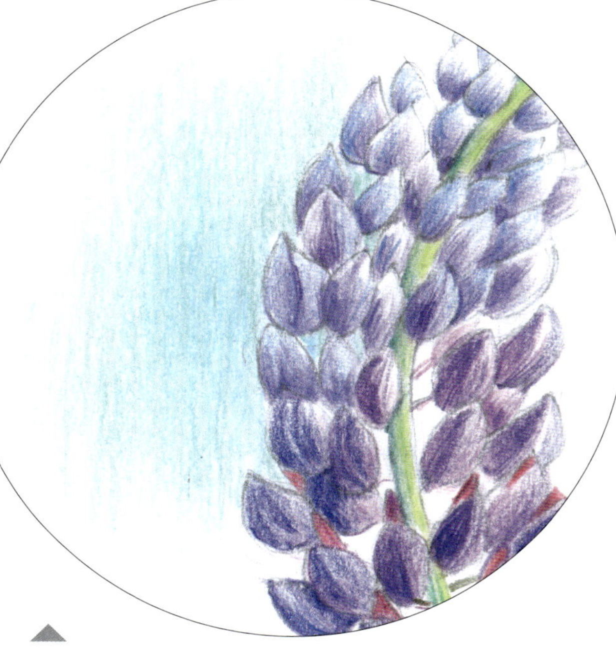

Den Hintergrund schummern Sie mit dem flachen Stift einheitlich hellblau. Wenn Sie unten schwach mit Gelb darüberschraffieren, ergibt das einen zarten türkisen Schimmer.

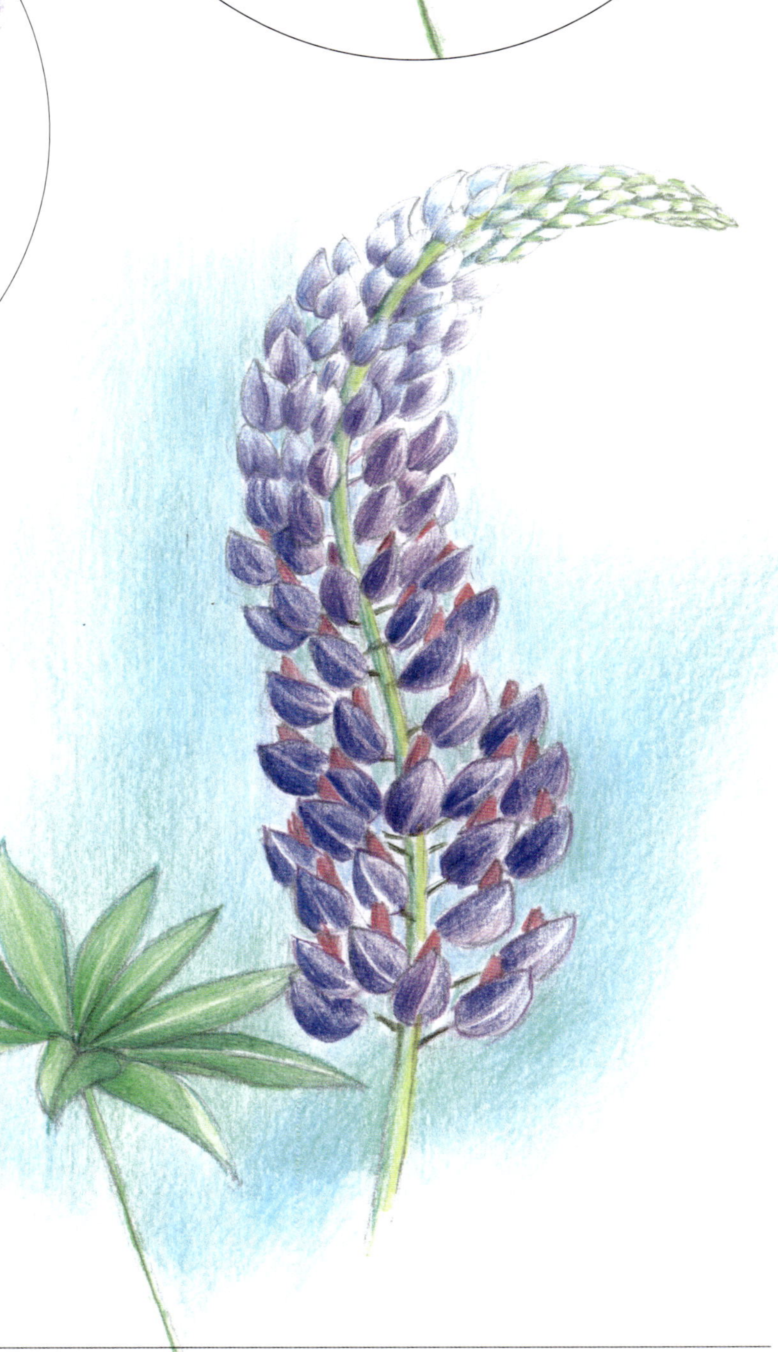

Zuletzt verwischen Sie den Hintergrund mit dem Kosmetiktuch, um ihn zu glätten und zu verdichten.



**Blattadern aussparen** siehe auch S. 27, 39

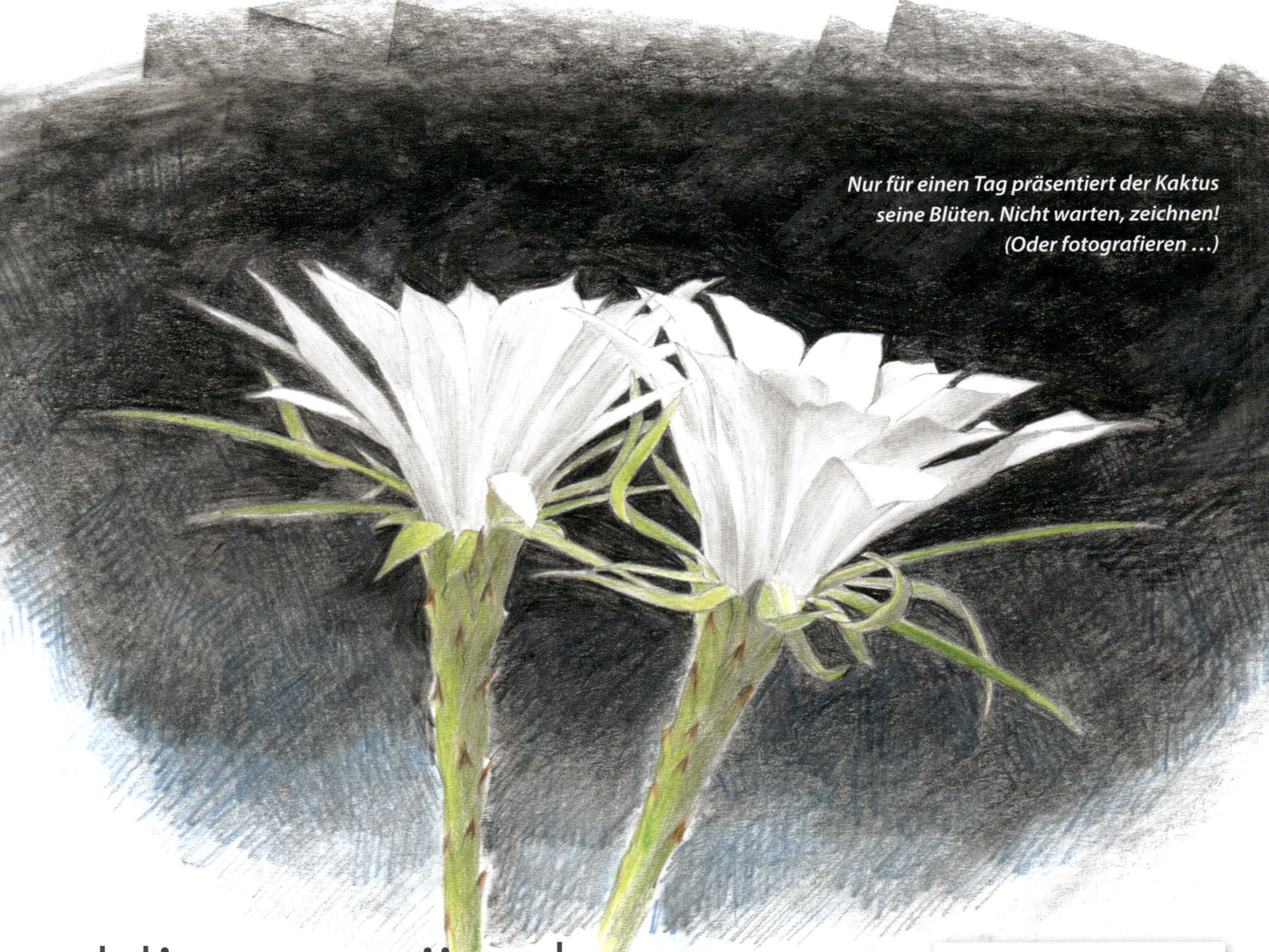

*Nur für einen Tag präsentiert der Kaktus seine Blüten. Nicht warten, zeichnen! (Oder fotografieren ...)*

# Hintergründe

Im Vordergrund steht das Motiv. Doch die gesamte Bildwirkung hängt erstaunlich stark vom Hintergrund ab. Oft reichen Andeutungen, beispielsweise schwache Farbverläufe, um der Zeichnung Halt und Tiefe zu geben.

**Material**
- Zeichenpapier, glatt
- Bleistifte 2H, HB, 4B, 5B
- Farbstifte (siehe Seitenrand)
- evtl. Grafitstäbchen
- Knetgummiradierer

Bisweilen jedoch brauchen Sie dafür stärkere Effekte, wie die folgenden Beispiele zeigen.

Ein leerer, weißer und damit neutraler Hintergrund lenkt nicht vom Motiv ab, trägt aber auch nichts bei. Die Zeichnung wirkt sozusagen objektiv. Für einzelne skizzenhafte oder auch naturgetreu botanische Studien ist das auch gut so.

Doch helle bis weiße Blütenfarben würden sich nur schwach vom Papierweiß abheben, es sei denn mit Konturen und Schattierungen. Dennoch verlieren sie Kraft, weil Kontrast fehlt. Ein dunkler Hintergrund hebt die Blüte ins Licht, und je stärker der Gegensatz, desto präsenter erscheint sie. Der Grund: Wir nehmen Motiv und Hintergrund als Einheit wahr, und wie hell uns eine Farbe erscheint, hängt von der Umgebung ab. Vor einer schwarzen Fläche wirkt eine weiße Blume wie beleuchtet.

Lebendiger als eine glatte, dunkle Fläche wirkt ein wolkig verschwimmender oder auch ein strukturierter Hintergrund. Obwohl man nichts Bestimmtes sieht, setzt er das Motiv in eine Art Raum und gibt ihm darin Halt. Diese Tiefenwirkung lässt sich mit Hell-Dunkel-Verläufen noch verstärken.

Auch in der Farbzeichnung kommt es auf die Gegensätze an, hier vor allem auf die Farbkontraste. Sie heben das Motiv heraus und betten es zugleich in die Umgebung ein.



**Kreuzschraffur** siehe auch S. 51

# Spot an!

Spendieren Sie den filigran ausgearbeiteten Blüten eine dunkle Bühne – und erleben Sie, wie strahlend weiß sie plötzlich ins Scheinwerferlicht treten.

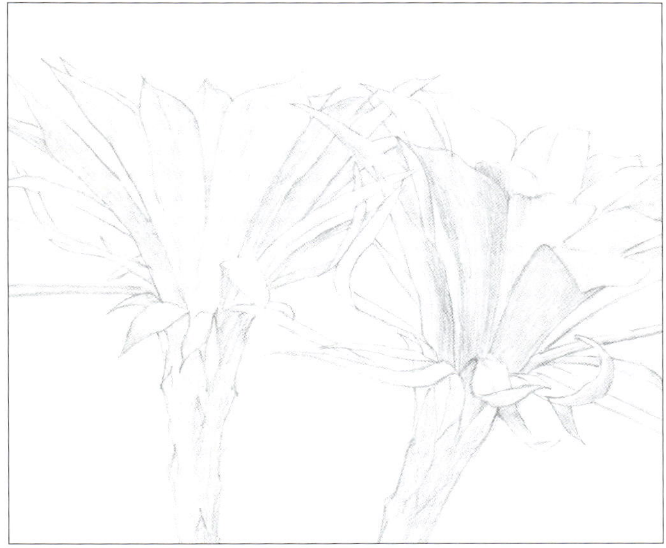

Was ein bisschen zerfleddert aussieht, braucht eine klare Vorzeichnung mit dem Bleistift HB, die Sie zart mit dem harten Bleistift 2H grundieren.

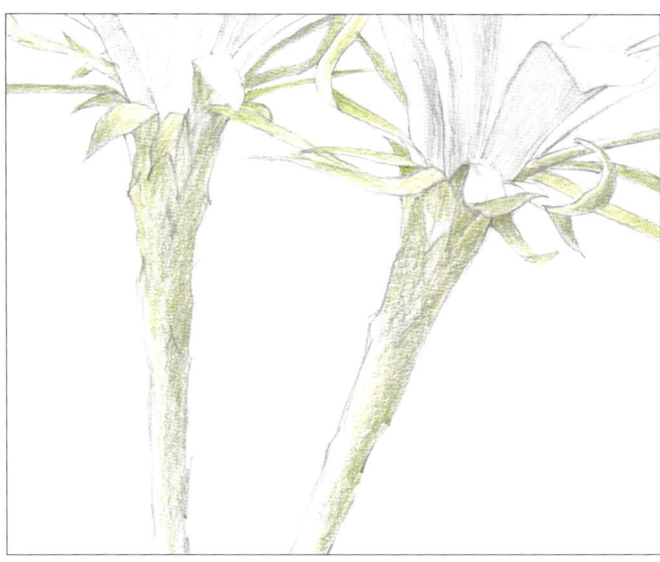

Weiter mit Farbstiften. Der Grauton dämpft das Gelb und Olivgrün gibt ihnen einen interessanten silbrigen Schimmer.

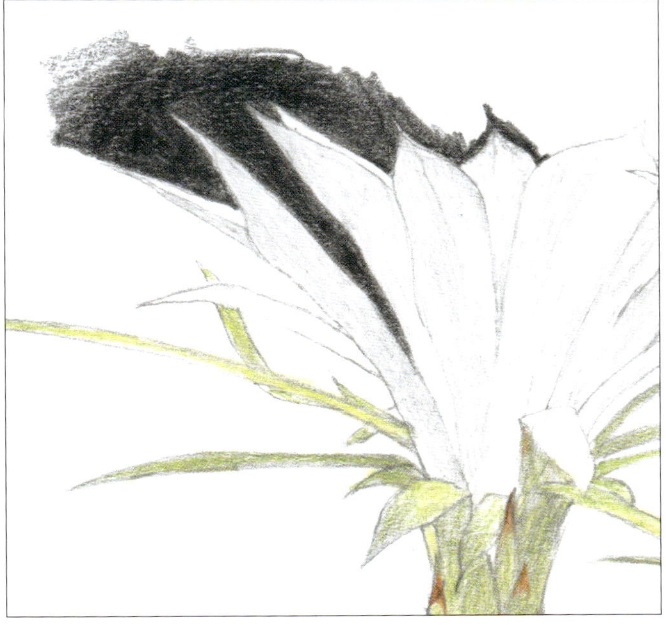

Mit dem Knetgummiradierer holen Sie das Weiß aus den Lichtseiten und modellieren die Blüten mit feinen, harten (2H) Formschraffuren. Doch auf dem weißen Papier fehlt es den Blüten an Präsenz. Das ändert sich, wenn Sie den Hintergrund mit den weichen Bleistiften schwärzen. Nach und nach treten die Kaktusblüten ins Licht.

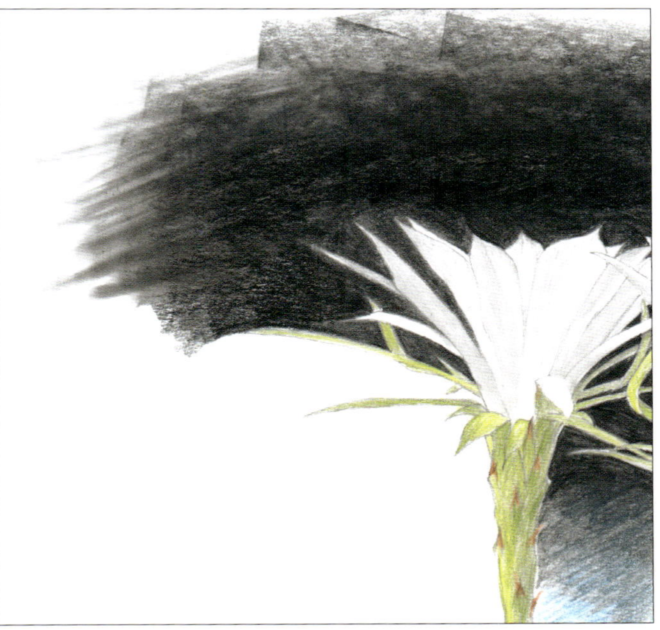

Der Wechsel zum blauen Farbstift und der Kreuzschraffur nimmt dem Hintergrund unten etwas Schwere – so wie oben die mit dem Papierwischer hinausgezogenen Striche. Dazu passen die mit Grafitstäbchen flüchtig gezeichneten Ränder.



**Konturen finden** siehe auch S. 23, 27 • **Bleistift in der Farbzeichnung** siehe auch S. 65, 84

# Schnell, einfach, effektvoll: **Hintergrund mit Farbpulver**

Mit dem Abrieb von Farbstiften lassen sich größere Bereiche ohne Mühe einfärben, ohne dass unerwünschte Schraffurstriche zurückbleiben. So entstehen einheitlich getönte Hintergründe oder weiche, wolkige Verläufe. Ebenso können Sie auf diese einfache Weise Farben ineinanderziehen und verblenden. So geht das:

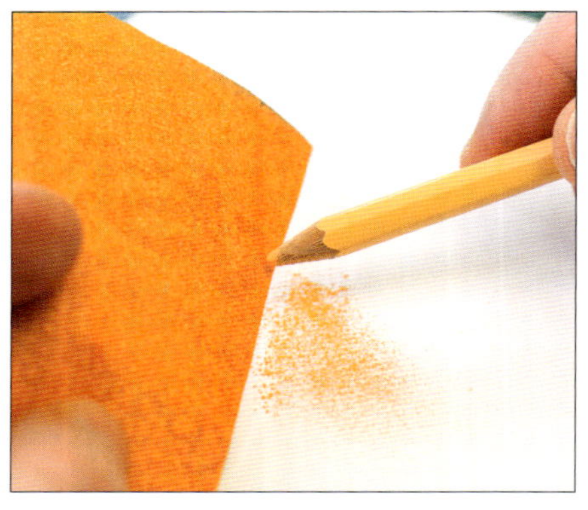

Halten Sie das Schleifpapier über das Zeichenblatt, legen Sie den Farbstift flach an und reiben Sie ihn über den Rand. Hier soll das Farbpulver direkt auf das Papier rieseln.

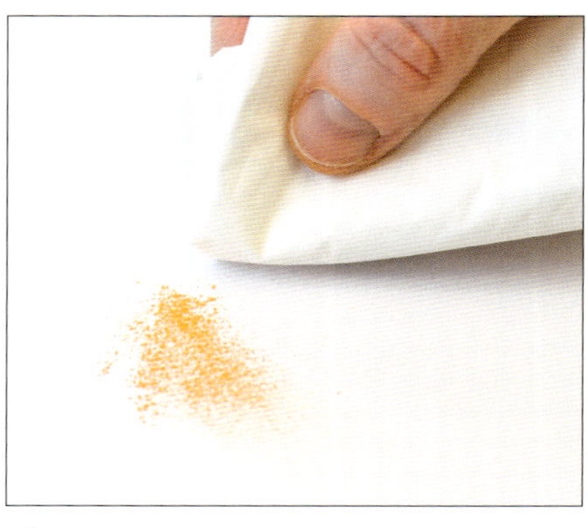

Falten Sie das Kosmetiktuch locker zusammen …

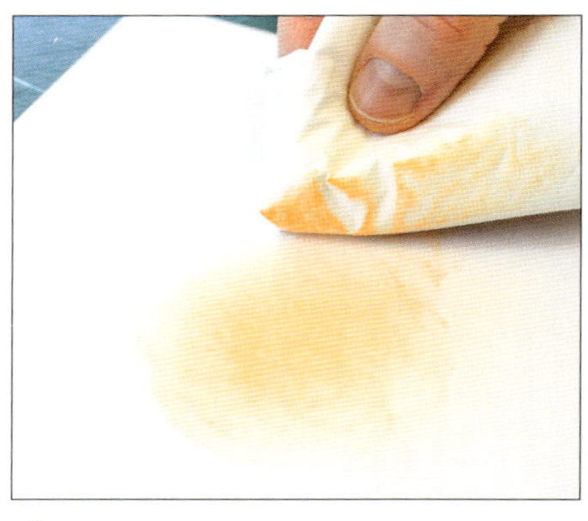

… und wischen Sie zart über das Pulver. Ein Teil haftet auf dem Kosmetiktuch, mit dem Sie die Farbe weiter und gleichmäßig verreiben können. Eine weitere Ladung Farbe bringt nichts, das Papier nimmt nur eine bestimmte Menge von Farbpulver auf.

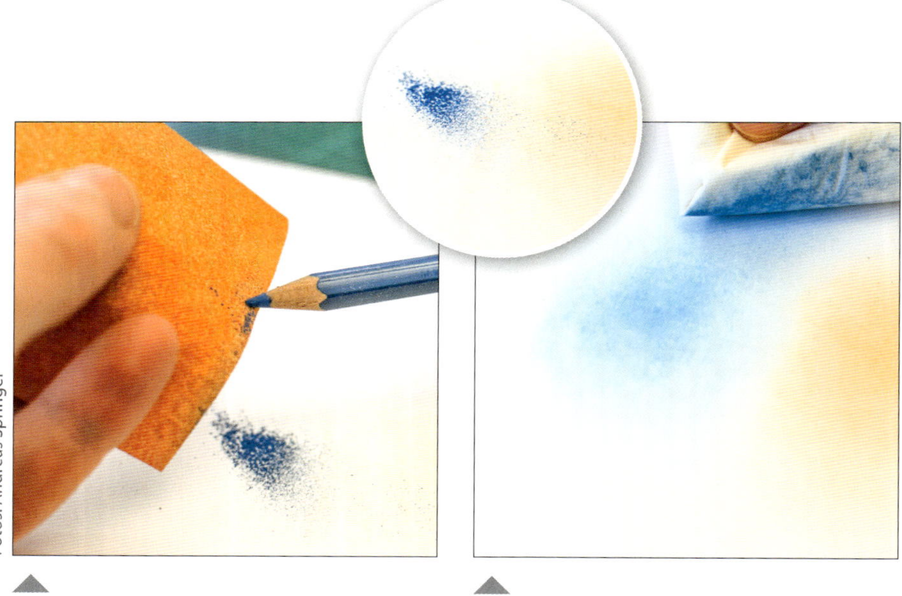

Fotos: Andreas Springer

Für eine weitere Farbe drehen Sie das Schleifpapier weiter.

Wenn Sie das Blau neben das Gelb streuen, lassen sich die Farben schön ineinanderwischen.

Hintergründe mit sanften Hell-Dunkel-Verläufen oder auch Farbübergängen erscheinen lebendiger und malerischer. Dadurch erhält auch die ganze Zeichnung mehr Tiefe. Zugleich können Sie die Farben des Motivs stärker zur Wirkung bringen. Ideal dafür sind Komplementärfarben.



**Hintergründe mit Farbpulver** siehe auch S. 24, 36, 75, 93

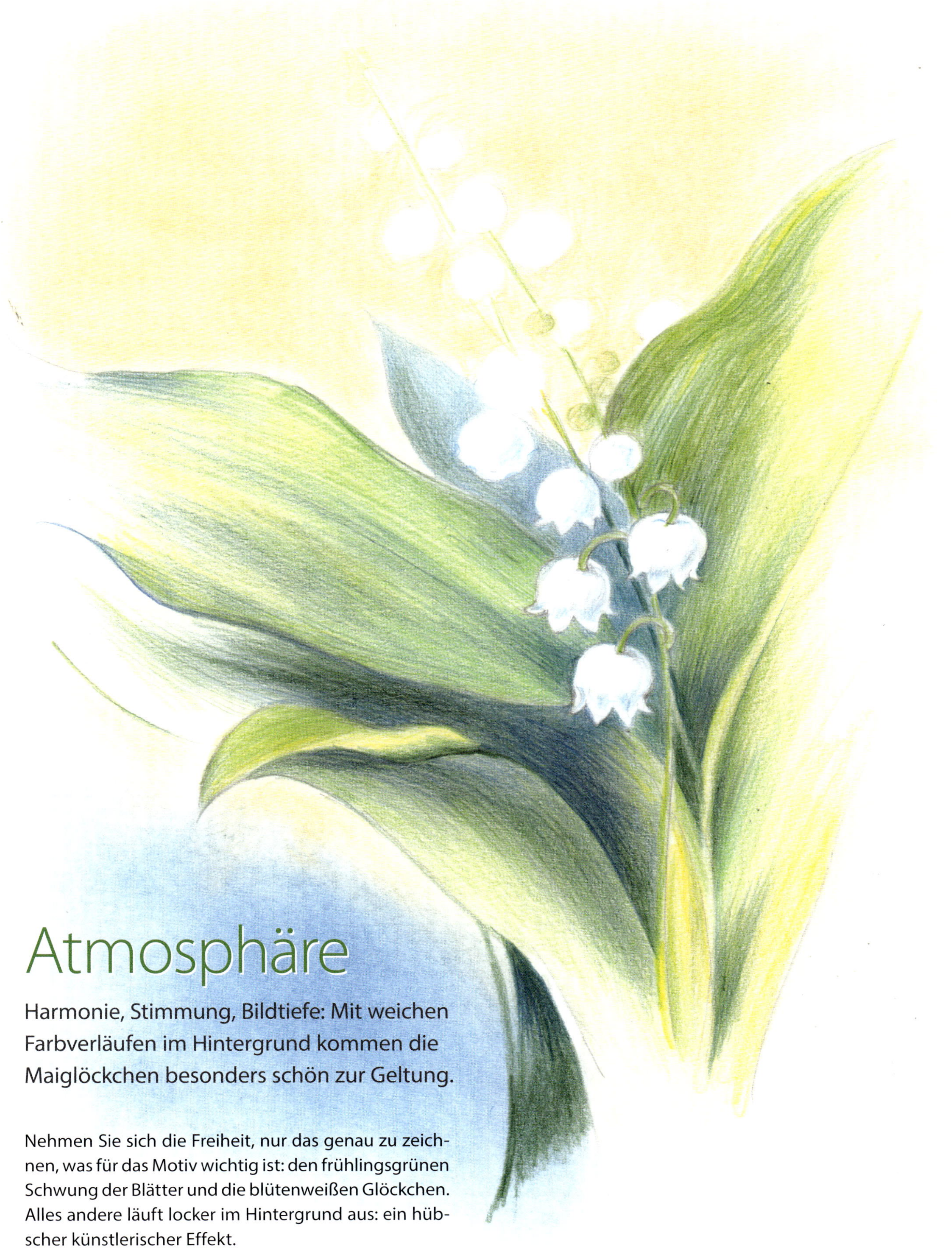

# Atmosphäre

Harmonie, Stimmung, Bildtiefe: Mit weichen Farbverläufen im Hintergrund kommen die Maiglöckchen besonders schön zur Geltung.

Nehmen Sie sich die Freiheit, nur das genau zu zeichnen, was für das Motiv wichtig ist: den frühlingsgrünen Schwung der Blätter und die blütenweißen Glöckchen. Alles andere läuft locker im Hintergrund aus: ein hübscher künstlerischer Effekt.



**Farblasuren** siehe auch S. 40, 41, 56, 72 • **Frei auslaufender Hintergrund** siehe auch S. 12, 67

Das weich verwischte Farbpulver liefert einen interessanten Gegensatz zu den feinen Schraffuren, mit denen Sie die Blätter modellieren. Vor den Grün- und Blautönen heben sich die weißen Blüten deutlich ab. Um sie in Form zu bringen, reichen zarte Schattierungen. Zum ockerfarbenen Hintergrund ist der Kontrast schwächer, sodass hier die weiß ausgesparten Blüten fast mit dem Farbgrund verschmelzen.
Die im Hintergrund verschwimmenden Gelb- und Blautöne bringen nicht nur Tiefe ins Bild, sie heben auch die Blattfarben (und die bläulichen Schattierungen) wirkungsvoll heraus. Als Komplementärfarben verstärken sie sich gegenseitig und schaffen insgesamt eine harmonische Farbstimmung.

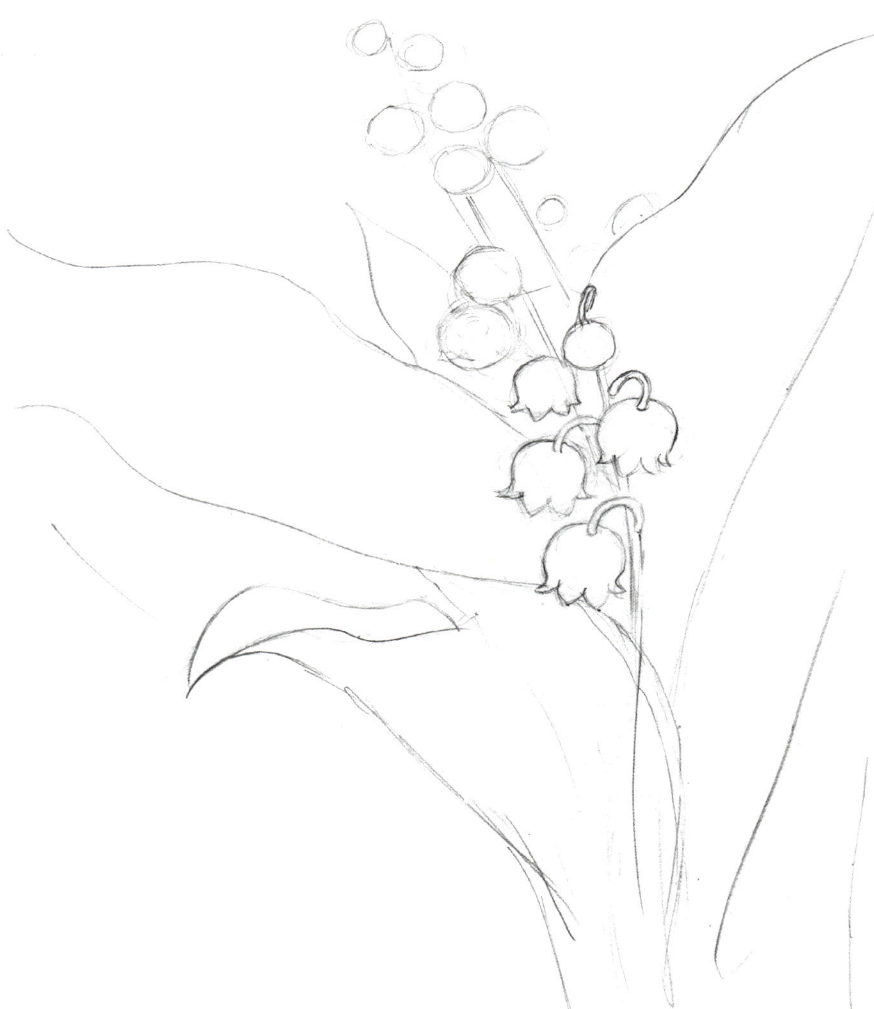

Die Vorzeichnung mit dem Bleistift HB, wie sie sich aus der Skizze entwickelt hat.
Die Konturen schwächen Sie mit dem Knetgummiradierer ab.

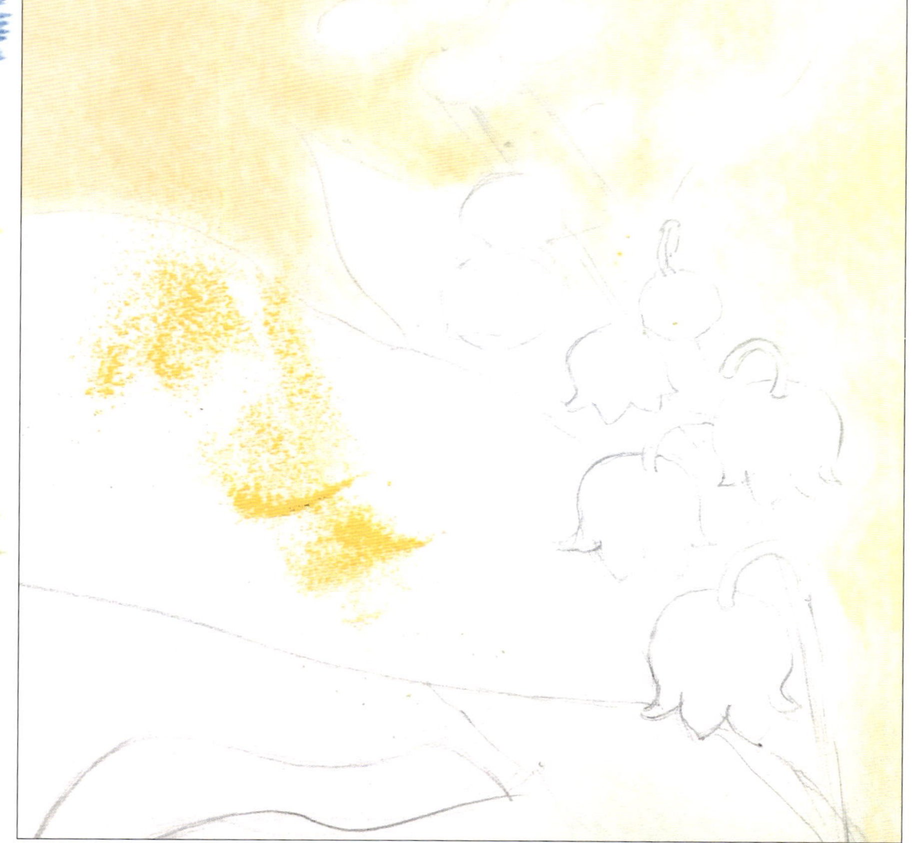

Den Hintergrund legen Sie mit Farbpulver in Ocker an: aufstreuen und verwischen. Die Blüten bleiben ausgespart.

**Material**

- Zeichenpapier, glatt
- Bleistift HB
- Farbstifte (siehe Seitenrand)
- Knetgummiradierer
- Kosmetiktuch



**Konturen finden** siehe auch S. 23, 27

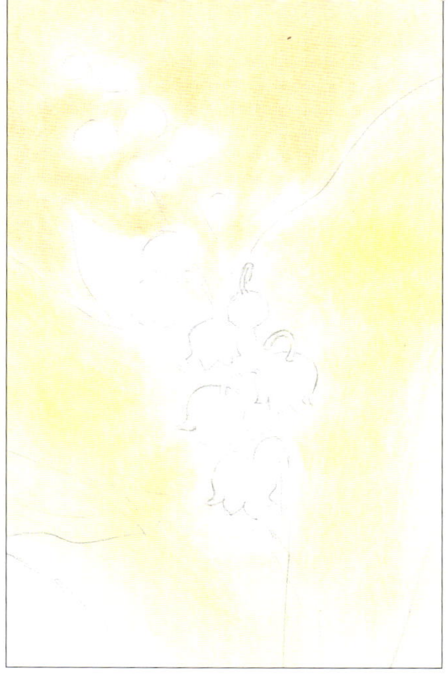

Mit dem Kosmetiktuch wischen Sie das Farbpulver zu den Umrissen der Blätter und Blüten hin. Das hinterste Blatt bleibt frei. Das muss nicht genau sein; mit dem Kunststoffradierer lassen sich die Ränder gut säubern.

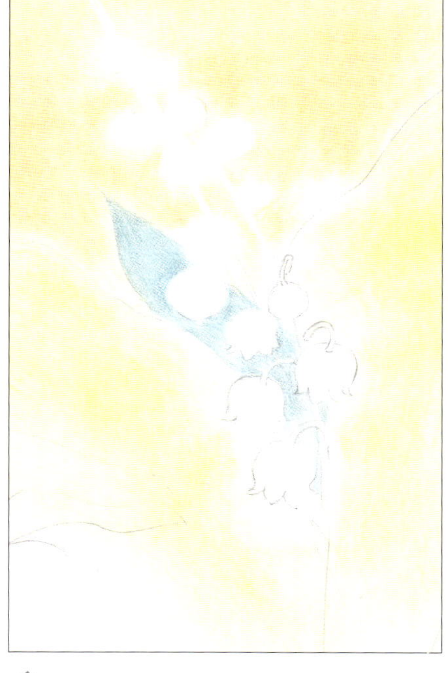

Das ausgesparte Blatt schraffieren Sie mit dem blauen Stift. Hier fehlt die gelbe Grundierung. Deshalb bleibt es beim Blau; auf Gelb würde ein grünlicher Mischton entstehen.

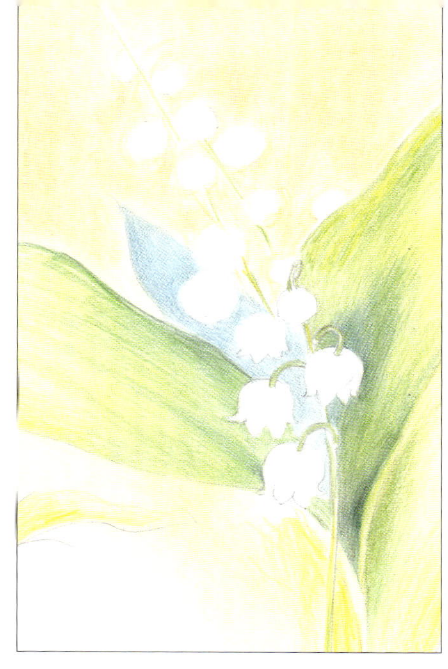

Die anderen Blätter schattieren Sie innen mit dunkleren Grün- und Blautönen. Ziehen Sie hellere Schraffurstriche locker nach außen und folgen Sie dabei den Wölbungen.

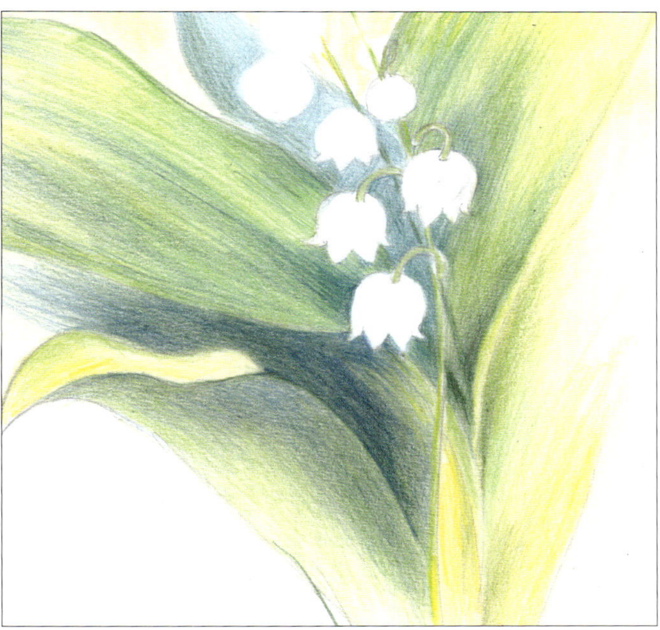

Mit den Formschraffuren erhalten die Blätter ihre plastische Gestalt und zugleich eine feine Textur. Für die Glockenform reichen ein paar zarte Schatten an den Ausläufern der Blütenblätter.

## Tipp

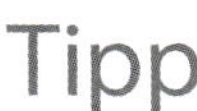

Lassen Sie das scheinbar fertige Bild etwas auf sich wirken. Oft erkennt man erst mit Abstand, was fehlt. Hier hat das Motiv wenig Halt, der Komposition fehlt ein farbiges Fundament.

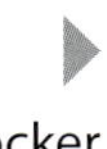

Für die nötige Balance im Hintergrund sorgt das locker verwischte blaue Farbpulver. Und der zusätzliche dunkle Blattschwung unterstützt das ganze Motiv (siehe Pfeil).

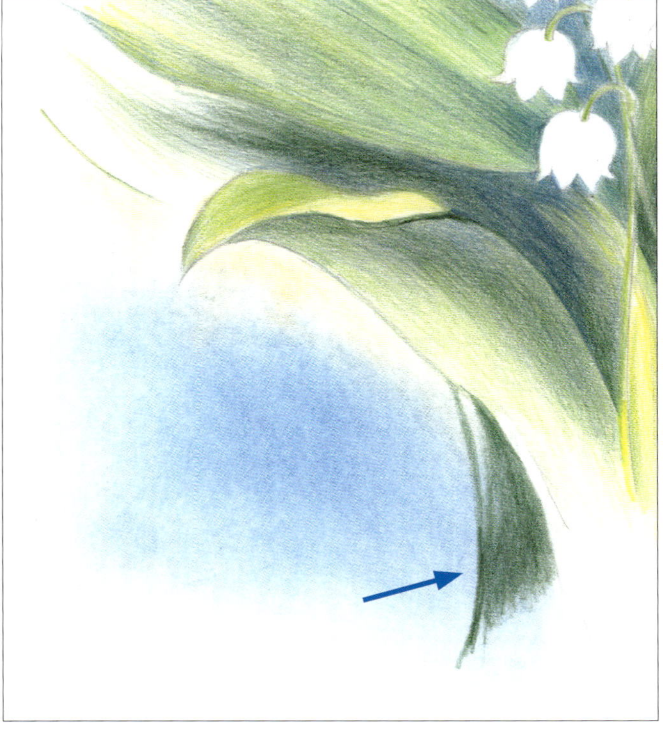



**Farbpulver erstellen** siehe auch S. 76

# Stilvoll

Besonders bei ornamentalen Motiven, wie hier bei der stilisierten Calla, kann ein interessant „tapezierter" Hintergrund Wunder wirken: Aus einer einfach kolorierten Strichzeichnung entsteht ein dekoratives Gesamtbild, das an den Jugendstil erinnert.

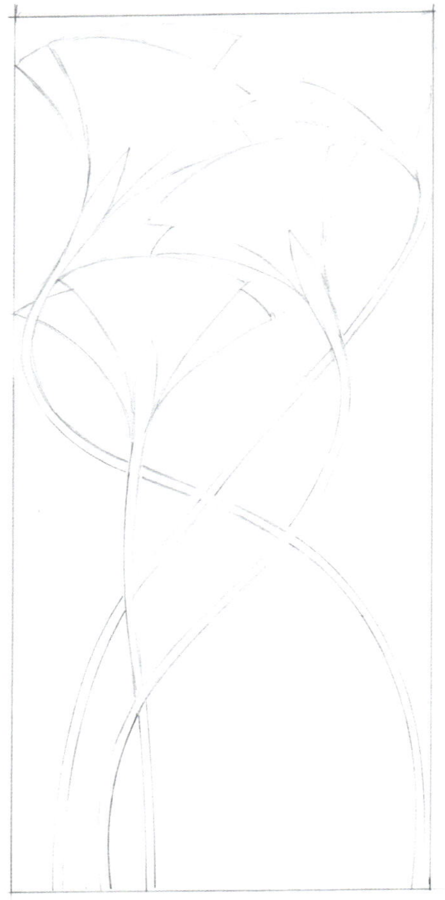

Den Schwung der Stängel üben Sie eventuell auf Schmierpapier. Ziehen Sie die besten Linien nach und übertragen Sie diese auf das Zeichenblatt.

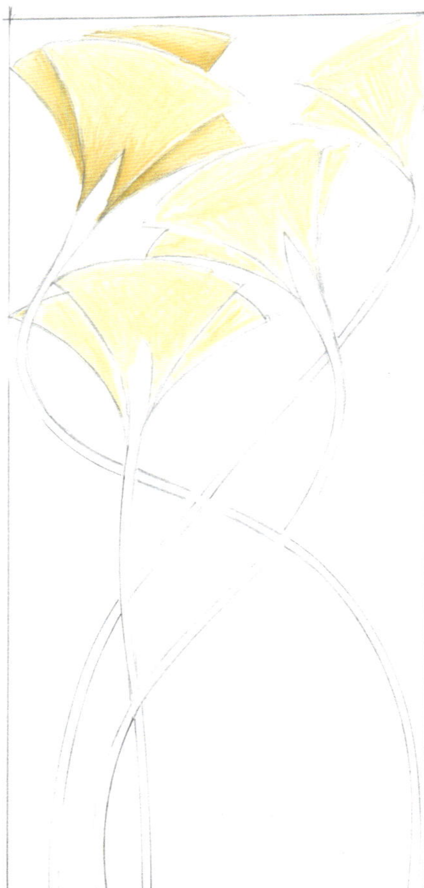

Feine Schraffuren, im Ansatz dunkler und nach oben heller werdend, modellieren die Kelche.

Das zu den Gelb- und Orangetönen der Blüten komplementäre Blau erzeugt eine harmonische Farbstimmung. Die feinen Schraffuren beleben den Hintergrund, über den das Motiv zu schweben scheint. Dieser räumliche Effekt entsteht durch die Schlagschatten, die das Motiv auf einen Hintergrund wirft.

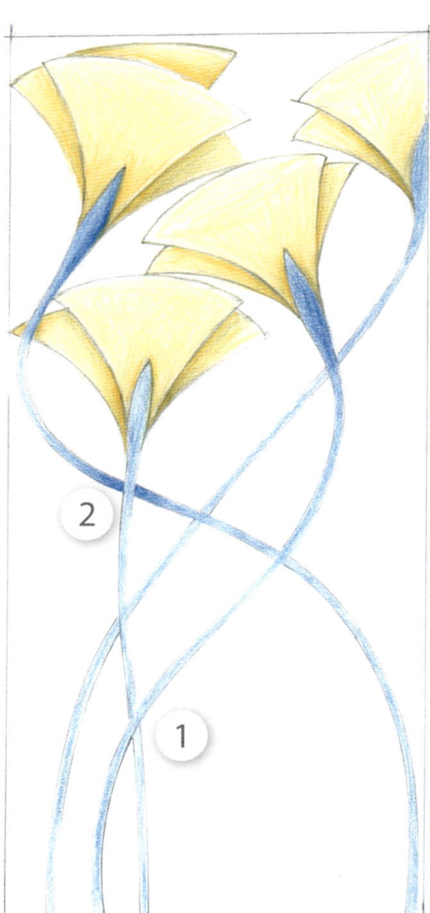


Die hell grundierten Stängel liegen anfangs flach aufeinander (1). Die räumliche Staffelung entsteht erst beim Schattieren (2).

## Tipp

Wenn die Rundungen nicht so recht gelingen wollen, hilft ein Kurvenlineal.



**Kurvenlineal** siehe auch S. 108

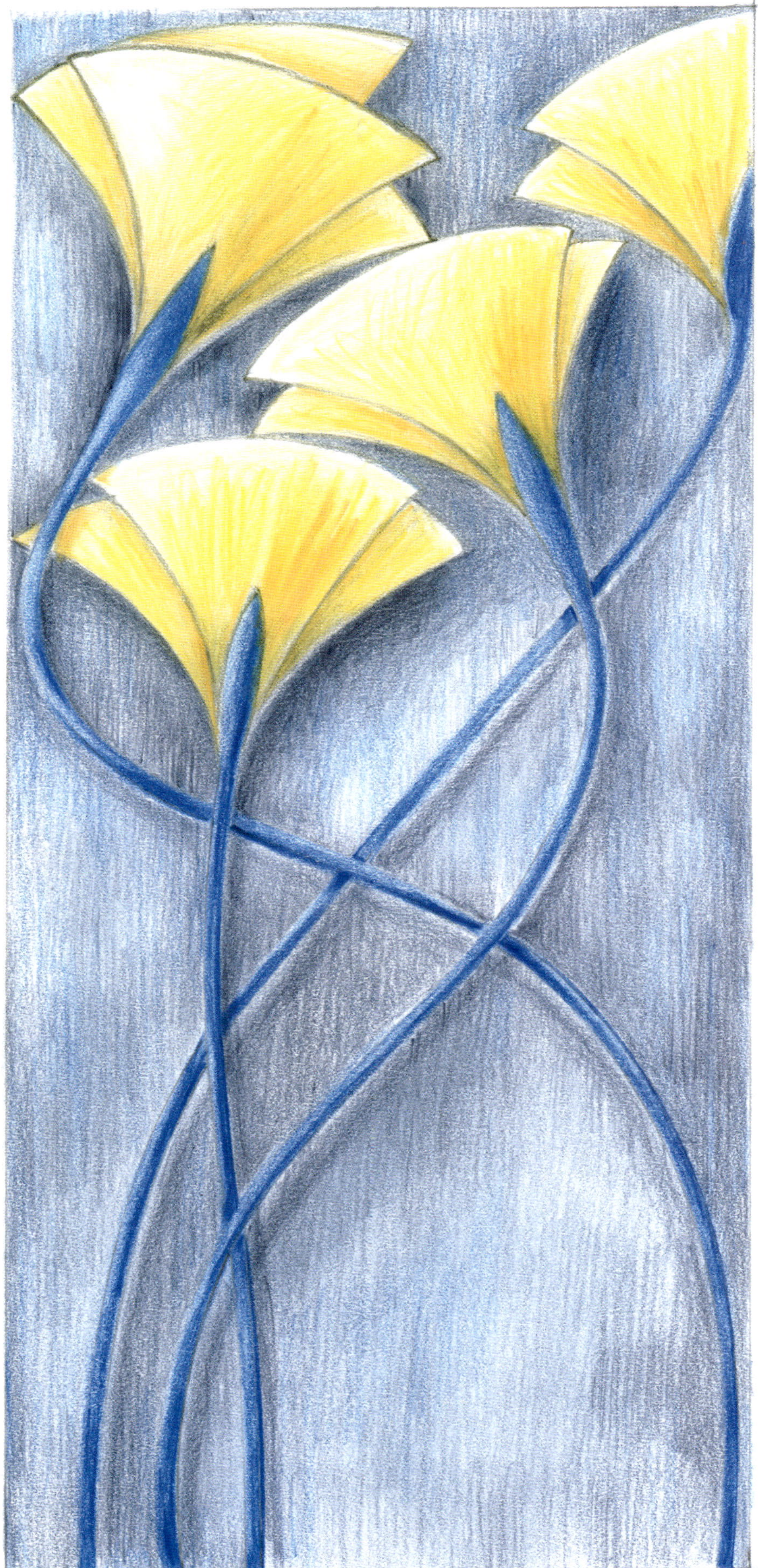

## Material

- Bristolkarton
- Bleistift HB
- Farbstifte in Gelb- und Blautönen
- Knetgummiradierer
- Kurvenlineal

Der Hintergrund wird mit dem gut angespitzten Farbstift immer senkrecht schraffiert: dichter in den Schattenbereichen, dazwischen schwächer. Das ist eine fast meditative Feinarbeit. Je feiner die Striche, desto zarter der Farbraum. Mit dunklen Schattenstrichen erhalten die Stängel Volumen und heben sich schön aus der Fläche.



**Parallelschraffuren** siehe auch S. 87

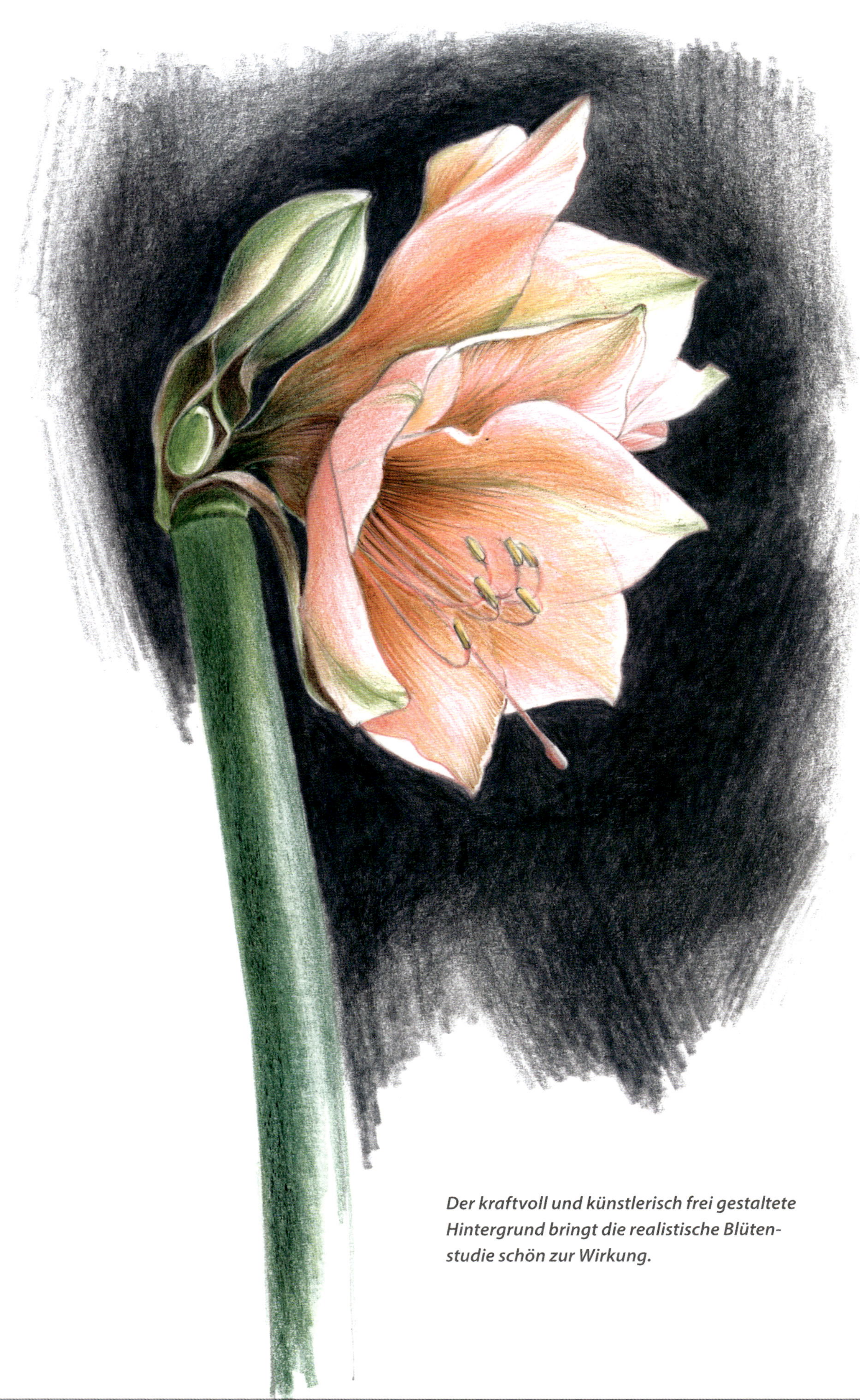

*Der kraftvoll und künstlerisch frei gestaltete Hintergrund bringt die realistische Blütenstudie schön zur Wirkung.*



**Dunkler Hintergrund** siehe auch S. 12, 24, 74

# Leuchtkraft

Im Kontrast zu einem sehr dunklen Hintergrund gewinnen auch zarte Farben mehr Leuchtkraft. Umso präsenter wirkt die mit Farbstift fein und plastisch ausgearbeitete Amaryllis.

Rings um die Blüte ist der Hintergrund dicht und glatt. Nach außen laufen die Schraffuren mit kräftigen, sichtbaren Parallelschraffuren locker aus. Auf diese Weise holen Sie nur die filigrane Blüte gezielt ans Licht. Der dunkelgrüne Stängel braucht diese Unterstützung nicht. Durch die künstlerisch frei gewählte Form wird der Hintergrund selbst zum Bestandteil der Komposition. Eine gute Alternative zu Bleistift, Grafit oder Kohle ist der dunkelgraue oder schwarze Farbstift. Er ist nicht ganz so neutral grau und gibt dem Hintergrund einen Hauch Wärme, die hier gut zur delikaten Farbigkeit des Motivs passt.

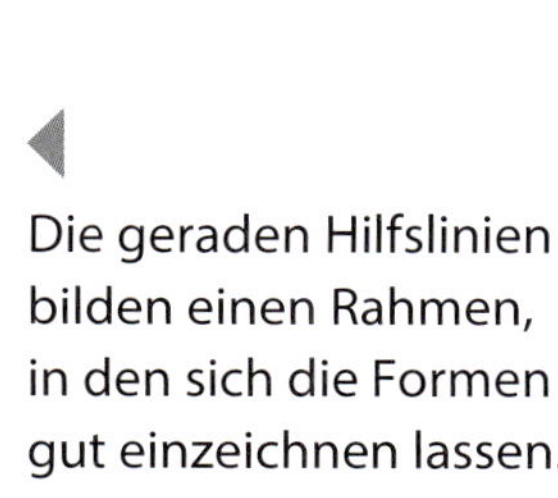

Die geraden Hilfslinien bilden einen Rahmen, in den sich die Formen gut einzeichnen lassen.

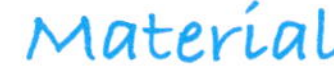

**Material**

- Zeichenpapier, glatt
- Bleistift H, HB
- Farbstifte (siehe Seitenrand)
- Knetgummiradierer

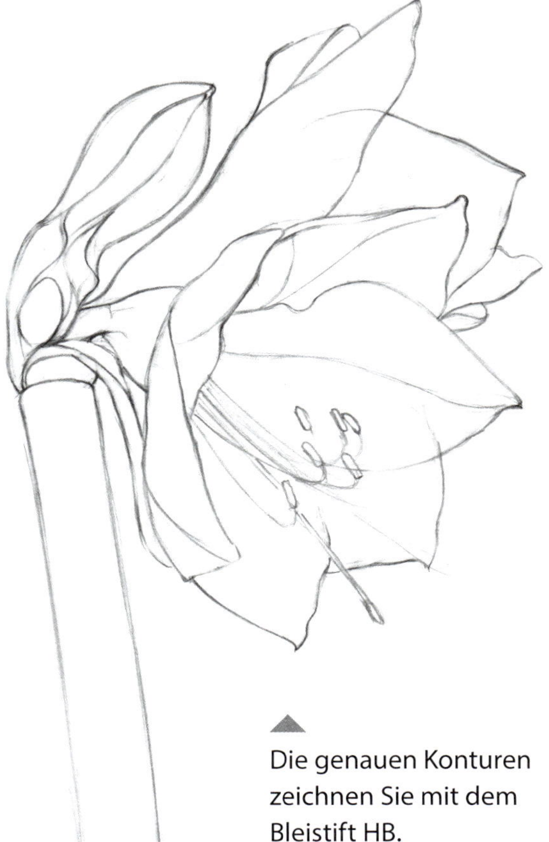

Die genauen Konturen zeichnen Sie mit dem Bleistift HB.

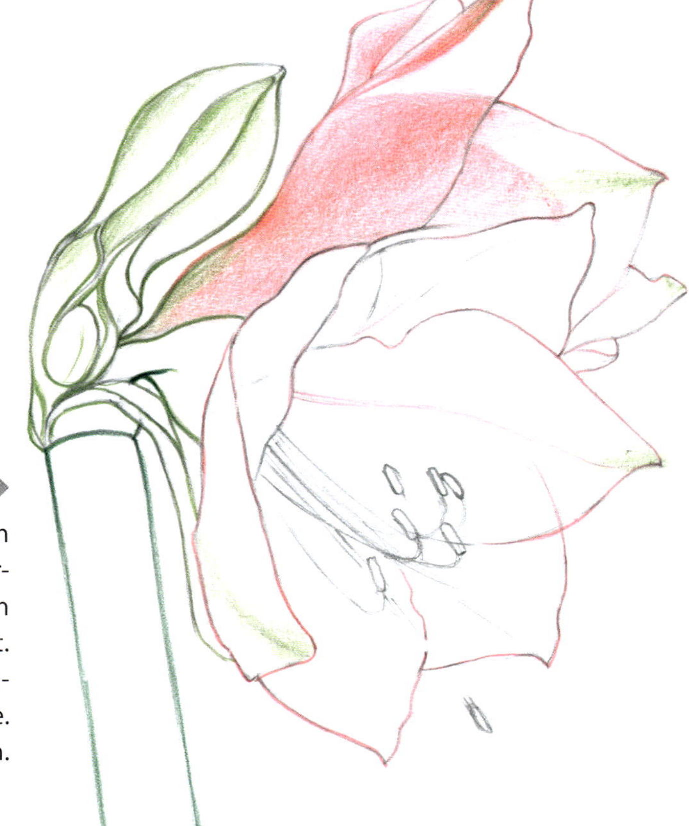

Schwächen Sie die Linien mit dem Knetgummi weiter ab. Nun überzeichnen Sie die Konturen mit dem grünen und rosafarbenen Farbstift. Dann beginnen Sie mit der Grundierung von Blütenblatt und Knospe. Dafür halten Sie den Stift flach.

**Konturen finden** siehe auch S. 23, 27

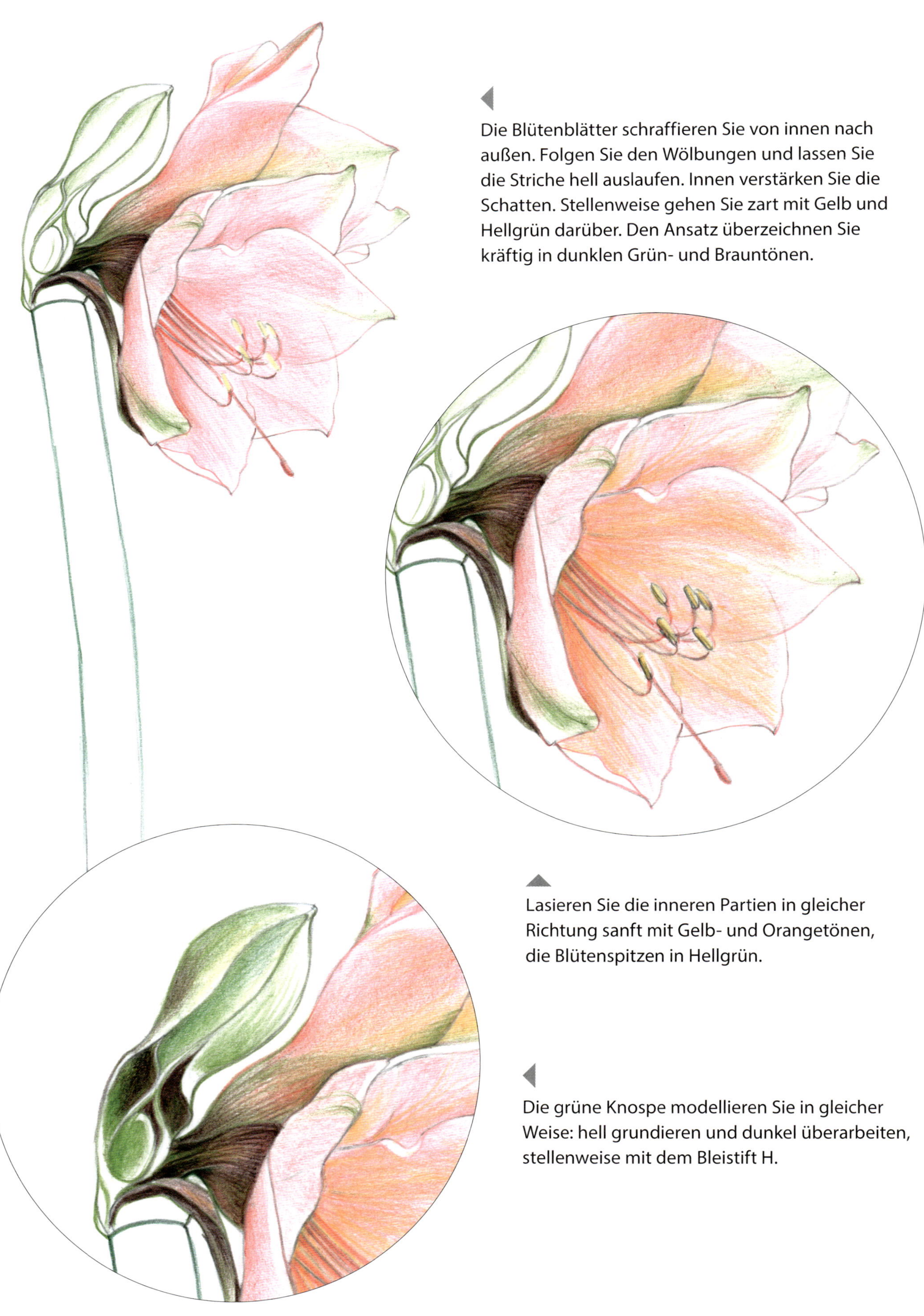

Die Blütenblätter schraffieren Sie von innen nach außen. Folgen Sie den Wölbungen und lassen Sie die Striche hell auslaufen. Innen verstärken Sie die Schatten. Stellenweise gehen Sie zart mit Gelb und Hellgrün darüber. Den Ansatz überzeichnen Sie kräftig in dunklen Grün- und Brauntönen.

Lasieren Sie die inneren Partien in gleicher Richtung sanft mit Gelb- und Orangetönen, die Blütenspitzen in Hellgrün.

Die grüne Knospe modellieren Sie in gleicher Weise: hell grundieren und dunkel überarbeiten, stellenweise mit dem Bleistift H.



**Bleistiftschatten in der Farbzeichnung** siehe auch S. 65, 75

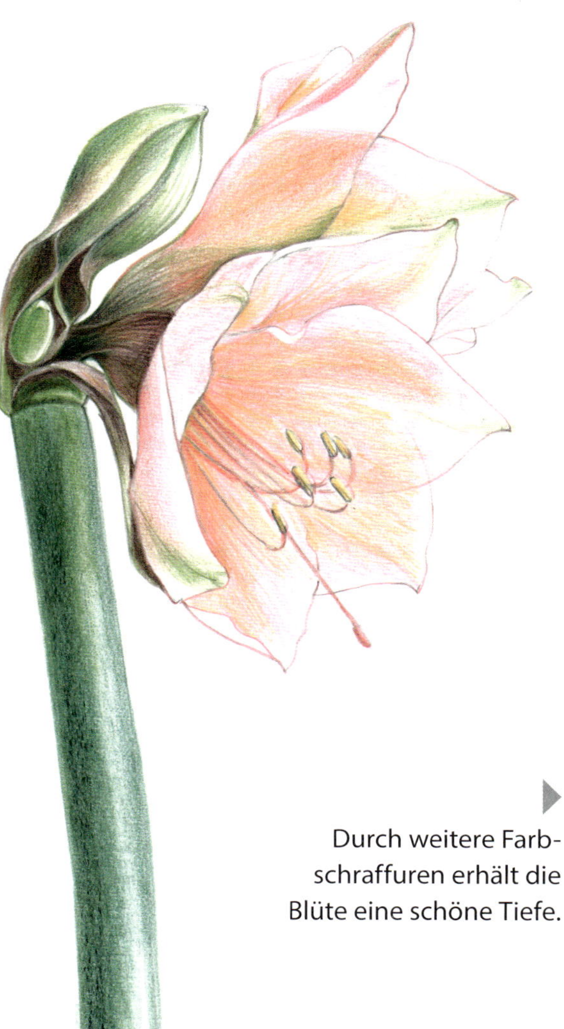

Auf der Schattenseite des Stiels lassen Sie auch Blau mitspielen. Der hell gebliebene Glanzstreifen lässt die glatte Oberfläche schimmern.

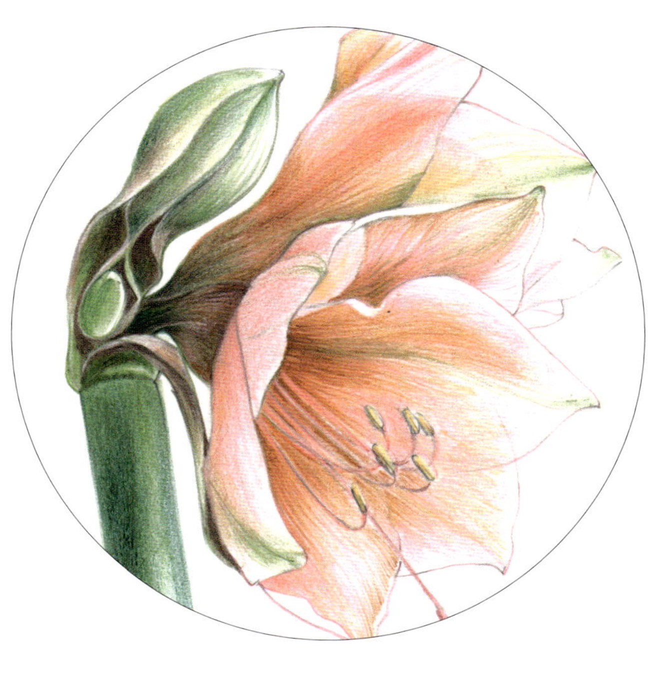

Durch weitere Farbschraffuren erhält die Blüte eine schöne Tiefe.

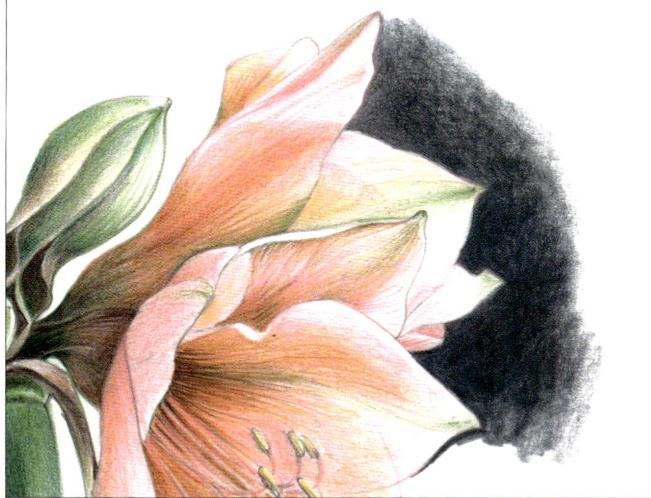

Das Ergebnis ist eine hübsche Blütenstudie, die Sie nun mit einem kraftvoll schraffierten Hintergrund zur vollen Bildwirkung bringen können.

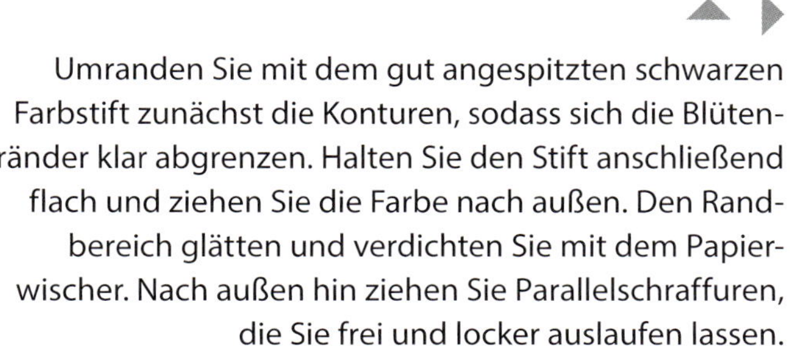

Umranden Sie mit dem gut angespitzten schwarzen Farbstift zunächst die Konturen, sodass sich die Blütenränder klar abgrenzen. Halten Sie den Stift anschließend flach und ziehen Sie die Farbe nach außen. Den Randbereich glätten und verdichten Sie mit dem Papierwischer. Nach außen hin ziehen Sie Parallelschraffuren, die Sie frei und locker auslaufen lassen.

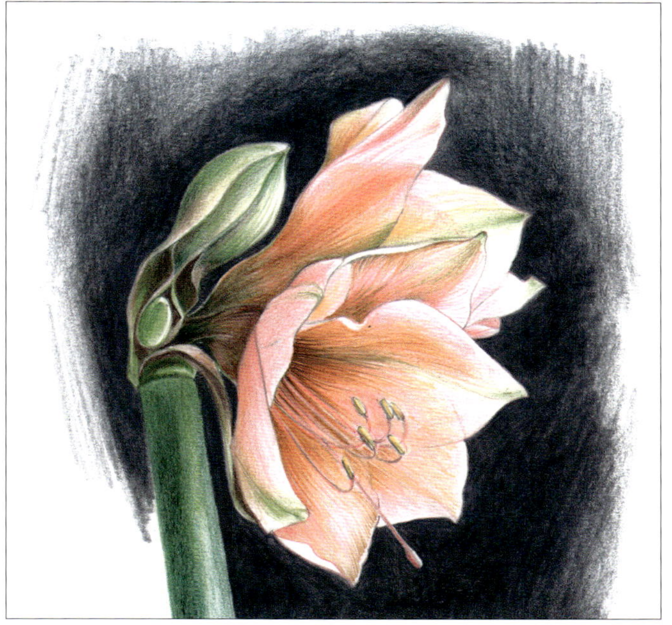

**Farblasuren** siehe auch S. 40, 41, 72, 77

# Fein umrandet

Mit parallelen Farbschraffuren und schwarz-weißen Kontrasten verwandeln Sie ein schlichtes Bäumchen in ein zauberhaft dekoratives Bild.

**Material**

- Bristolkarton
- Bleistift HB
- Fineliner in Schwarz
- Farbstifte in Gelb, Orange, Braun, Blau
- Radiergummi

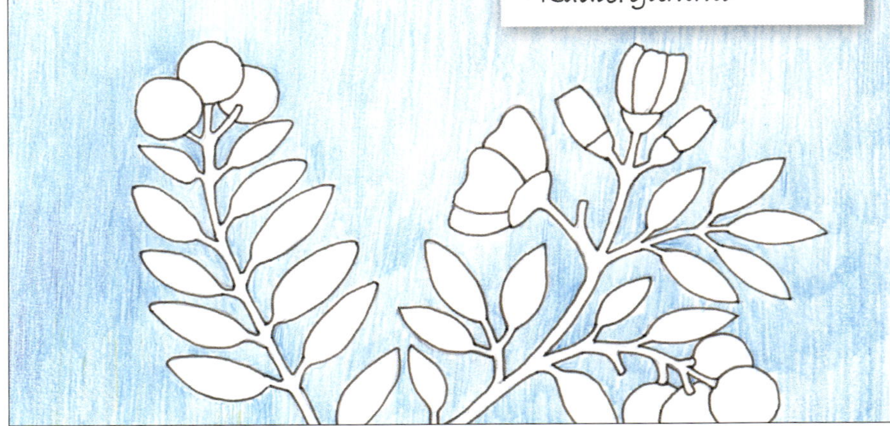

Ziehen Sie die Vorzeichnung mit dem schwarzen Fineliner nach und radieren Sie die Bleistiftlinien aus.

Der Hintergrund entsteht mit kürzeren und längeren senkrechten Parallelschraffuren mit dem immer wieder angespitzten hellblauen Farbstift. Die unterschiedlich dichten und kräftigen Schraffurfelder beleben die Fläche.

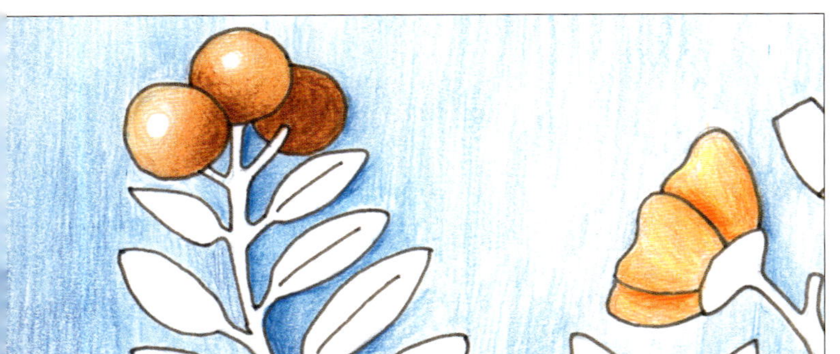

Darauf die Beeren, erst hellbraun mit ausgesparten Glanzlichtern schraffiert. Mit dunkelbraunen Schatten werden die Scheiben zur Kugel, und weil die hinterste am dunkelsten ist, wirkt auch das ganze Grüppchen plastisch. Auch die Blüten grundieren Sie gelb …

… und dunkeln die Ränder und Schattenpartien nach. Hellen Sie den Hintergrund stellenweise mit Gelb auf, was auf Blau ein hübsches Hellgrün ergibt. Das Zentrum schattieren Sie dunkelblau: oben ansetzen und die Striche unten weich auslaufen lassen.

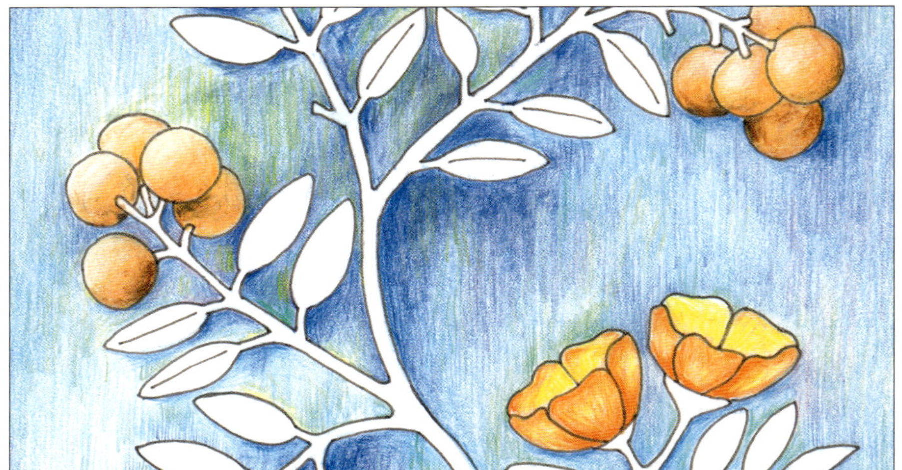



**Farblasuren** siehe auch S. 40, 41, 72, 77

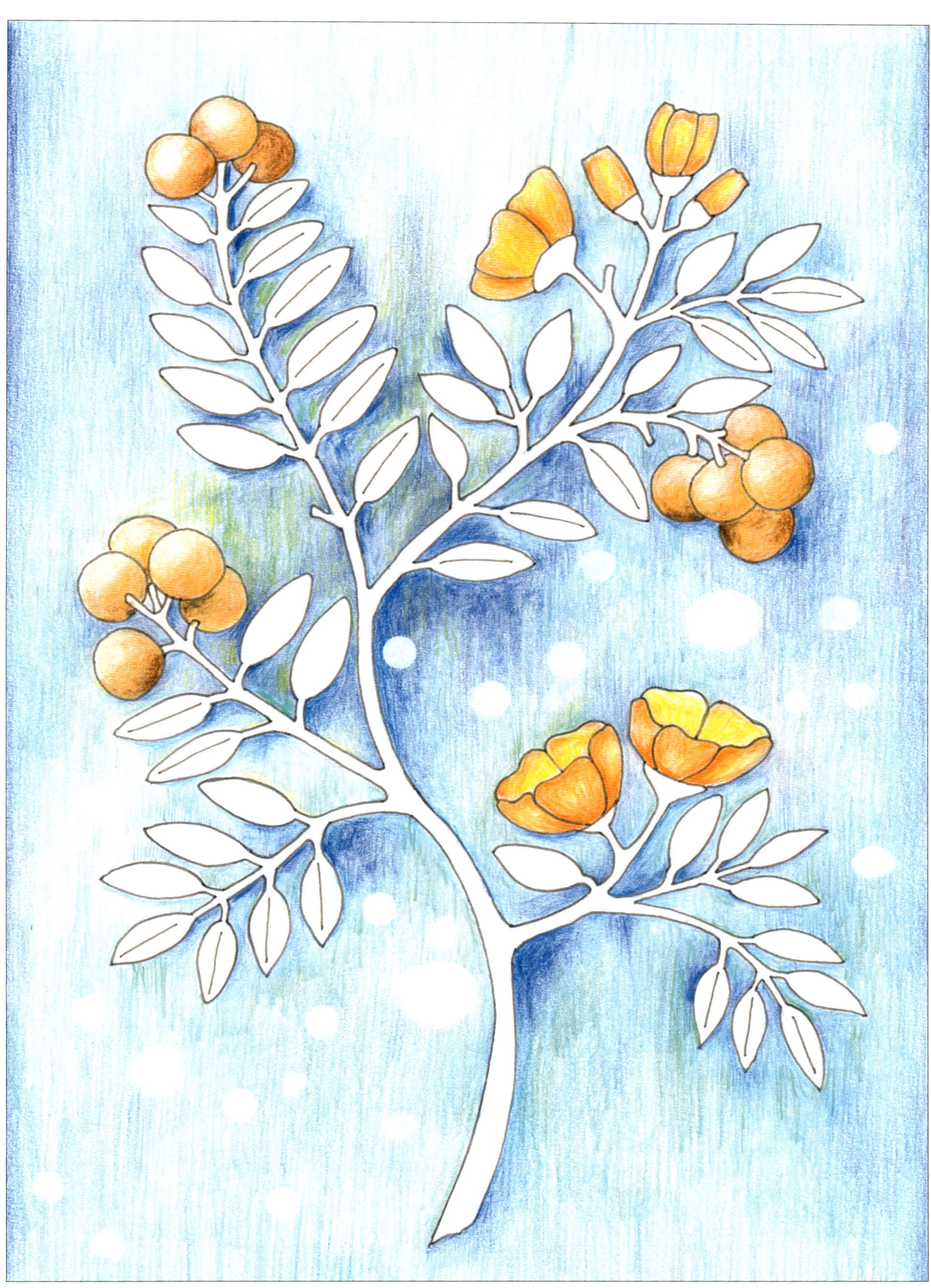

▲
Diese Bildwirkung ist vor allem dem schwarzen Fineliner zu verdanken. Seine zugleich harten wie zarten Linien heben das Weiß der Zweige und Blätter deutlich aus dem Hintergrund. Sie geben auch den Früchten und Blüten ihren ornamentalen Charakter. Raum und Halt erhält das Motiv durch den harmonischen Hintergrund: zum einen mit den dunkleren Schattenpartien, zum anderen mit radierten weißen Punkten.



**Parallelschraffuren** siehe auch S. 81

# Malerisch

Mit wasserlöslichen, also vermalbaren Farbstiften zeichnen Sie genau so wie mit den wasserfesten Farbstiften. Doch können Sie nachträglich noch malerische Effekte einfügen.

Das geht deshalb, weil sich die Pigmente dieser sogenannten Aquarellstifte bei Kontakt mit Wasser auflösen. Wenn Sie also die Farbstriche mit dem Pinsel befeuchten, können Sie die Farbe weich verziehen. Zugleich dringt die Aquarellfarbe in die Papierporen ein, über die der trockene Farbstift bei schwachen Andrücken nur gleitet. Deshalb werden die Farben beim Vermalen dichter und intensiver.

Die beste Wirkung erzielen Sie, wenn Sie den Pinsel nur ganz gezielt für bestimmte Bereiche einsetzen. Dann behält das Bild den Charakter der Zeichnung. In den zarten Blütenblätter der Mohnblume wird die Wirkung besonders deutlich.

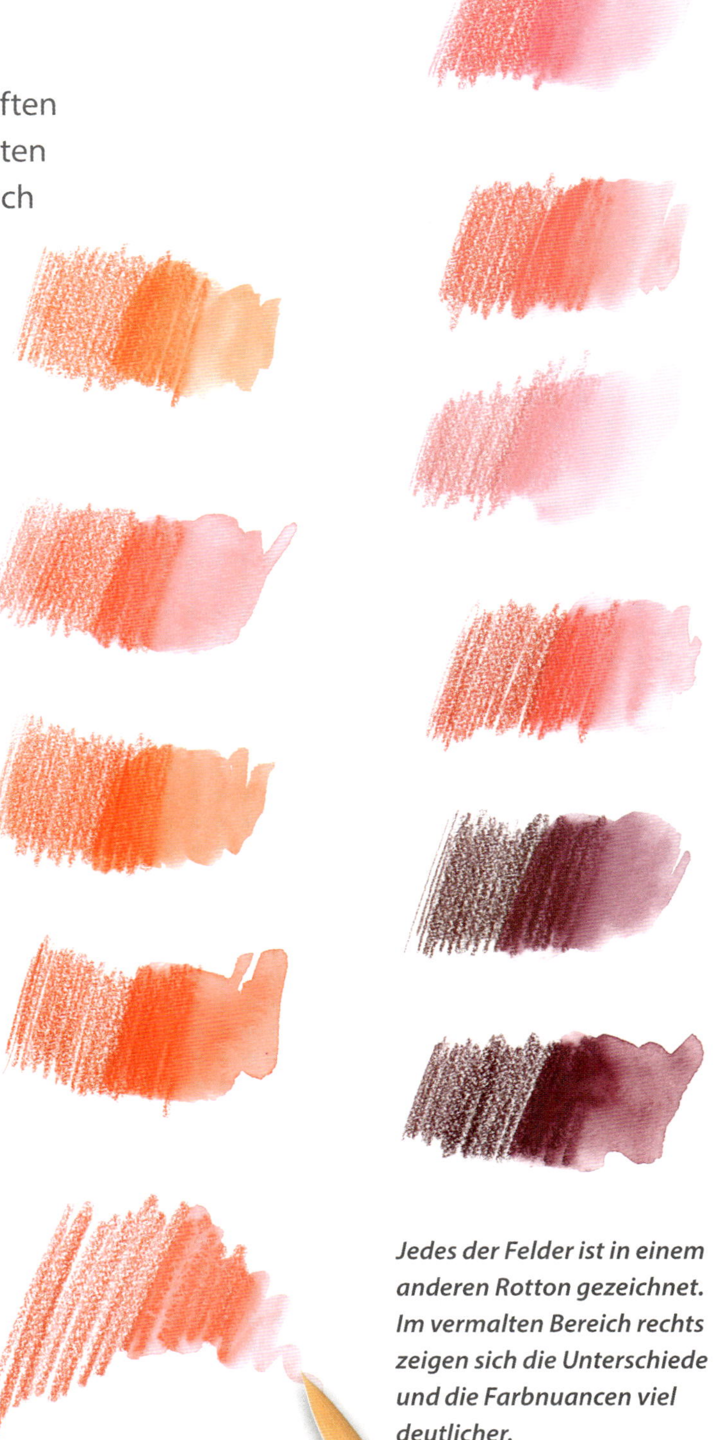

*Jedes der Felder ist in einem anderen Rotton gezeichnet. Im vermalten Bereich rechts zeigen sich die Unterschiede und die Farbnuancen viel deutlicher.*

*Hier sehen Sie, wie sich die Farben beim Übermalen mit Wasser verändern: links jeweils die trockene Schraffur, rechts der vermalte Bereich.*

## Tipps

- Nehmen Sie starkes Zeichenpapier, am besten glattes Aquarellpapier. Dünnes Papier würde sich beim Befeuchten unschön wellen.
- Beim Vermalen verbindet sich die Farbe fest mit dem Papier. Das bedeutet, dass Sie danach nicht mehr radieren können, ohne die Oberfläche zu beschädigen.
- Zu dunkel ausgefallene Farben können Sie aufhellen, indem Sie den Bereich mit Wasser benetzen und die Farbe mit dem Kosmetiktuch abtupfen. Abdunkeln geht natürlich immer.



**Vermalter Farbstift** siehe auch S. 90

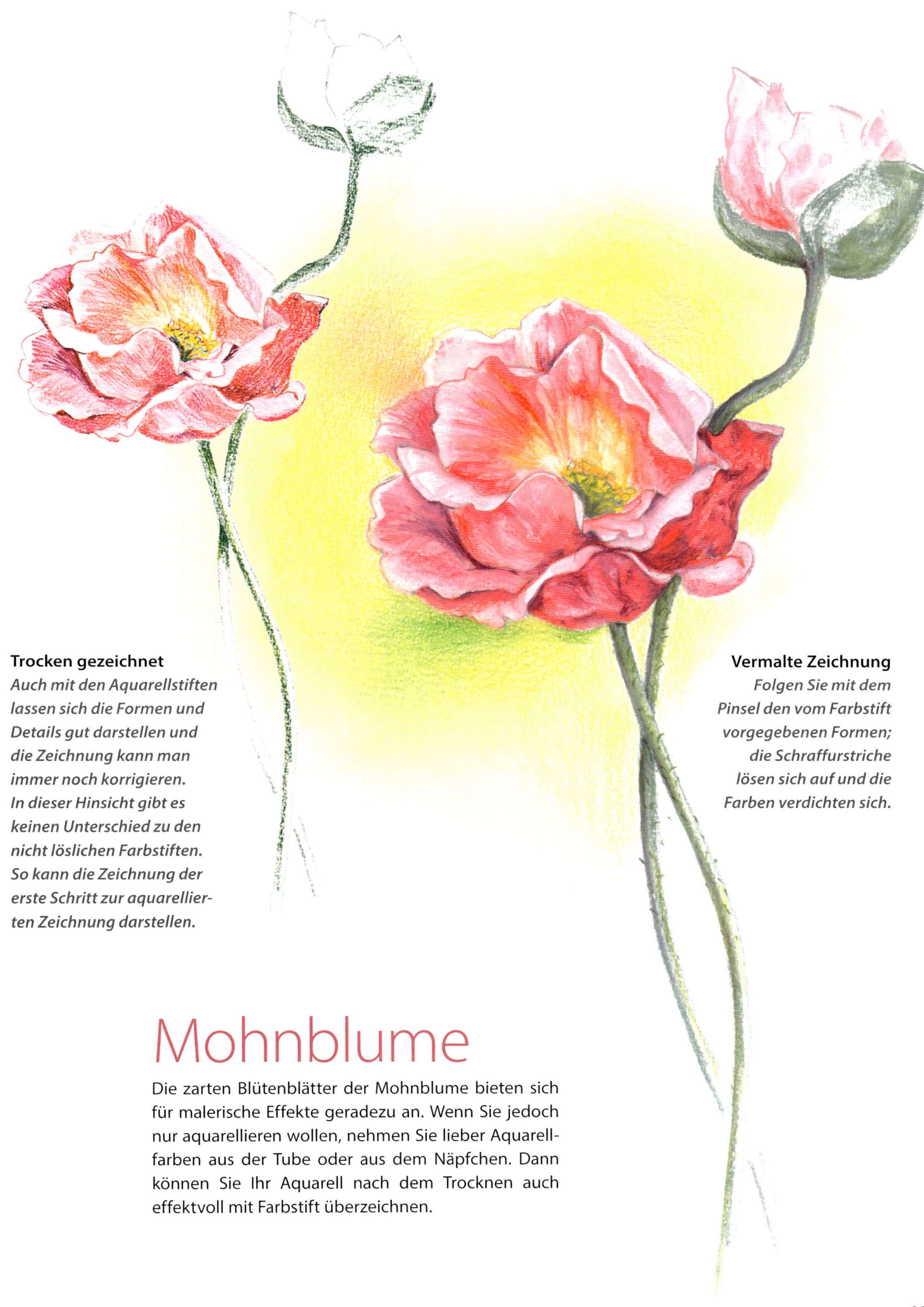

**Trocken gezeichnet**
*Auch mit den Aquarellstiften lassen sich die Formen und Details gut darstellen und die Zeichnung kann man immer noch korrigieren. In dieser Hinsicht gibt es keinen Unterschied zu den nicht löslichen Farbstiften. So kann die Zeichnung der erste Schritt zur aquarellierten Zeichnung darstellen.*

**Vermalte Zeichnung**
*Folgen Sie mit dem Pinsel den vom Farbstift vorgegebenen Formen; die Schraffurstriche lösen sich auf und die Farben verdichten sich.*

# Mohnblume

Die zarten Blütenblätter der Mohnblume bieten sich für malerische Effekte geradezu an. Wenn Sie jedoch nur aquarellieren wollen, nehmen Sie lieber Aquarellfarben aus der Tube oder aus dem Näpfchen. Dann können Sie Ihr Aquarell nach dem Trocknen auch effektvoll mit Farbstift überzeichnen.



**Farbpulver erstellen** siehe auch S. 76

# Lilien

Ihre schlichte Blütenform macht die Lilie zu einem dankbaren Modell, das ein wenig Geduld und Sorgfalt beim Ausarbeiten schon mit einem charmanten Auftritt belohnt. Hier im Ensemble mit Blättern und Knospen und zuletzt ein paar feinen aquarellistischen Akzenten …

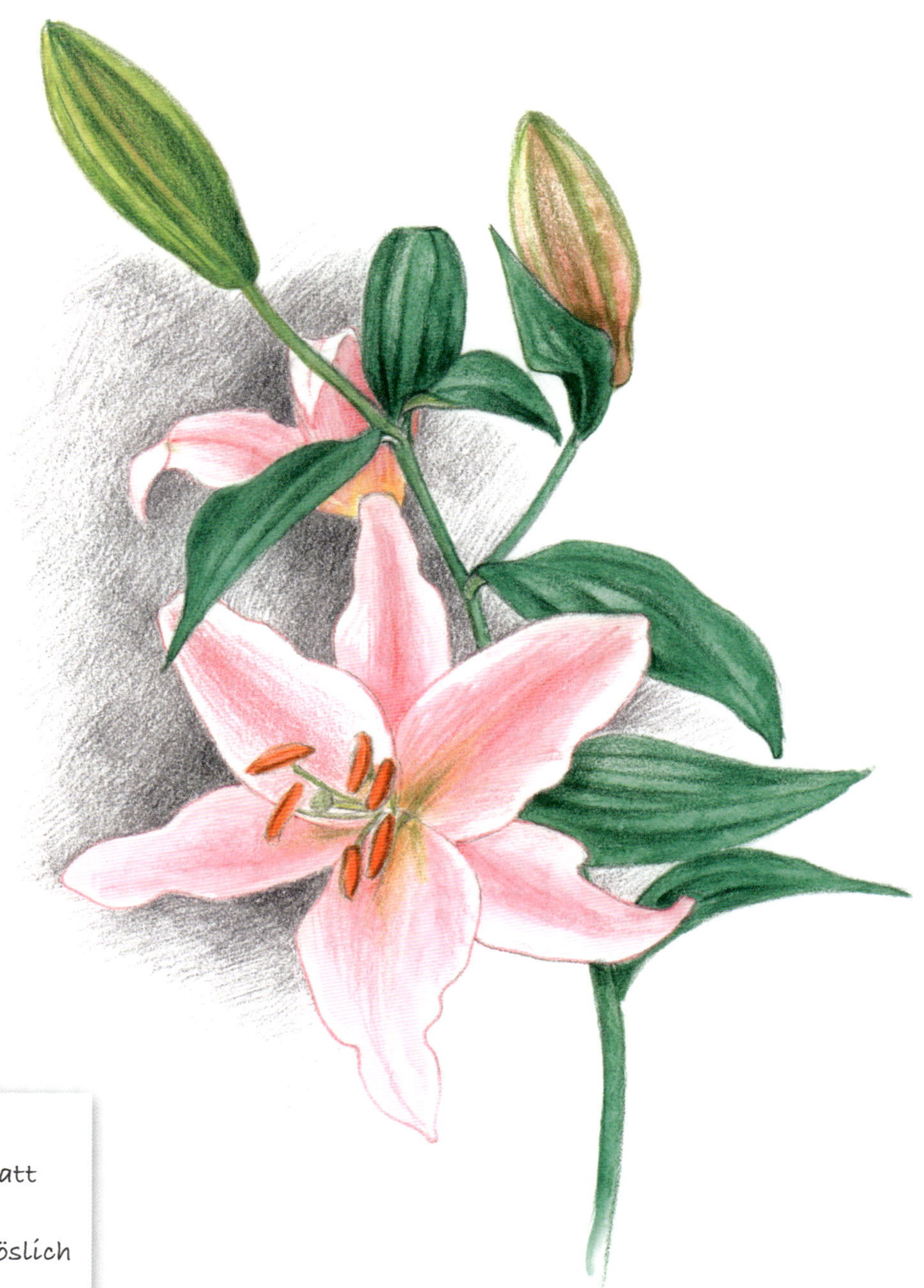

**Material**

- Zeichenkarton, glatt
- Bleistift HB
- Farbstifte, wasserlöslich (siehe Seitenrand)
- Knetgummiradierer
- Aquarellpinsel Nr. 6

Wenn Sie die Zeichnung, so wie hier, mit vermalbaren Aquarellstiften anlegen, können Sie zuletzt noch malerische Effekte hinzufügen. Mit Pinsel und Wasser leicht benetzt, verschwimmen die Schraffuren ein wenig. Die Blüten erscheinen intensiver, das Grün erhält mehr Körper. Beim Zeichnen spielt es keine Rolle, welche Sorte Sie nehmen; abgesehen davon, dass Aquarellstifte meist einen stärkeren Abrieb haben. Zuletzt können Sie immer noch entscheiden, ob Sie zum Pinsel greifen wollen.



**Vermalter Farbstift** siehe auch S. 19, 88

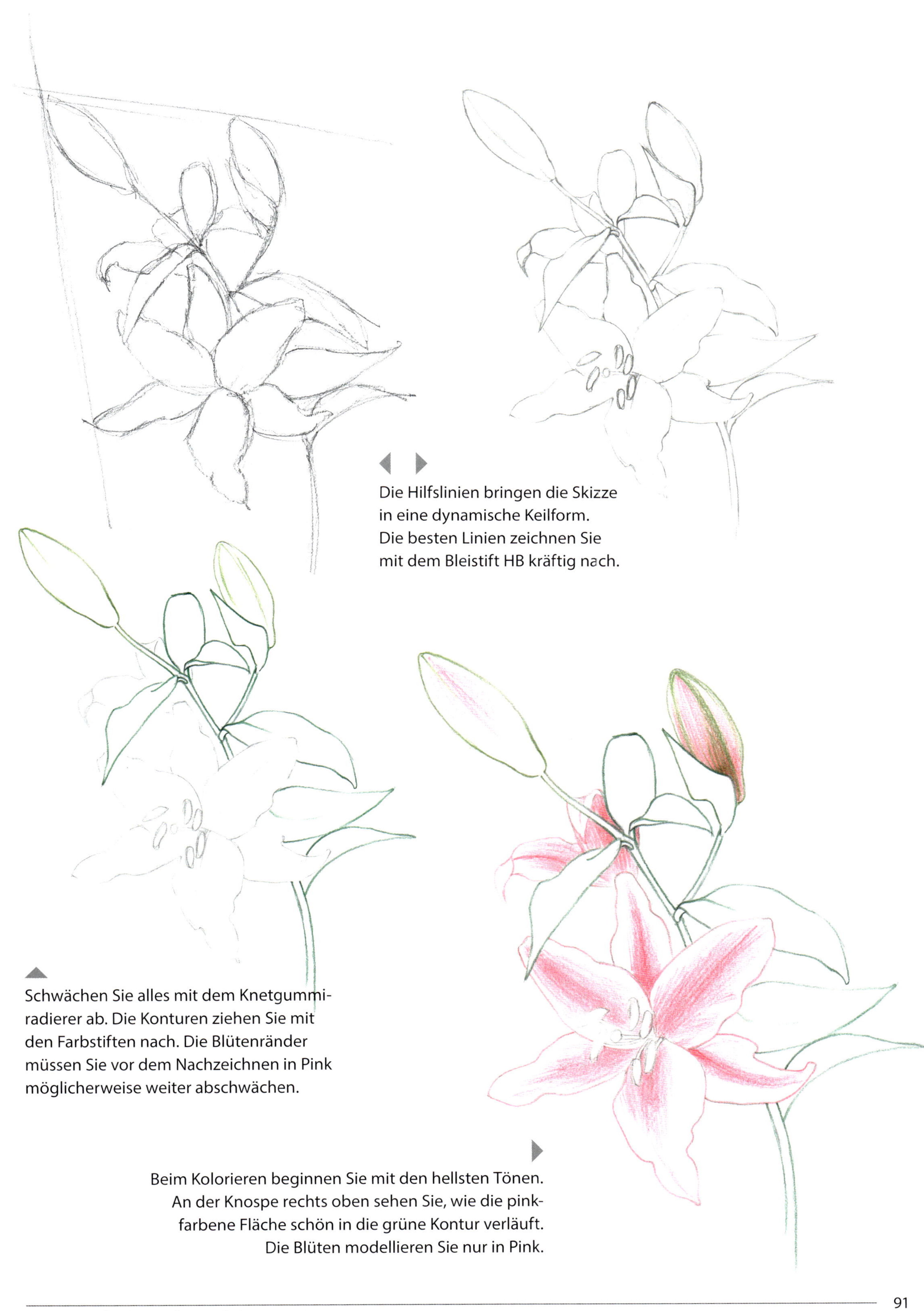

Die Hilfslinien bringen die Skizze in eine dynamische Keilform. Die besten Linien zeichnen Sie mit dem Bleistift HB kräftig nach.

Schwächen Sie alles mit dem Knetgummiradierer ab. Die Konturen ziehen Sie mit den Farbstiften nach. Die Blütenränder müssen Sie vor dem Nachzeichnen in Pink möglicherweise weiter abschwächen.

Beim Kolorieren beginnen Sie mit den hellsten Tönen. An der Knospe rechts oben sehen Sie, wie die pinkfarbene Fläche schön in die grüne Kontur verläuft. Die Blüten modellieren Sie nur in Pink.



**Konturen finden** siehe auch S. 15, 23, 27

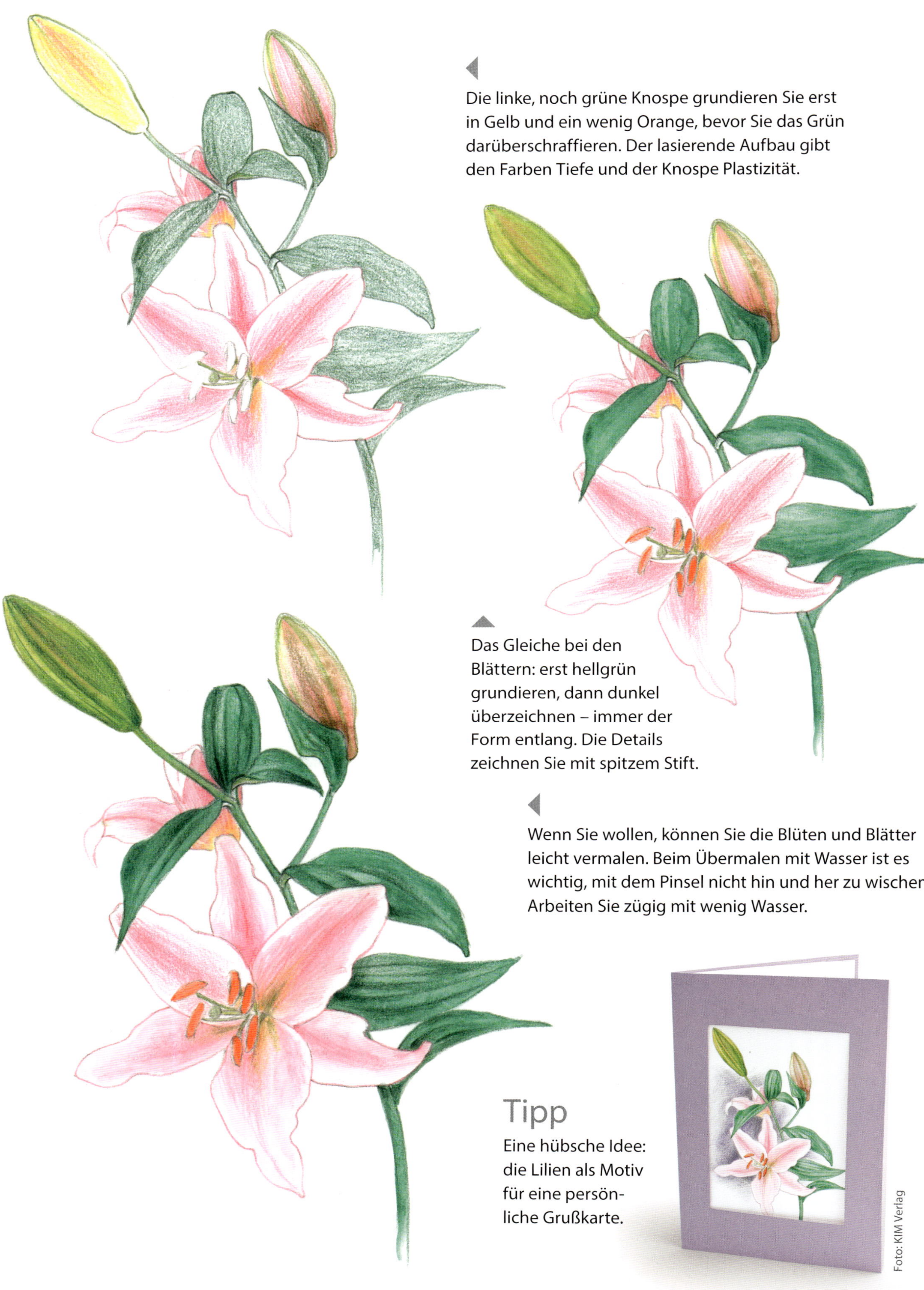

Die linke, noch grüne Knospe grundieren Sie erst in Gelb und ein wenig Orange, bevor Sie das Grün darüberschraffieren. Der lasierende Aufbau gibt den Farben Tiefe und der Knospe Plastizität.

Das Gleiche bei den Blättern: erst hellgrün grundieren, dann dunkel überzeichnen – immer der Form entlang. Die Details zeichnen Sie mit spitzem Stift.

Wenn Sie wollen, können Sie die Blüten und Blätter leicht vermalen. Beim Übermalen mit Wasser ist es wichtig, mit dem Pinsel nicht hin und her zu wischen. Arbeiten Sie zügig mit wenig Wasser.

## Tipp

Eine hübsche Idee: die Lilien als Motiv für eine persönliche Grußkarte.

Foto: KIM Verlag



**Farblasuren** siehe auch S. 40, 41, 56, 72 • **Sichtbare Konturen** siehe auch S. 41, 98

**Das Ergebnis als sparsam „aquarellierte" Farbstiftzeichnung. Die Schraffuren im Hintergrund geben dem Motiv Halt und verstärken die räumliche Wirkung.**

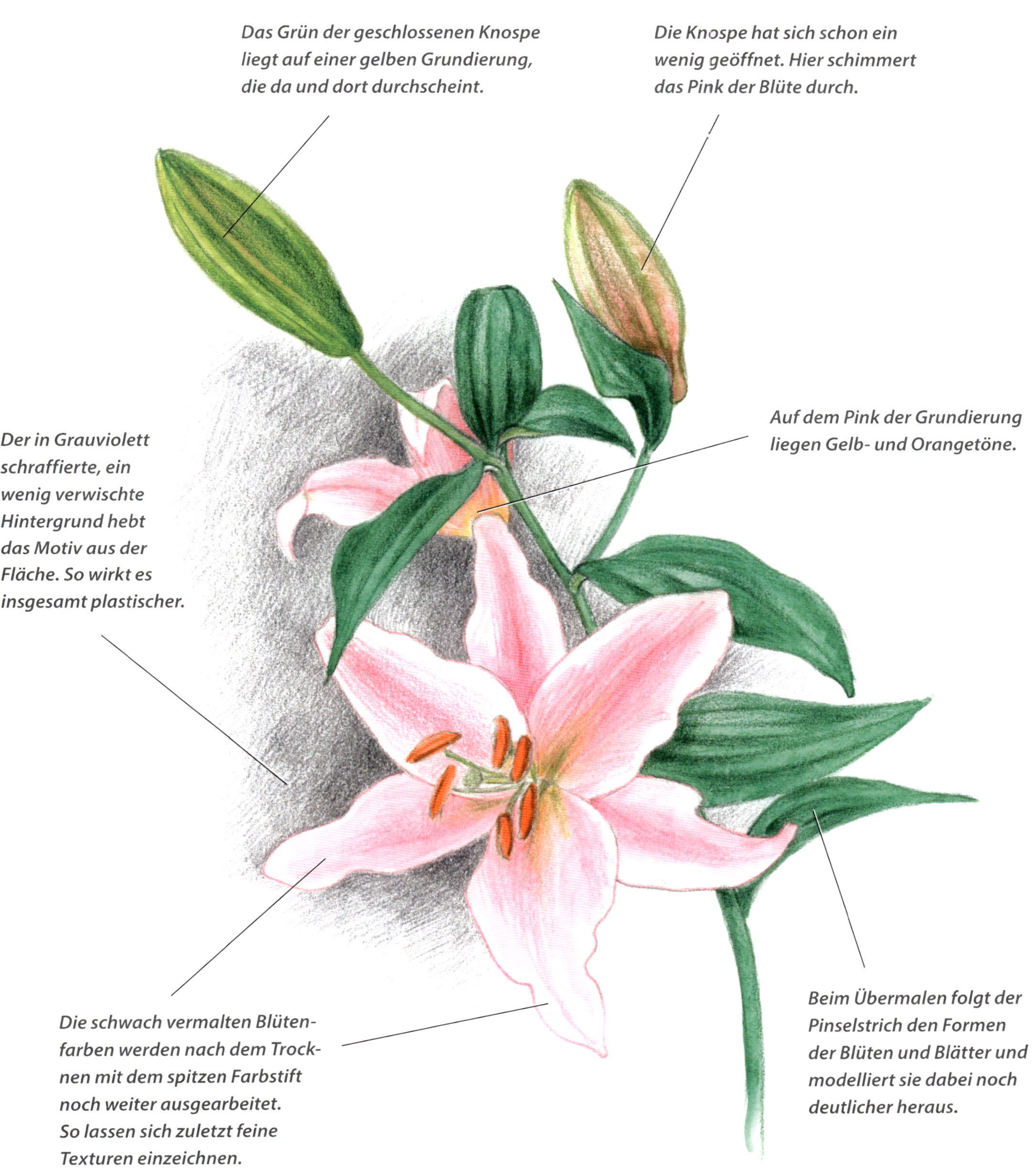




**Schraffierter Hintergrund** siehe auch S. 50, 70, 74

# Glockenblüte

Erst zeichnen Sie die Farbkonturen, dann aquarellieren Sie die Formen in den gleichen Farben und lassen schließlich den Hintergrund malerisch verschwimmen. Das Ergebnis ist eine dekorativ aquarellierte Farbzeichnung.

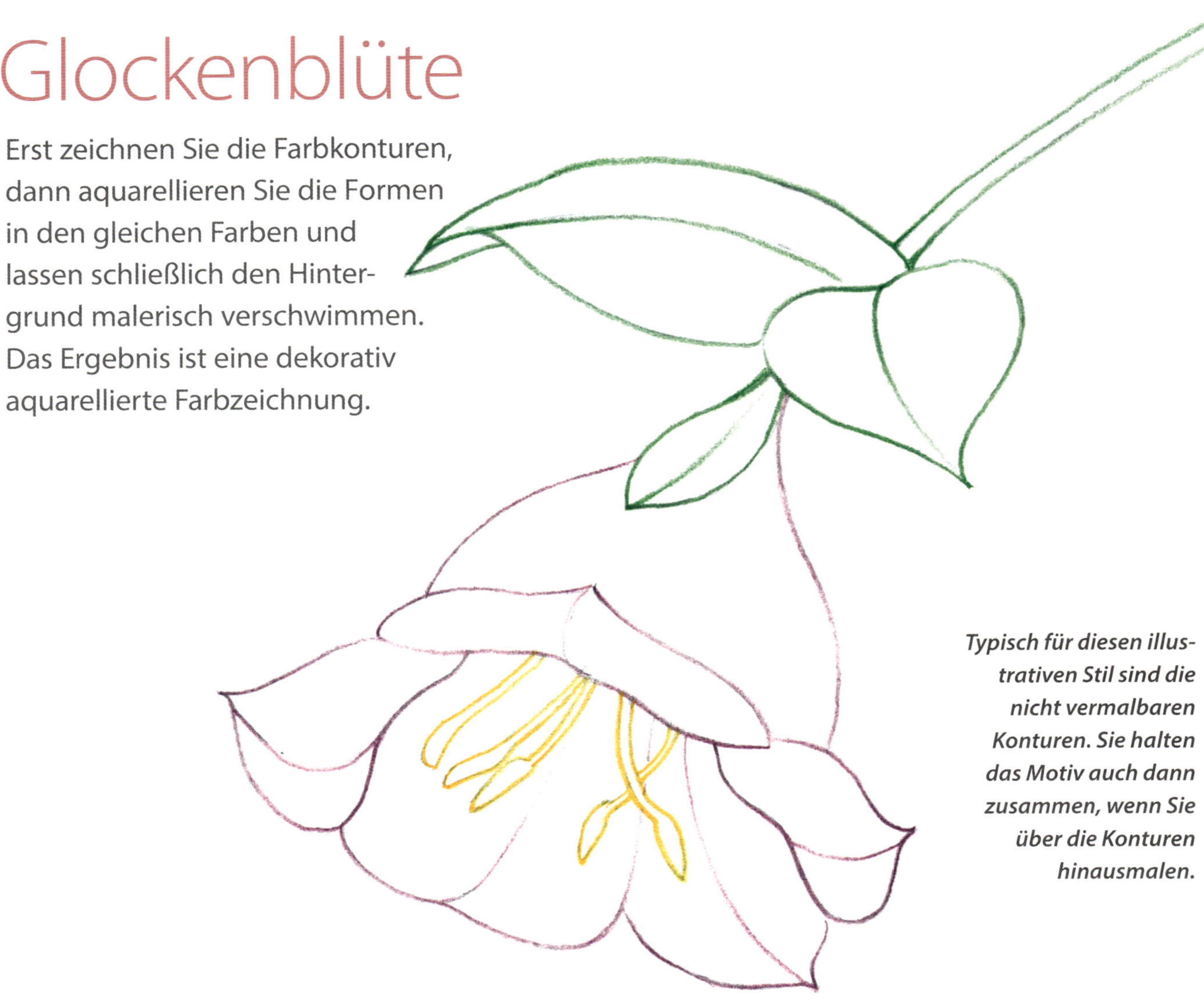

*Typisch für diesen illustrativen Stil sind die nicht vermalbaren Konturen. Sie halten das Motiv auch dann zusammen, wenn Sie über die Konturen hinausmalen.*

Für einzelne malerische Akzente sind Aquarellstifte eine feine Sache. Doch zum Aquarellieren von größeren Flächen nehmen Sie besser die Farben aus dem Malkasten – und wasserfeste Farbstifte.

**Kolorieren einfach gemacht:**

- Schwächen Sie die Bleistiftlinien der Vorzeichnung mit dem Knetgummi ab und ziehen Sie die Konturen mit den nicht wasserlöslichen Farbstiften kräftig nach.
- Dann befeuchten Sie die Blüte mit Pinsel und Wasser und malen die feuchten Bereiche mit dem kleinen Pinsel bis auf ein paar Lichtflecken in Rosa aus. Solange das Papier nicht ganz trocken ist, können Sie die Farben verstärken und schön verziehen.
- Alles trocknen lassen. In gleicher Weise malen Sie die grünen Blätter sowie die gelben Staubfäden aus, die Sie mit dem braunen Fineliner umranden.
- Wiederum nach dem Trocknen malen Sie den Hintergrund mit dem großen Pinsel recht nass mit Wasser aus und ziehen Blau und wenig Grün hinein. Verziehen Sie die Farben, sodass sie gut verschwimmen.

**Wichtig:** Malen Sie die einzelnen Partien mit Wasser vor. Dann „fließt" die Farbe und stockt an der Grenze zum trockenen Bereich.

### Material

- Aquarellpapier, satiniert
- Bleistift HB
- Wasserfeste Farbstifte
- Aquarellfarben in Blau, Grün, Gelb, Rot
- Fineliner in Braun
- Aquarellpinsel (Nr. 3 und 12)



**Sichtbare Konturen** siehe auch S. 41, 98

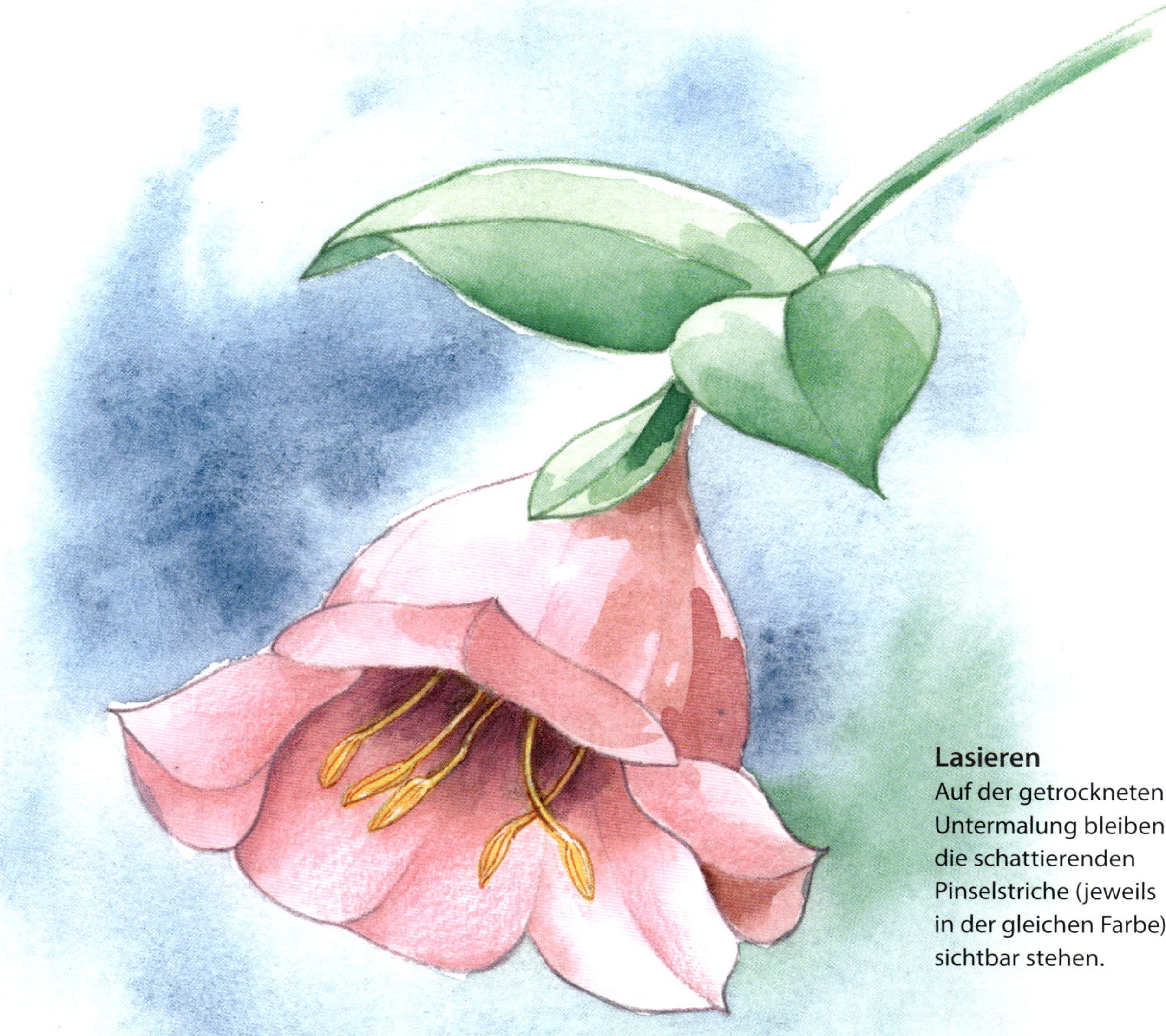

**Lasieren**
Auf der getrockneten Untermalung bleiben die schattierenden Pinselstriche (jeweils in der gleichen Farbe) sichtbar stehen.

**Untermalen**
Die einzelnen befeuchteten Bildteile malen Sie zunächst flächig aus.

**Fineliner**
Die Staubfäden malen Sie in Gelb aus und ziehen die Konturen nach dem Trocknen mit dem braunen Fineliner nach.

**Vermalen**
Solange das Papier etwas feucht ist, lässt sich die Farbe sehr leicht verziehen.

**Hintergrund**
In der mit Wasser vorgemalten Fläche verschwimmen die Farben. So entsteht ein lebendiger, „himmlischer“ und räumlicher Hintergrund.

**Modellieren nach dem Trocknen**
Mit den Farbstiften lassen sich Partien nachträglich noch schattieren. Radieren geht allerdings nicht mehr. Das würde das zuvor befeuchtete Papier beschädigen.

**Konturen**
Die wasserfesten Farbkonturen sind typisch für einen illustrativen Stil.



**Vermalter Hintergrund** siehe auch S. 19 • **Details mit dem Fineliner** siehe auch S. 100

# Florale Fantasien

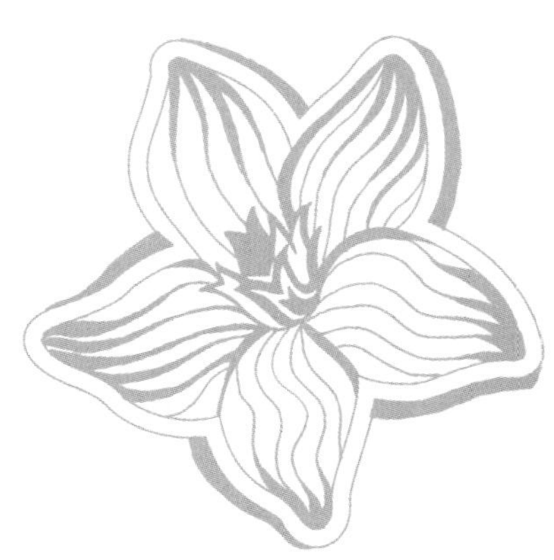

In der Natur verpackt die Blumenwelt ihren ornamentalen Reichtum absichtslos in eine Fülle von Gestalten und Farben. Beim dekorativen Zeichnen lassen Sie sich von der Schönheit dieser floralen Formen zu kreativen und fantasievollen Ausgestaltungen inspirieren: Blumenschmuck mit Stift und Papier.

So vielfältig die Möglichkeiten sind, die Sie aus den folgenden Beispielen ersehen: Gemeinsam ist ihnen die Stilisierung, also die mehr oder weniger stark vereinfachte Darstellung vor allem in der Vorzeichnung. Das macht übrigens auch die Ausarbeitung selbst einfacher, sodass Sie auch mit wenig Routine zu schönen Erfolgen kommen. Anders als in der naturgetreuen Zeichnung, die zum Vergleich von Modell und Bild einlädt, steht die dekorative Zeichnung für sich selbst, und Sie haben alle schöpferischen und künstlerischen Freiheiten. Denn wie sagt Thomas Mann so schön? „Fantasie haben heißt nicht, sich etwas auszudenken. Es heißt, sich aus den Dingen etwas zu machen."

**Blatt, Blüte Knospe:**
Das sind die typischen Elemente für dekorative Bilder. Schon wenn Sie Muster und Ornamente so vor sich hin kritzeln, werden dabei vermutlich auch blumenartige Ornamente entstehen, die Sie zur Vorzeichnung komponieren.

*Für dieses grafische Design ziehen Sie die Linien der Vorzeichnung mit dem Fineliner nach und umranden die Formen außen noch einmal. Ebenso fein (und nach Belieben) zeichnen Sie innen die Muster ein. Mit einem dickeren Filzstift (Größe M) ziehen Sie Schattenstriche nach und füllen die eine oder andere Form. Wie anders dieselbe Vorzeichnung in der kolorierten Version wirkt, sehen Sie auf S. 107.*



**Grafische Variante** siehe auch S. 20

# Filigran

Einfach und effektvoll: Zart modellierte Blätter und schwungvoll gezeichnete Ranken scheinen über dem hingehauchten Hintergrund zu schweben …

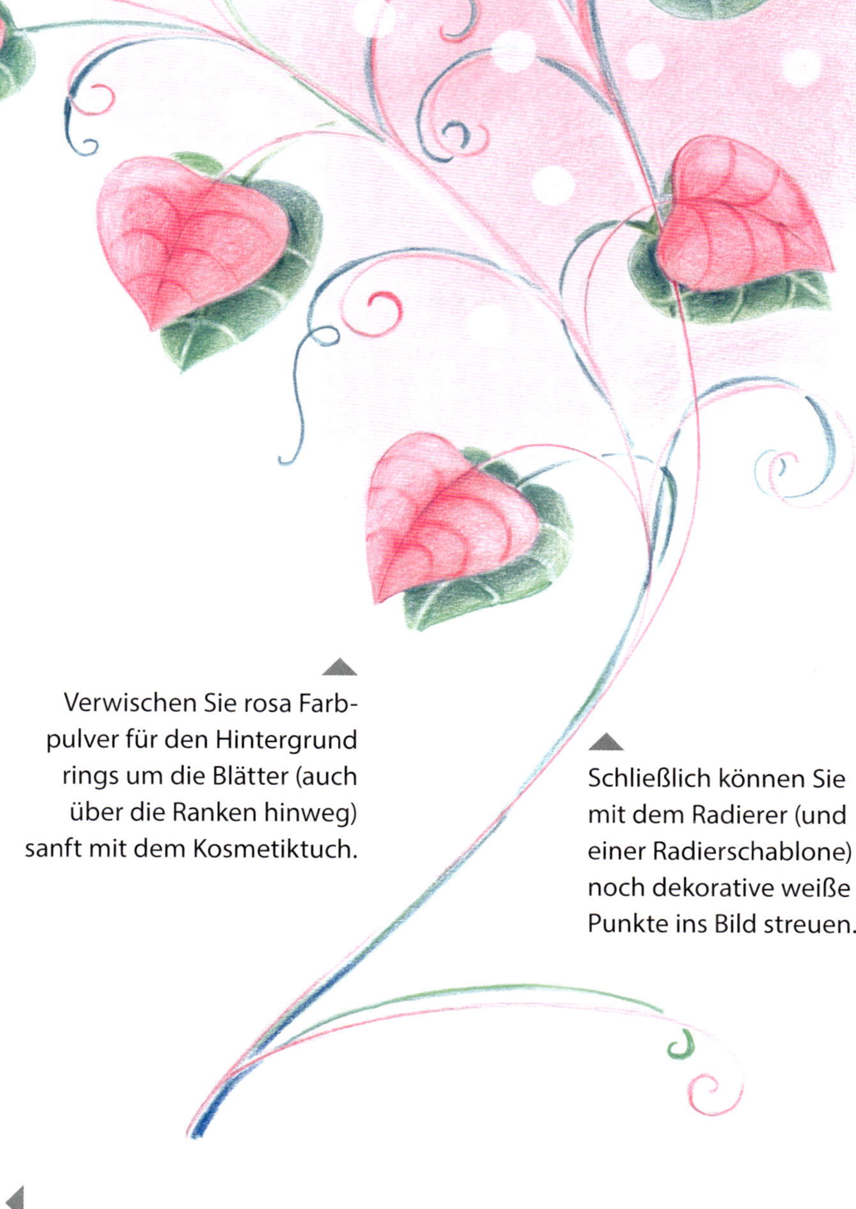

Dieser hübsche Effekt entsteht durch die grünen Schattenformen, die zugleich kühle Farbkontraste zu den warmen Rottönen setzen. Und weil sich die dunklen Elemente von selbst abheben, brauchen sie keine kräftigen Konturen; hier würden sie die filigrane Erscheinung stören. So aber, besonders auch mit den im Hintergrund verstreuten weißen Punkten, bekommt das Motiv seine besondere Leichtigkeit.

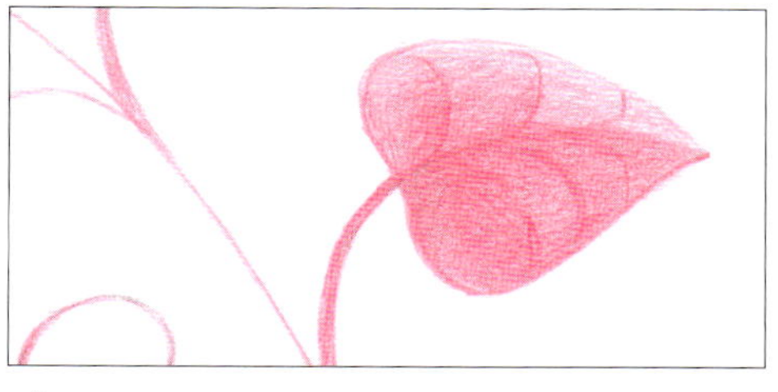

Entweder nach Vorzeichnung oder gleich mit Farbstift zeichnen Sie die Ranken sowie die Blätter, die Sie in Pink grundieren und modellieren.

Verwischen Sie rosa Farbpulver für den Hintergrund rings um die Blätter (auch über die Ranken hinweg) sanft mit dem Kosmetiktuch.

Schließlich können Sie mit dem Radierer (und einer Radierschablone) noch dekorative weiße Punkte ins Bild streuen.

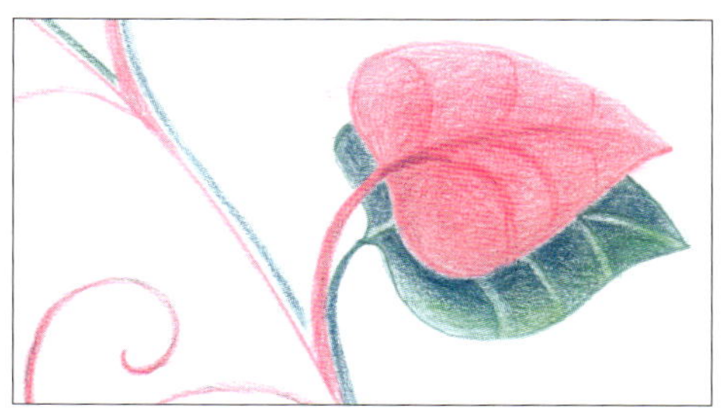

Dasselbe, knapp darunter, in Grün und mit ausgesparten Blattadern. Dank der versetzten Anordnung wirken sie wie Schatten und heben die Elemente aus der Fläche.

**Farbpulver erstellen** siehe auch S. 76 • **Blattadern aussparen** siehe auch S. 27, 39, 70

# Illustrativ

Ziehen Sie die Vorzeichnung kraftvoll und farbig nach und füllen Sie das Motiv mit plastischen Formschraffuren. Das Ergebnis ist eine illustrierte Anemone im Charakter des Jugendstils: erst als Einzelstück, dann im Ensemble.

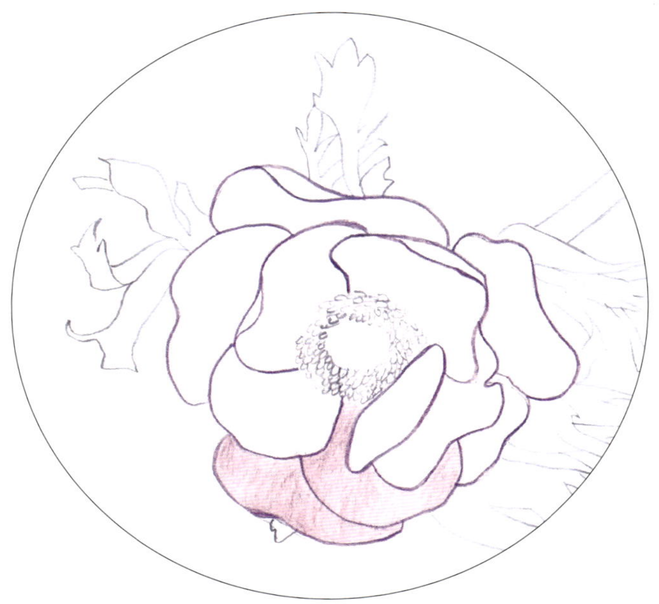

Schwächen Sie die Vorzeichnung mit dem Knetgummiradierer ab und ziehen Sie die Konturen mit dem farblich passenden Farbstift nach. Zum hellen, flächigen Grundieren halten Sie den Stift flach.

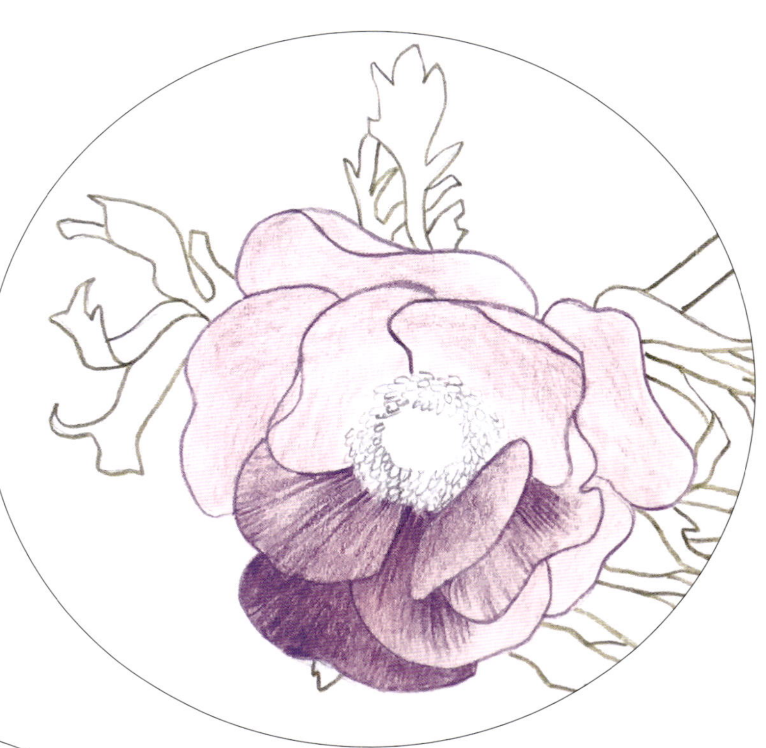

Schraffieren Sie Blütenblätter in dunkleren Tönen mit dem spitzen, steilen Stift von innen nach außen: heller im Licht, dunkler in den Schattenbereichen.

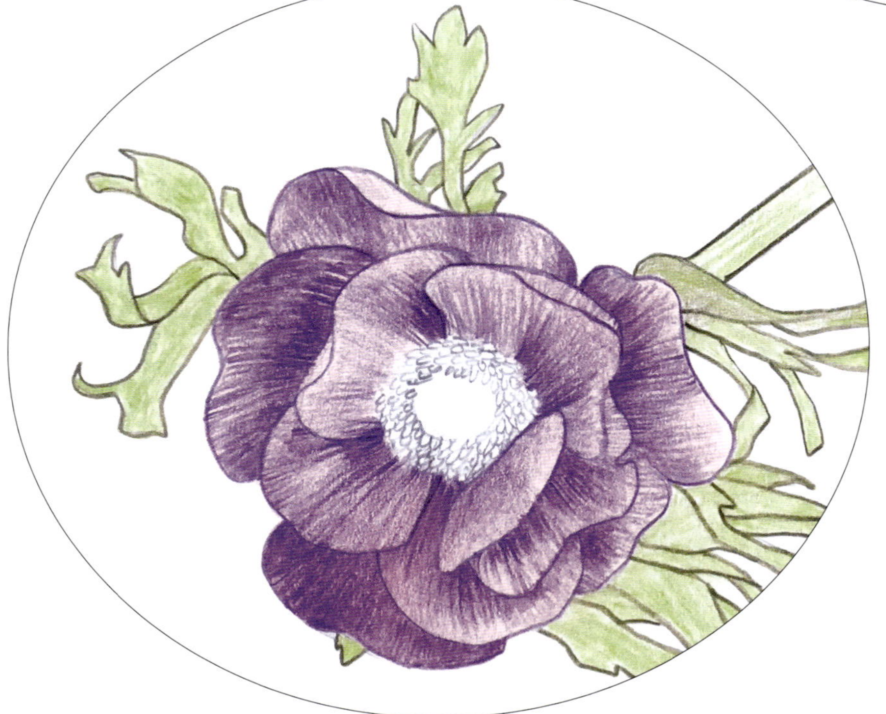

Die Formschraffuren zeigen die Textur und schattieren zugleich die Blütenblätter. In gleicher Weise modellieren Sie auch die grünen Teile: hell grundieren, dunkel schraffieren und schattieren. Die angenehme Nebenwirkung: Die kräftigen Umrisse erleichtern das Ausgestalten. Die Form und Lage der einzelnen Blütenblätter ist vollkommen eindeutig, sie müssen bloß noch schraffiert werden.



**Sichtbare Konturen** siehe auch S. 41, 94

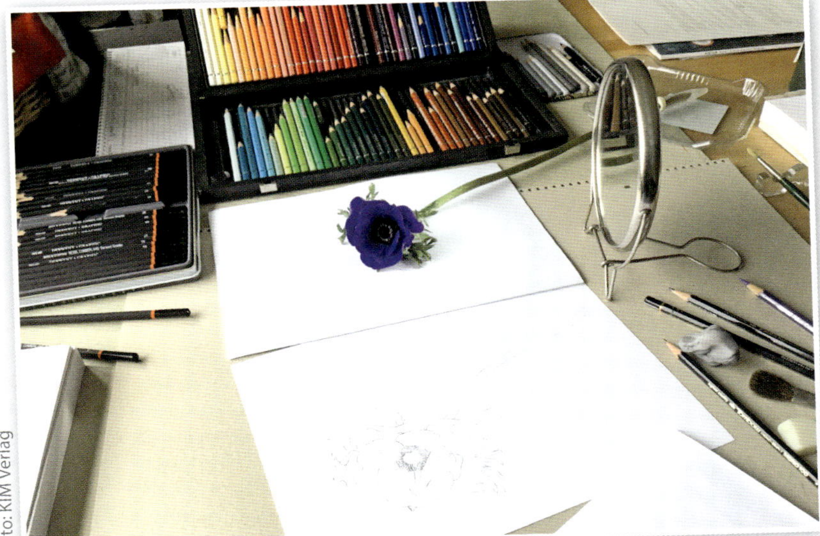

Foto: KIM Verlag

## Tipp

Die Anemonenblüte liegt auf einem weißen Blatt Papier, das Licht kommt vom Fenster. Wenn das nicht reicht, um auch die andere Seite hinreichend zu beleuchten: einfach einen Spiegel dahintersetzen!

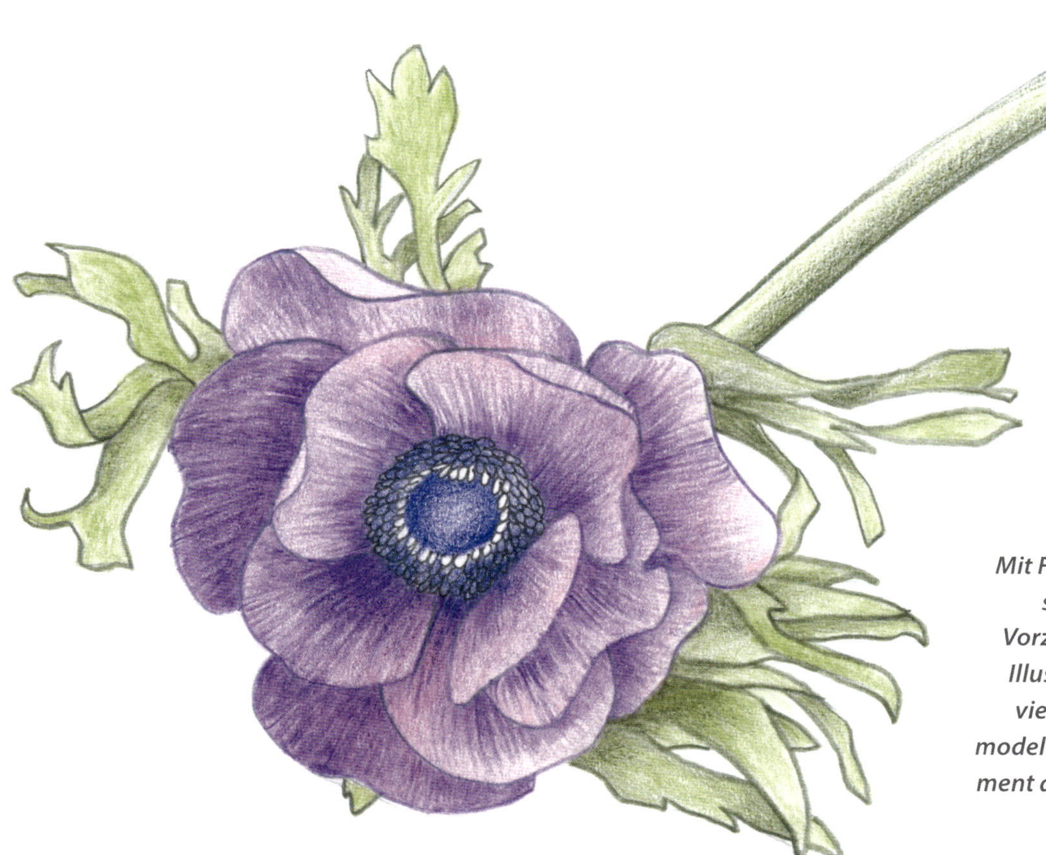

*Mit Farbkonturen und Formschraffuren wird aus der Vorzeichnung die stilsichere Illustration einer Anemone; vielleicht auch als Übungsmodell für das ganze Arrangement auf den nächsten Seiten.*

### Material

- einfaches Zeichenpapier
- Bleistift HB
- Farbstifte (siehe Seitenrand)
- Fineliner (Größe XS) in Schwarz

Diese dekorative Wirkung entsteht aus dem Zusammenspiel der stilisierten äußeren Gestalt mit dem fein modellierten Innenleben. Denn eine naturgetreu gezeichnete Blüte hat keinen deutlichen Farbrand. Hier jedoch sind die Farbkonturen ein effektvolles Mittel, um die dekorative Gestalt der Blüte besonders hervorzuheben.

**Konturen finden** siehe auch S. 15

# Romantisch

Der gleiche Stil wie die alleinstehende Anemone von vorhin, nun jedoch als romantische Komposition vor einem nicht minder dekorativen Hintergrund, den Sie zart mit Schattenmustern „tapezieren" können.

**Material**

- Bristolkarton
- Bleistift 4H, HB
- Farbstifte (siehe Seitenrand)
- Fineliner (Größe XS) in Schwarz

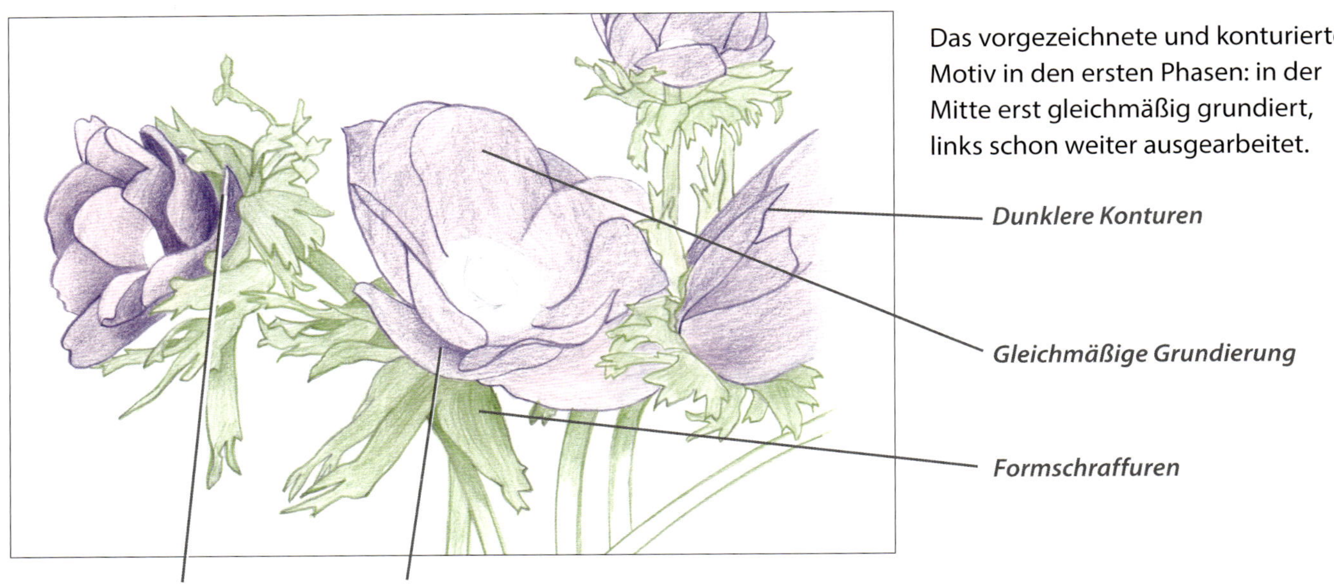


Das vorgezeichnete und konturierte Motiv in den ersten Phasen: in der Mitte erst gleichmäßig grundiert, links schon weiter ausgearbeitet.

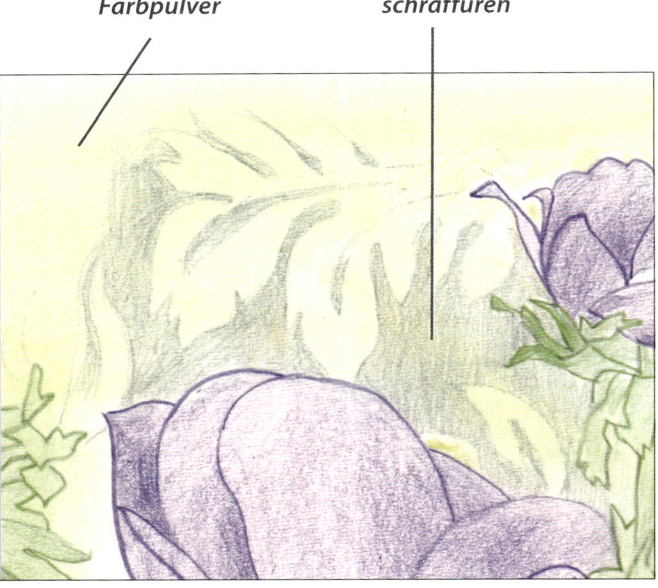


Im Hintergrund verteilen und verwischen Sie gelbes Farbpulver. Die fernen Blattformen zeichnen Sie nicht direkt, sondern schraffieren lediglich die Umgebung mit dem harten Bleistift 4H.

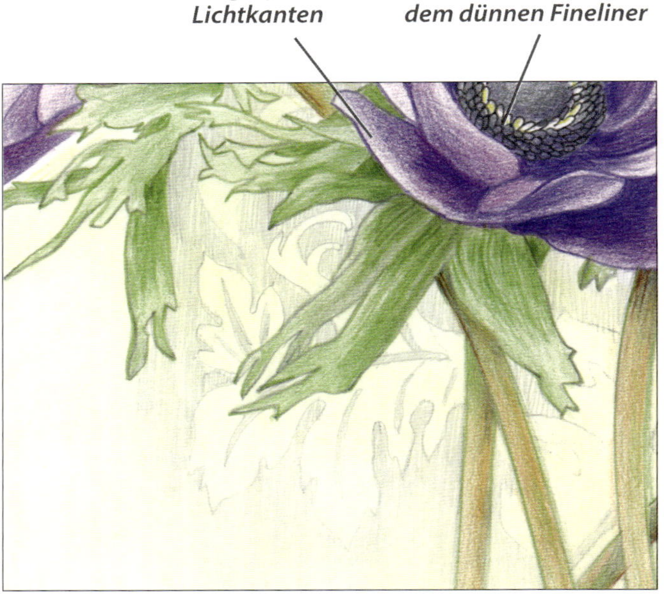


So treten die ausgesparten Blattformen hell aus der Fläche. Der zarte Grauton ringsum liefert einen schönen Kontrast zur intensiven Farbigkeit der modellierten Blüten, Blätter und Stängel.



**Details mit dem Fineliner** siehe auch S. 95

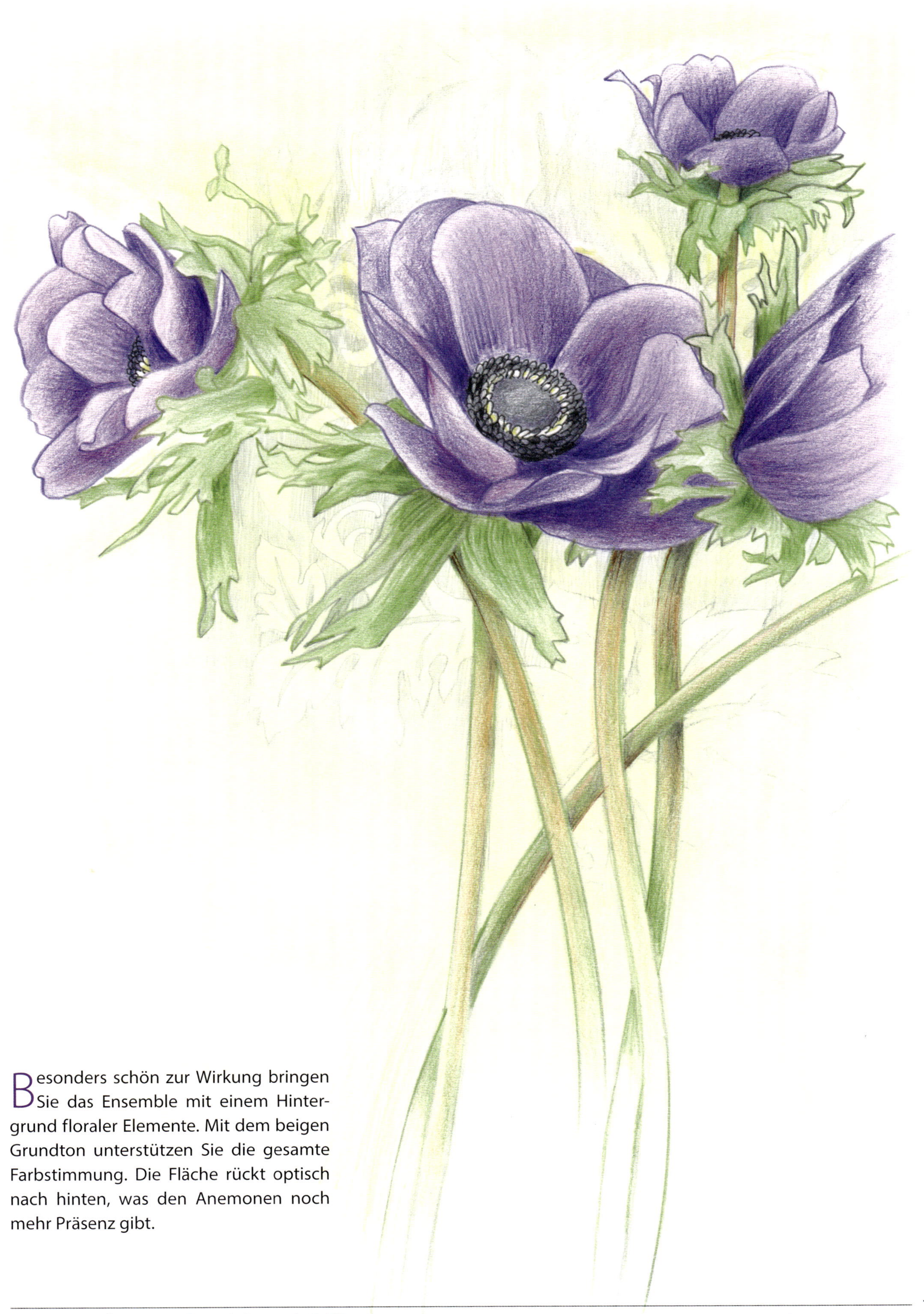

Besonders schön zur Wirkung bringen Sie das Ensemble mit einem Hintergrund floraler Elemente. Mit dem beigen Grundton unterstützen Sie die gesamte Farbstimmung. Die Fläche rückt optisch nach hinten, was den Anemonen noch mehr Präsenz gibt.



**Hintergrund ausgestalten** siehe auch S. 57

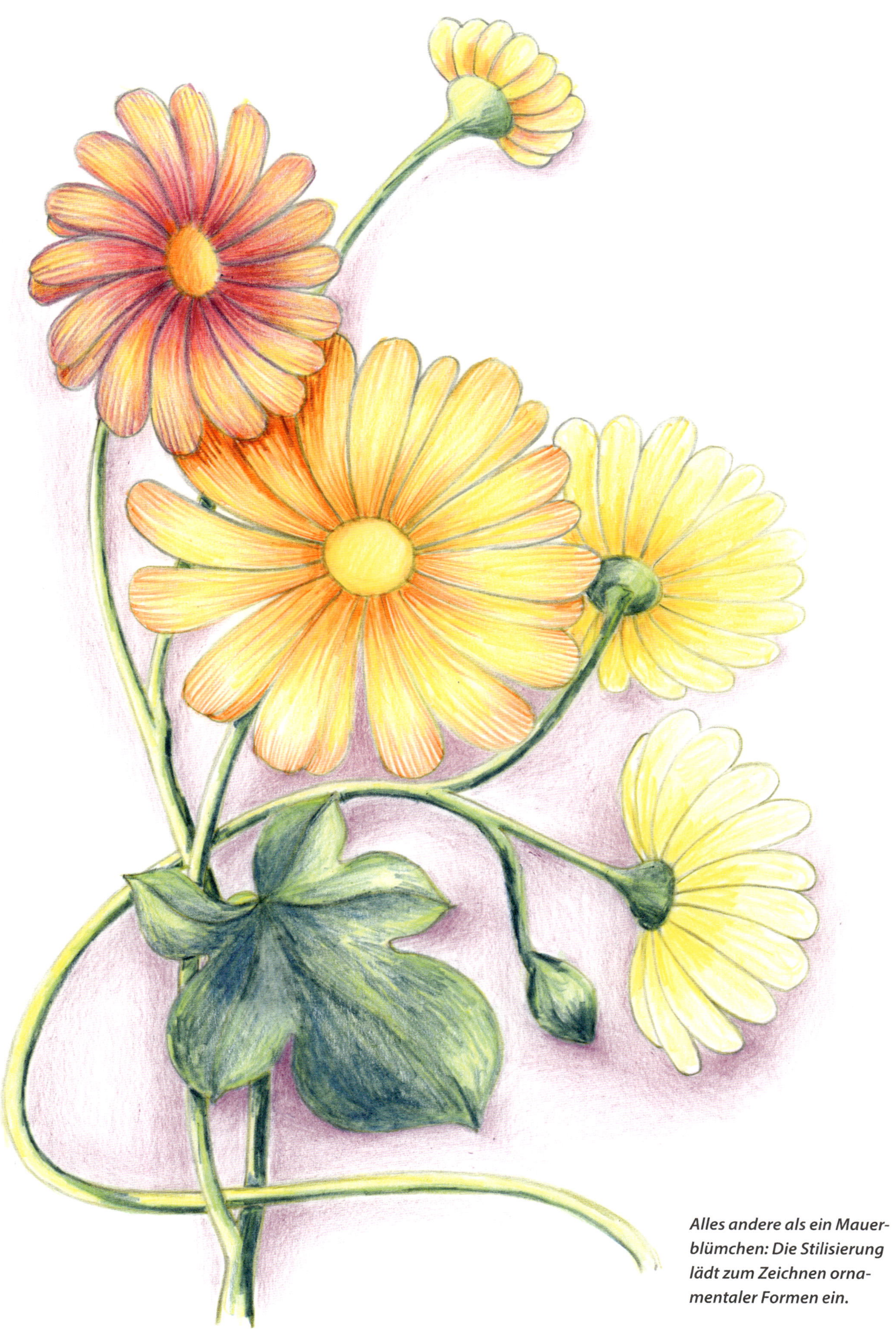

*Alles andere als ein Mauerblümchen: Die Stilisierung lädt zum Zeichnen ornamentaler Formen ein.*



**Hintergrund schraffieren** siehe auch S. 81, 104

# Verspielt

Stellen Sie sich das einfache Musterbild einer Blüte vor, arrangieren Sie mehrere Versionen und lassen Sie Ihrer Fantasie (und den Zeichenstiften) freien Lauf. Dann werden Sie beim kreativen Ausgestalten ebenso viel Freude haben wie am dekorativen Ergebnis!

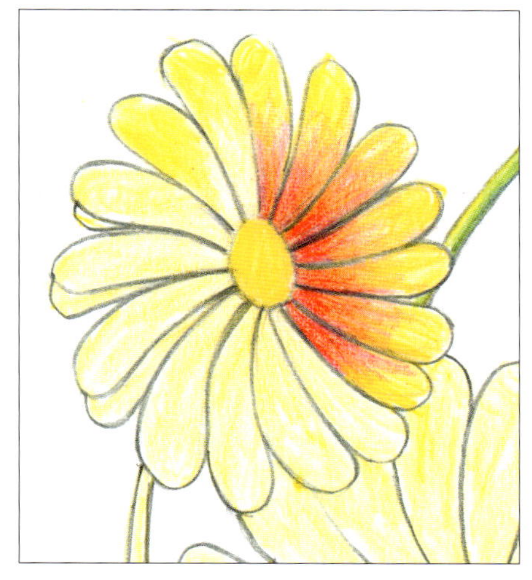

Wenn Sie ohne spezielles Vorbild sozusagen den Urtypus einer Blüte zeichnen, wird das vermutlich ein einfacher konturierte Kreis aus Blütenblättern sein: Grundlage für ein dekoratives Motiv. In der Vorzeichnung gesellen sich weitere Versionen dazu, die sich in unterschiedliche Richtungen drehen und wenden. Verbinden Sie die Blüten schwungvoll mit Stängeln und fügen Sie nach Belieben Knospen und Blätter in die Komposition. Dann gestalten Sie alles mit Formschraffuren in harmonischen Farben aus und deuten einen zarten Hintergrund an. So wird aus der Idee einer einfachen Blüte eine dekorative Zeichnung.

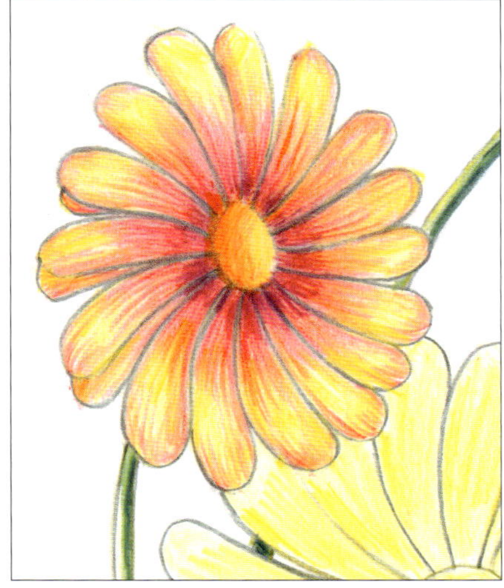

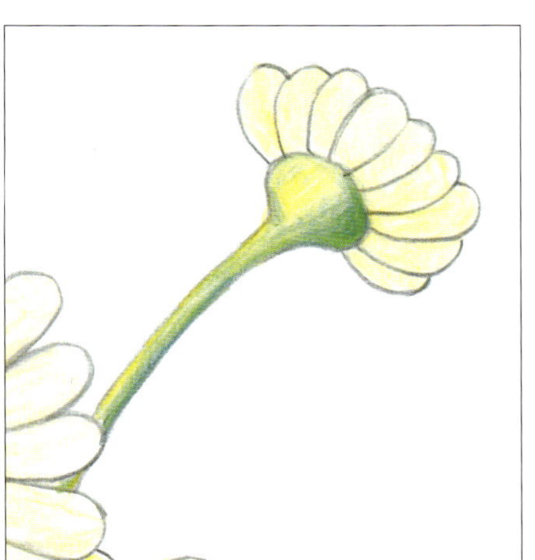

Lassen Sie die hellen Bleistiftkonturen der Vorzeichnung stehen und grundieren Sie alles (auch die grünen Teile) schwach in Gelb.

Blatt und Stängel schattieren Sie dunkelgrün. Das Blatt schraffieren Sie von innen nach außen.

**Material**

- Zeichenpapier, glatt
- Bleistift HB
- Farbstifte z. B. in Tönen von Gelb, Rot, Grün und Violett

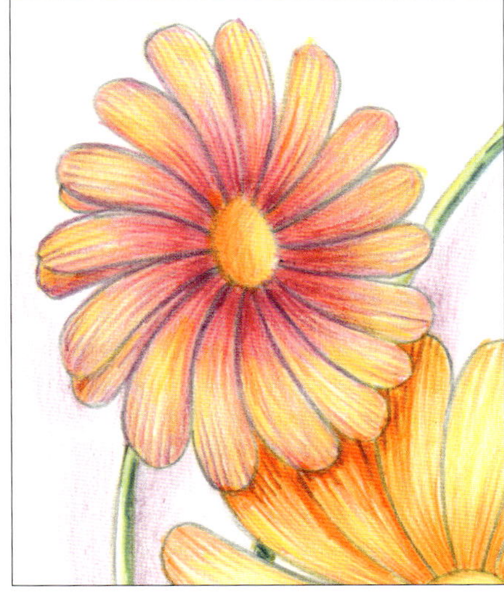

Von der Mitte aus ziehen Sie dunklere Formschraffuren in die Blütenblätter, die Sie am Rand wieder verstärken. So entsteht eine zarte Textur mit Farbverläufen, die als Schattierungen die Blüte zugleich plastisch modellieren.

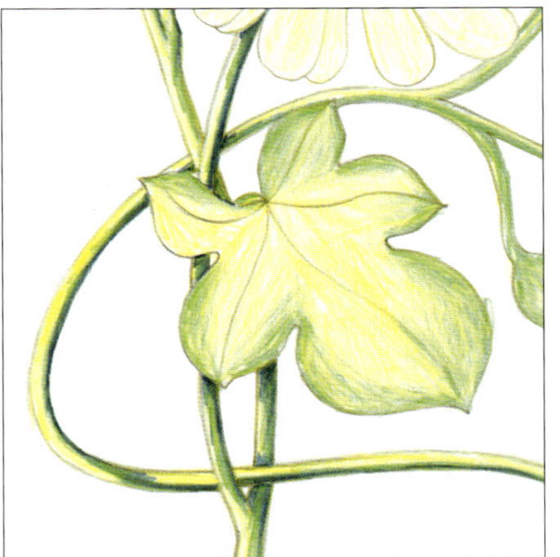

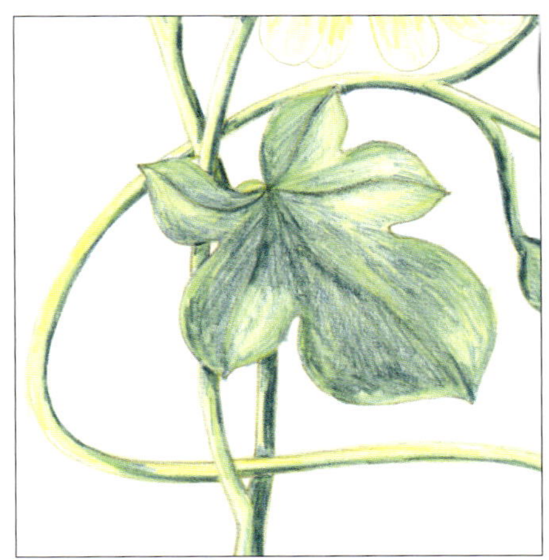



**Formschraffur** siehe auch S. 18, 36, 41, 44 • **Farblasuren** siehe auch S. 40, 41, 72, 77

# Schwungvoll

„Wenn du vergnügt sein willst, umgib dich mit Freunden", sagt ein japanisches Sprichwort. „Wenn du glücklich sein willst, umgib dich mit Blumen."

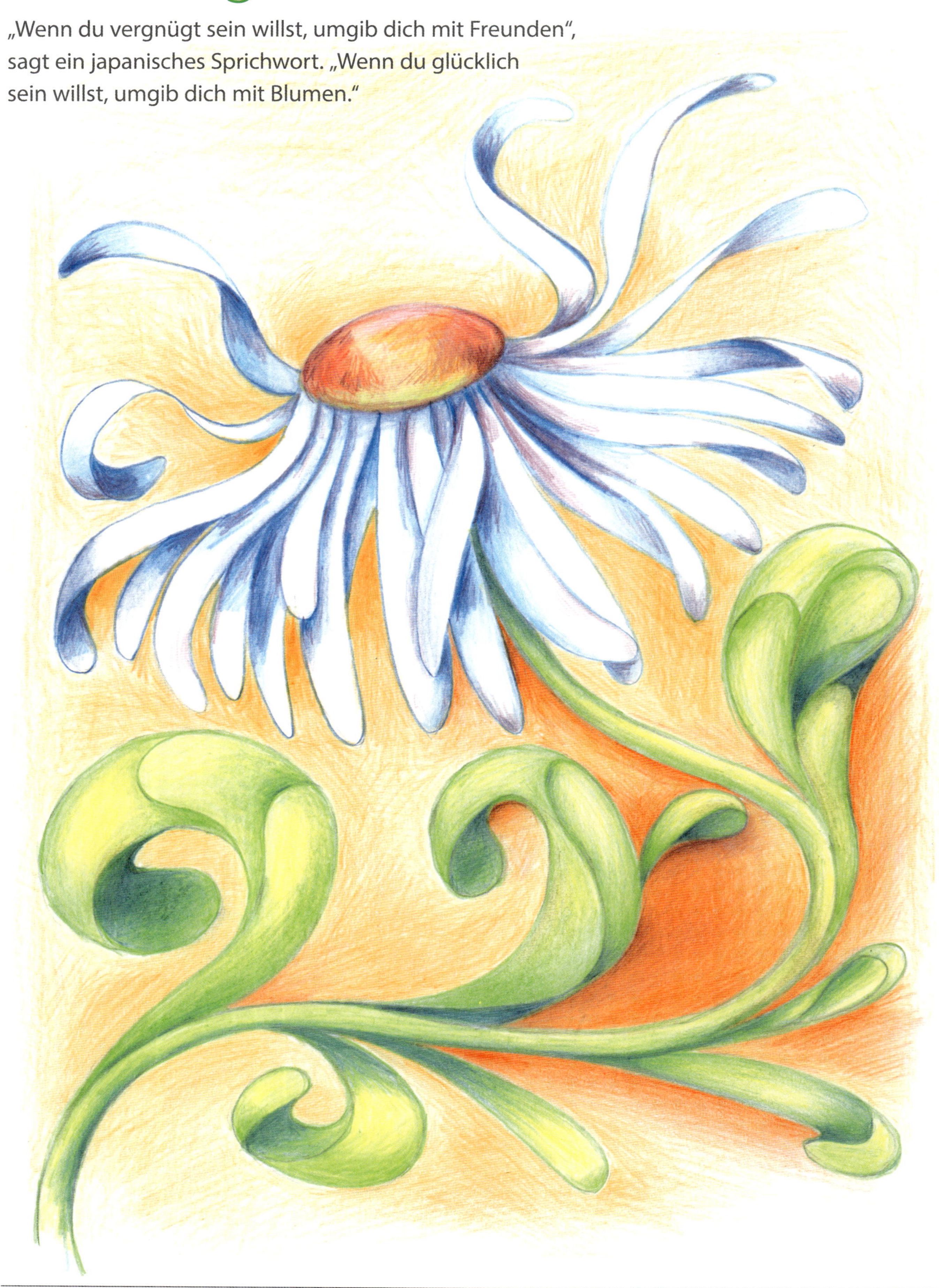



**Hintergrund schraffieren** siehe auch S. 81, 102

Blüte und Ranken entspringen schwungvoll der Fantasie und animieren zum lustvollen Modellieren. Unversehens wird das kreative Spiel mit Formen und Farben zum Stimmungsaufheller mit nachhaltiger Wirkung. Nehmen Sie sich Zeit – Sie werden es genießen!

## Material

- Zeichenpapier, leichte Körnung
- Bleistift HB
- Farbstifte (siehe Seitenrand)
- Kunststoffradierer

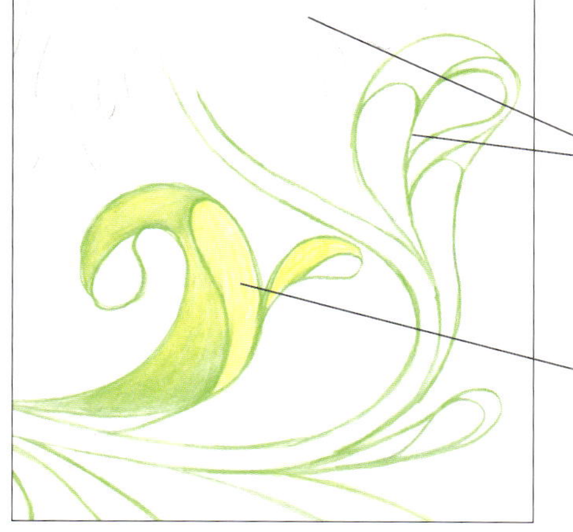

*Zeichnen Sie die (stark abgeschwächten) Bleistiftlinien der Vorzeichnung farbig nach.*

*Grundieren Sie die Lichtseiten der Ranken und Blätter etwas heller als die Schattenpartien.*

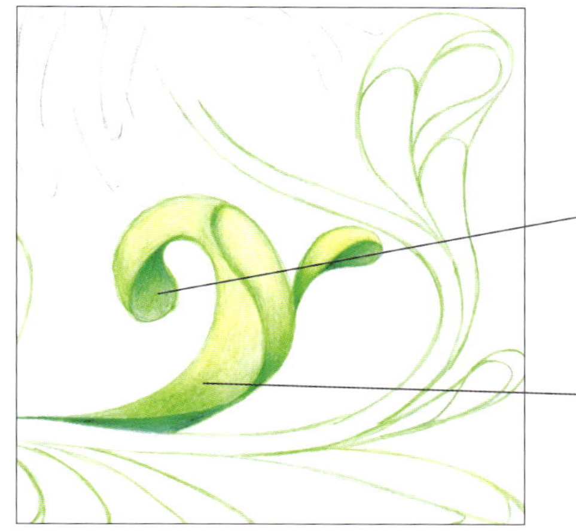

*Schattieren Sie die Unterseiten dunkelgrün.*

*Lassen Sie die Schatten weich ins Licht laufen.*

*Der Hintergrund wird nach oben links immer heller.*

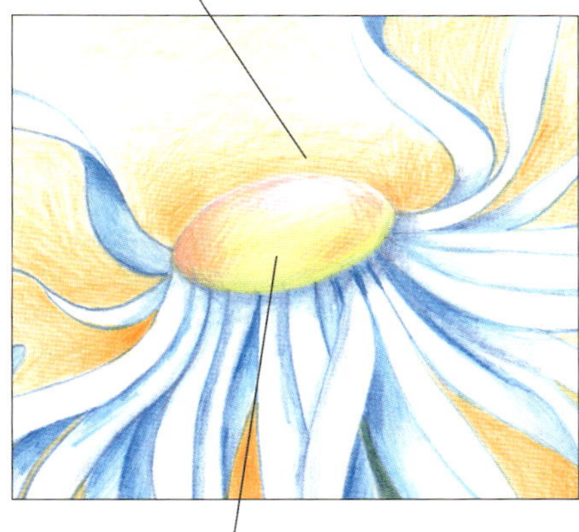

*Schattieren Sie das hell grundierte Oval. So erhält es die plastische Linsenform.*

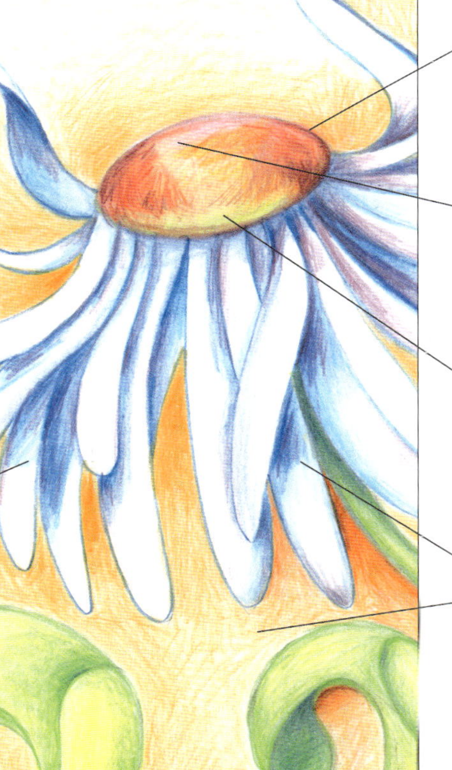

*Dunkeln Sie die Linse ringsum kräftig nach.*

*Mit dem harten Radierer zeichnen Sie glanzvolle Spiegelungen ein.*

*Der Lichtrand vorne bleibt hell und gelb.*

*Die weißen Blüten modellieren Sie mit blauen Schattenstrichen: zart und hell in den Eigenschatten, kraftvoll und dunkel für die Schlagschatten, die auf den jeweils unteren Blütenblättern liegen.*

*Das kühle Blau harmoniert als Komplementärfarbe bestens mit den warmen Orangetönen im Hintergrund. Das bringt eine angenehm heitere Farbstimmung ins Bild.*

**Glanzlicht herausradieren** siehe auch S. 38

# Weiß umrissen

Mit stilisierten Konturen werden beliebige Blüten, Blätter und Knospen zu Ornamenten, mit denen Sie das Zeichenblatt farbenfroh tapezieren. Besonders dekorativ wirken die weiß „ausgestanzten" Umrandungen und die mit Formschraffuren leicht modellierten Muster.

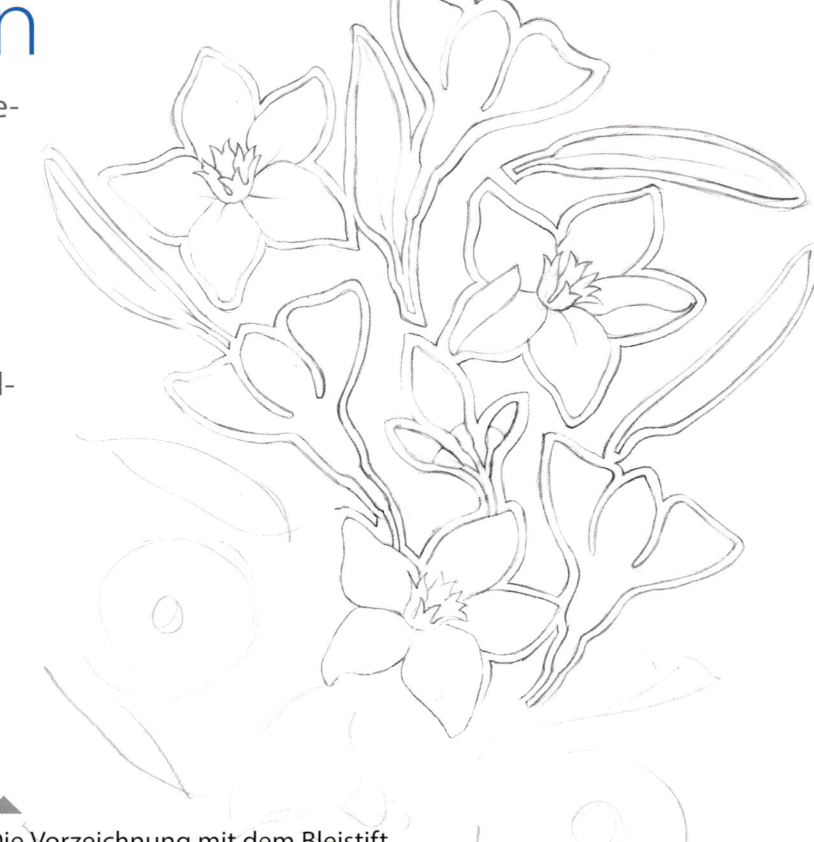

Zusammen mit den zart braunen Umrisslinien mit dem Fineliner erinnert das an ein textiles Design mit aufgedruckten Blüten, Blättern und Knospen – oder auch an eine Collage mit ausgestanzten Ornamenten. Und dank der Komplementärfarben Blau und Orange wirkt das alles sehr harmonisch und optimistisch. Und das Blattgrün bringt zusätzlich Spannung ins Bild.

▲ Die Vorzeichnung mit dem Bleistift HB schwächen Sie mit dem Knetgummiradierer deutlich ab.

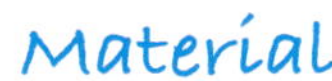


- Zeichenpapier, glatt
- Bleistift HB
- Fineliner braun
- Farbstifte (siehe Seitenrand)
- Knetgummiradierer

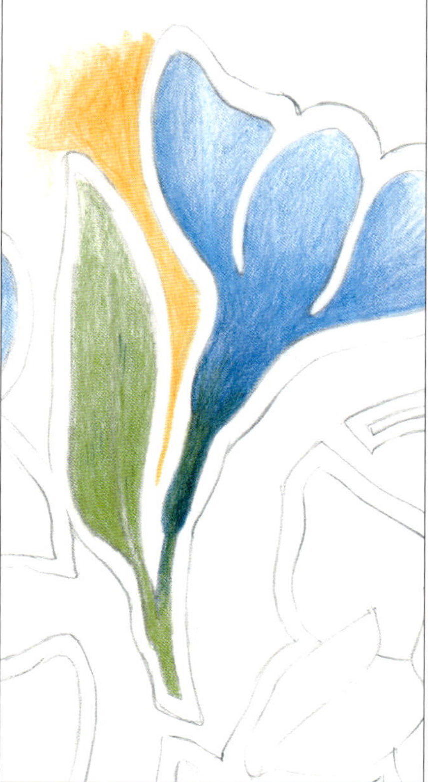

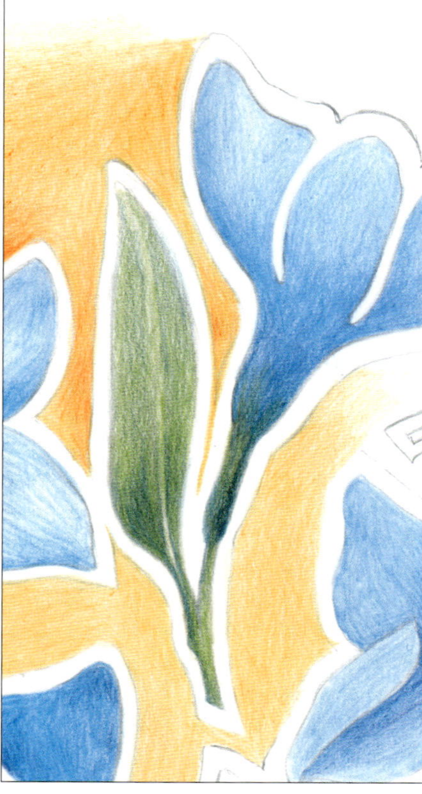

◀ Grundieren Sie die Elemente erst hell und schraffieren Sie dann die Schattenpartien mit sanften Verläufen in dunkleren Tönen. Dabei folgen Sie den Formen. Beim Blütenansatz ziehen Sie etwas Grün ins Blau. Im dunkelblauen Blütenkelch (eine stilisierte Krone) sparen Sie weiße Linien aus.
Den gleichmäßig schraffierten Hintergrund dunkeln Sie rings um die Konturen stellenweise nach. Umranden Sie zuletzt die weißen Konturen außen mit dem braunen Fineliner; siehe Bild rechts.



**Blattadern aussparen** siehe auch S. 27, 39, 73 • **Grafische Variante** siehe auch S. 96

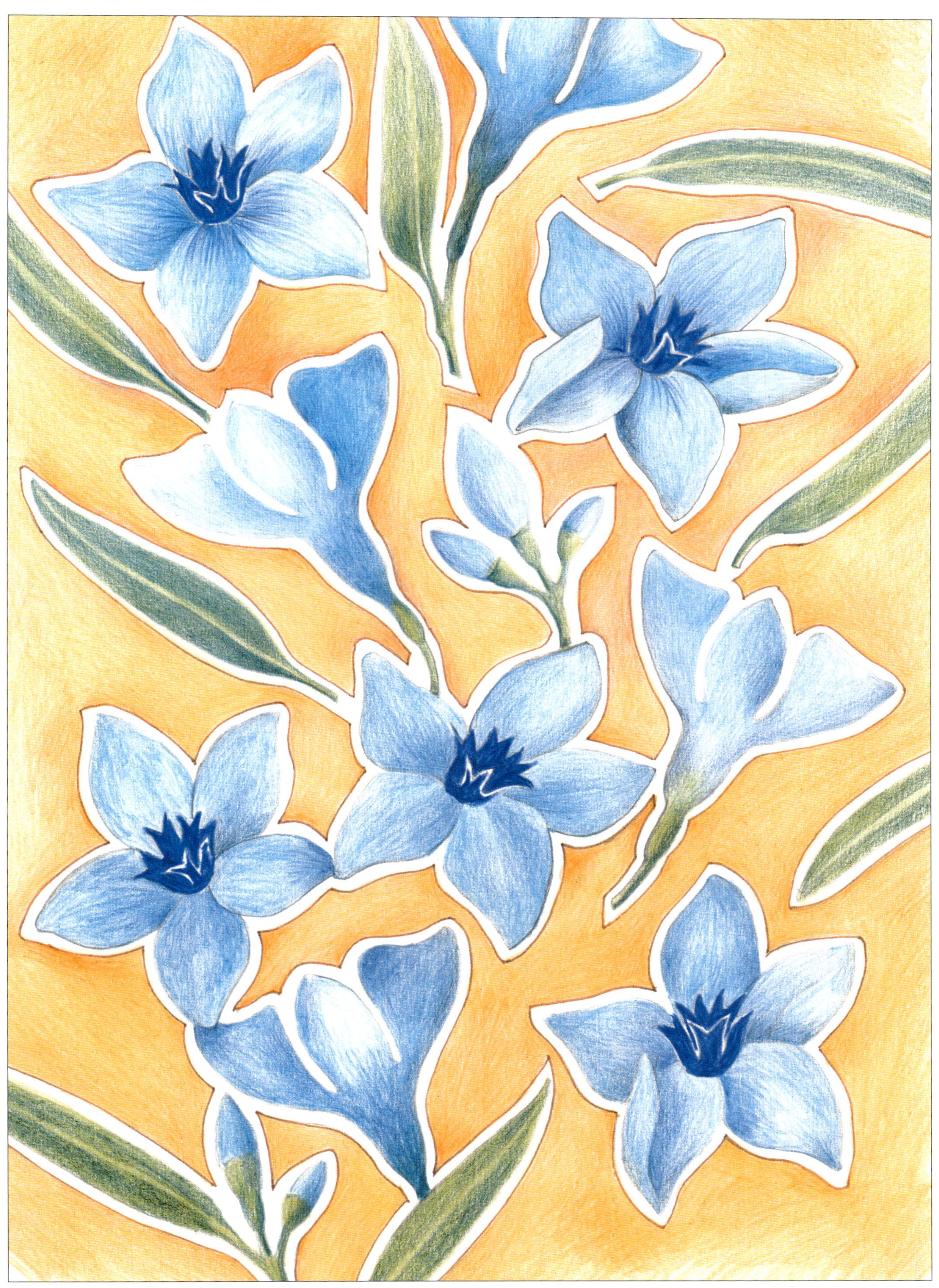



**Konturen mit Fineliner** siehe auch S. 109

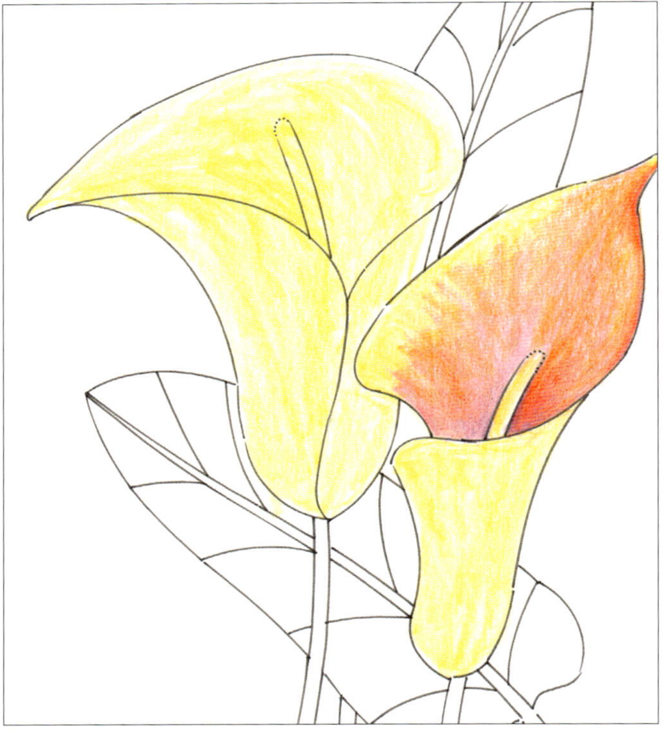

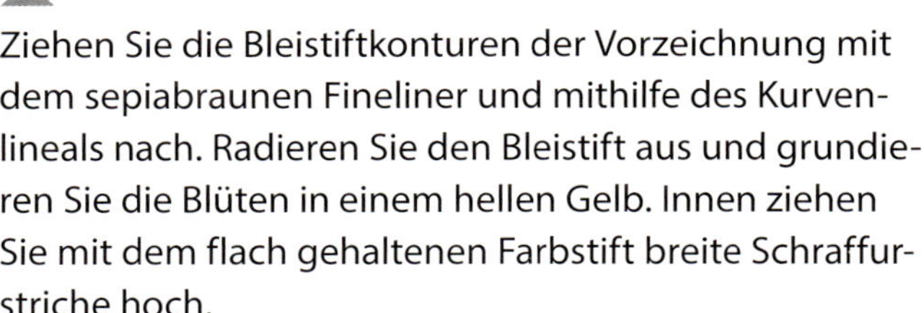

Ziehen Sie die Bleistiftkonturen der Vorzeichnung mit dem sepiabraunen Fineliner und mithilfe des Kurvenlineals nach. Radieren Sie den Bleistift aus und grundieren Sie die Blüten in einem hellen Gelb. Innen ziehen Sie mit dem flach gehaltenen Farbstift breite Schraffurstriche hoch.

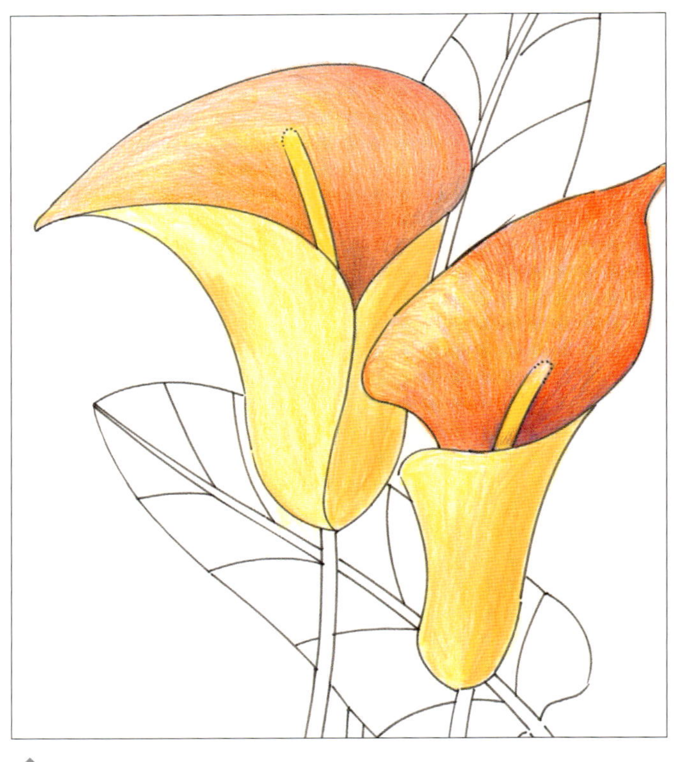

Mit den spitzen Farbstiften (Rot und Orange) zeichnen Sie, der Form folgend, feine Schraffurlinien. Die Außenseiten schattieren Sie schwach in Orange.

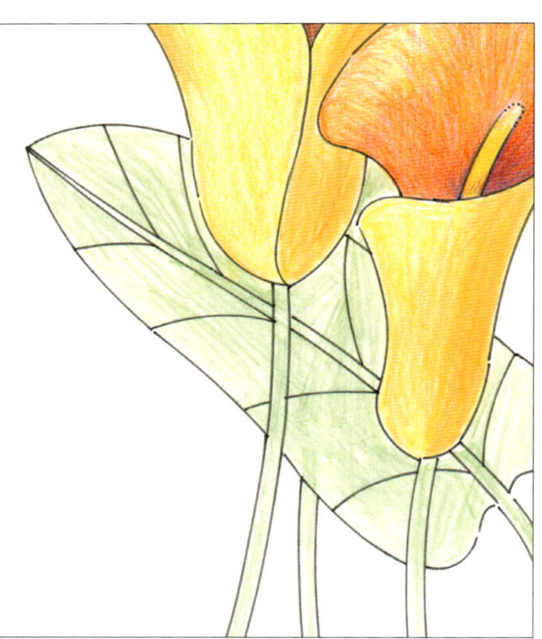

Nicht anders gestalten Sie die grünen Blätter: zunächst mit einer blassgrünen Grundierung …

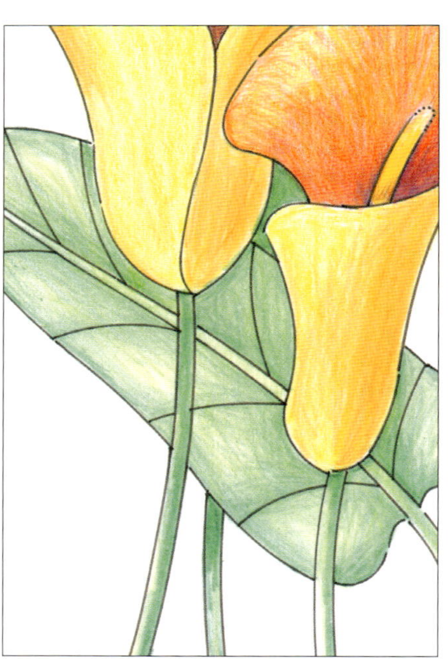

… gefolgt von dunkelgrünen Schraffuren an den Blattadern und Schattenstrichen auf den Stielen.

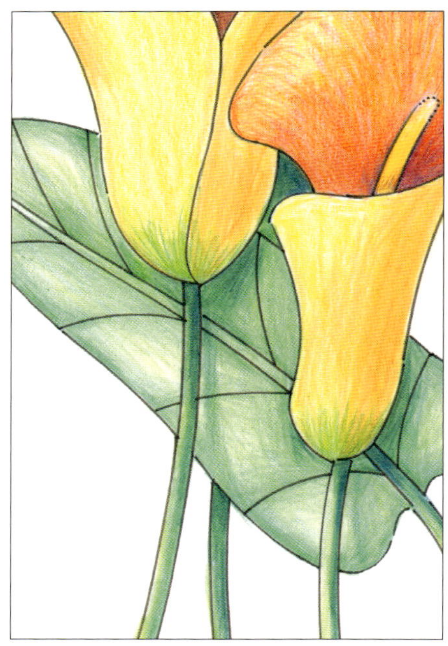

Die dunklen Schatten tönen Sie zuletzt mit Blau nach. Das ergibt ein kühles Blaugrün.



**Kurvenlineal** siehe auch S. 80 • **Formschraffur** siehe auch S. 37, 58, 72, 102

# Grafisch

An der eleganten Gestalt der Calla gibt es nichts zu verbessern – höchstens zu vereinfachen. Dann tritt sie mit klarer Linienführung und leuchtenden Formschraffuren wunderbar plastisch in Erscheinung.

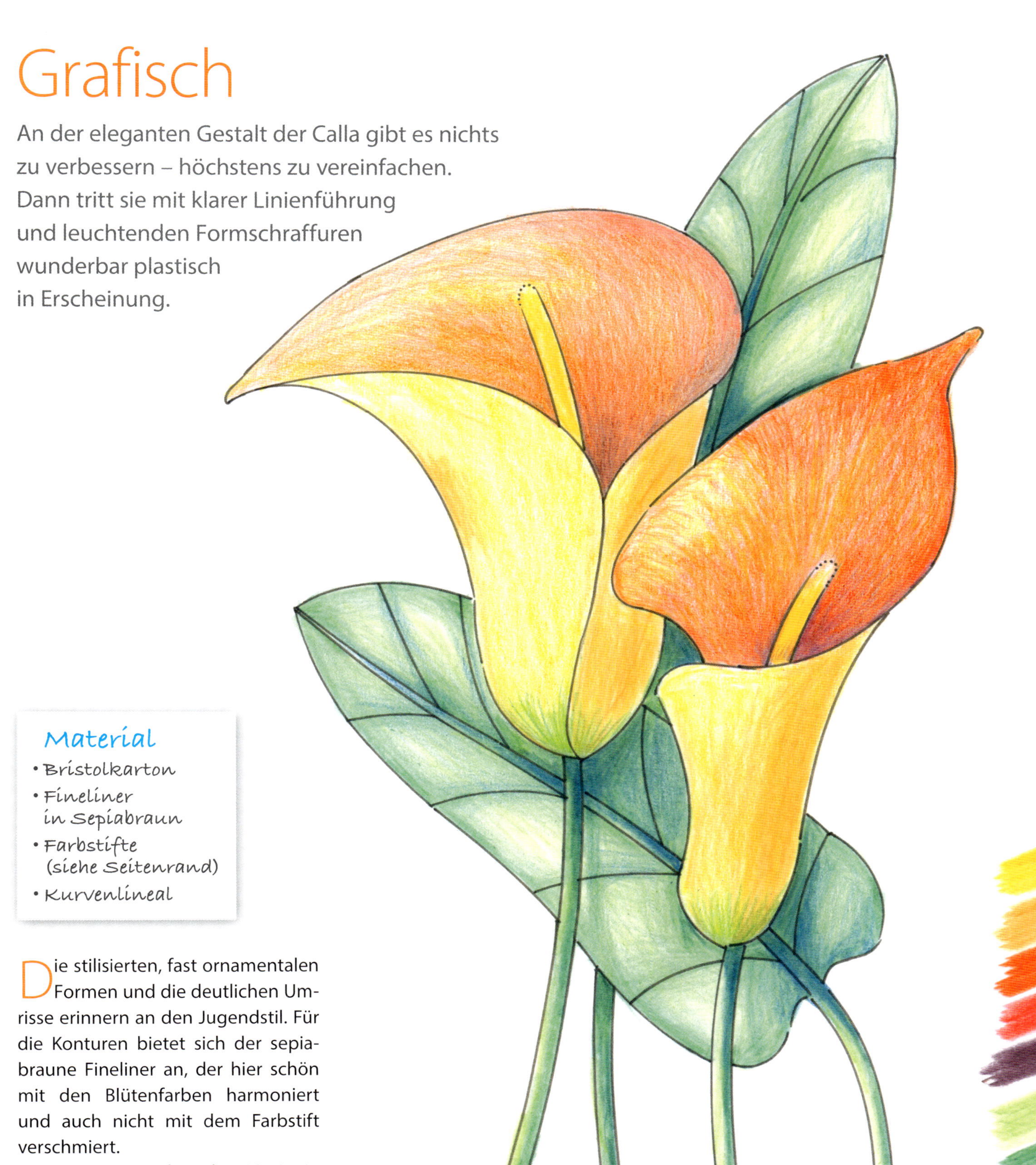

## Material

- Bristolkarton
- Fineliner in Sepiabraun
- Farbstifte (siehe Seitenrand)
- Kurvenlineal

Die stilisierten, fast ornamentalen Formen und die deutlichen Umrisse erinnern an den Jugendstil. Für die Konturen bietet sich der sepiabraune Fineliner an, der hier schön mit den Blütenfarben harmoniert und auch nicht mit dem Farbstift verschmiert.

Die Konturen teilen das Motiv in übersichtliche Flächen. Das macht es Ihnen einfacher, die Elemente einzeln mit Formschraffuren auszugestalten. Nutzen Sie für die Maserung und Schattenverläufe in mehreren Schichten die Farbskala: erst helle, dann dunkle Töne.



**Konturen mit Fineliner** siehe auch S. 107

# Poetisch

Stöbern Sie in Ihrer Zeichenmappe und im Fotoalbum nach passenden Motiven – und lassen Sie Ihre künstlerische Fantasie spielen! Hier zum Beispiel wird aus der Farbstudie einer Tulpe und einem herzigen Kinderfoto eine märchenhaft poetische Collage.

## Material

- Bristolkarton
- Tonkarton in Blau
- Bleistift H, HB
- Farbstifte in Hellgelb, Dunkelgelb, Olivgrün, Orange
- Foto
- Fineliner, dünn
- Transparentpapier
- Schere, Klebestoff

Der detailgenaue, naturgetreue Zeichenstil verbindet sich schön mit dem fotografischen Realismus. So wirkt alles verblüffend einheitlich – trotz oder gerade wegen des fantasievollen Spiels mit den „unmöglichen" Größenverhältnissen.

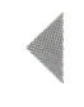

Die Zeichnung legen Sie in gewohnter Weise an: erst schwach mit Bleistift vorzeichnen, dann mit hellgelb flächig grundieren. Anschließend mit dem spitzen olivgrünen und orangefarbenen Farbstift modellieren.

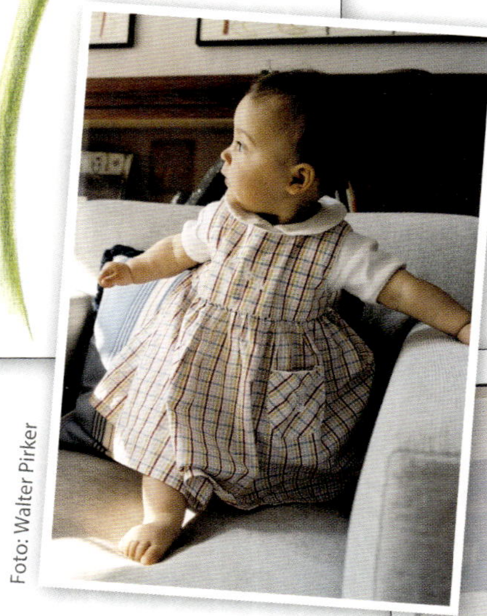

Foto: Walter Pirker

*In die Blütenform der Tulpe passt ein „Däumling" besonders gut.*

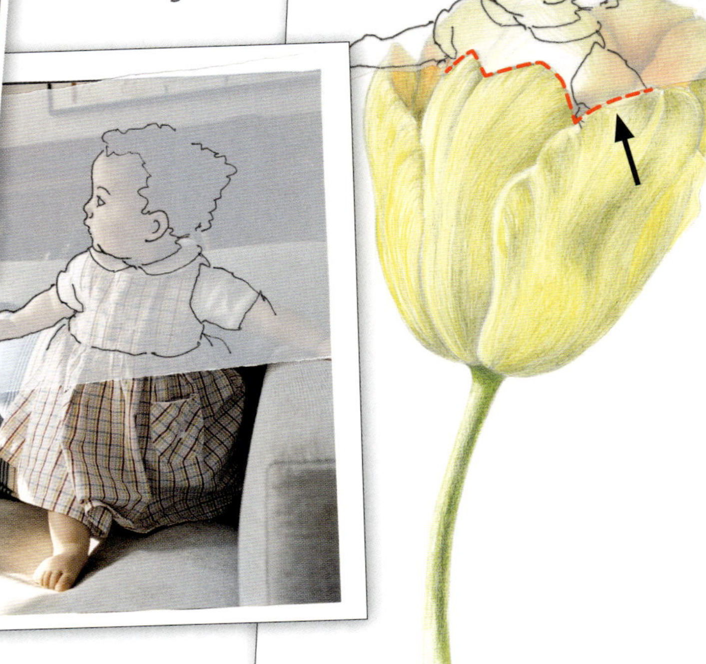

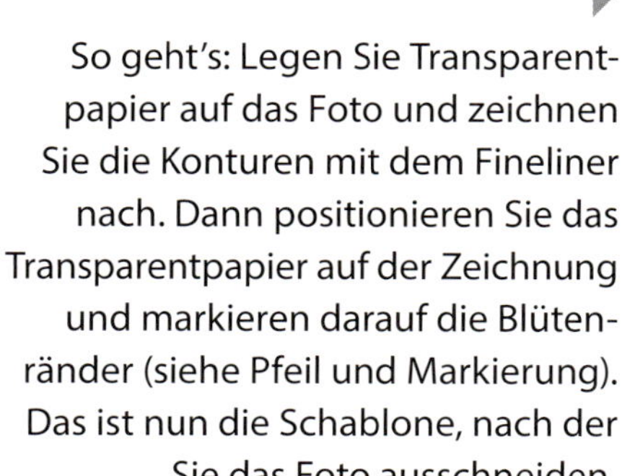

So geht's: Legen Sie Transparentpapier auf das Foto und zeichnen Sie die Konturen mit dem Fineliner nach. Dann positionieren Sie das Transparentpapier auf der Zeichnung und markieren darauf die Blütenränder (siehe Pfeil und Markierung). Das ist nun die Schablone, nach der Sie das Foto ausschneiden.



**Farbstift realistisch** siehe auch S. 38, 58, 66 • **Olivgrün auf Gelb** siehe auch S. 62

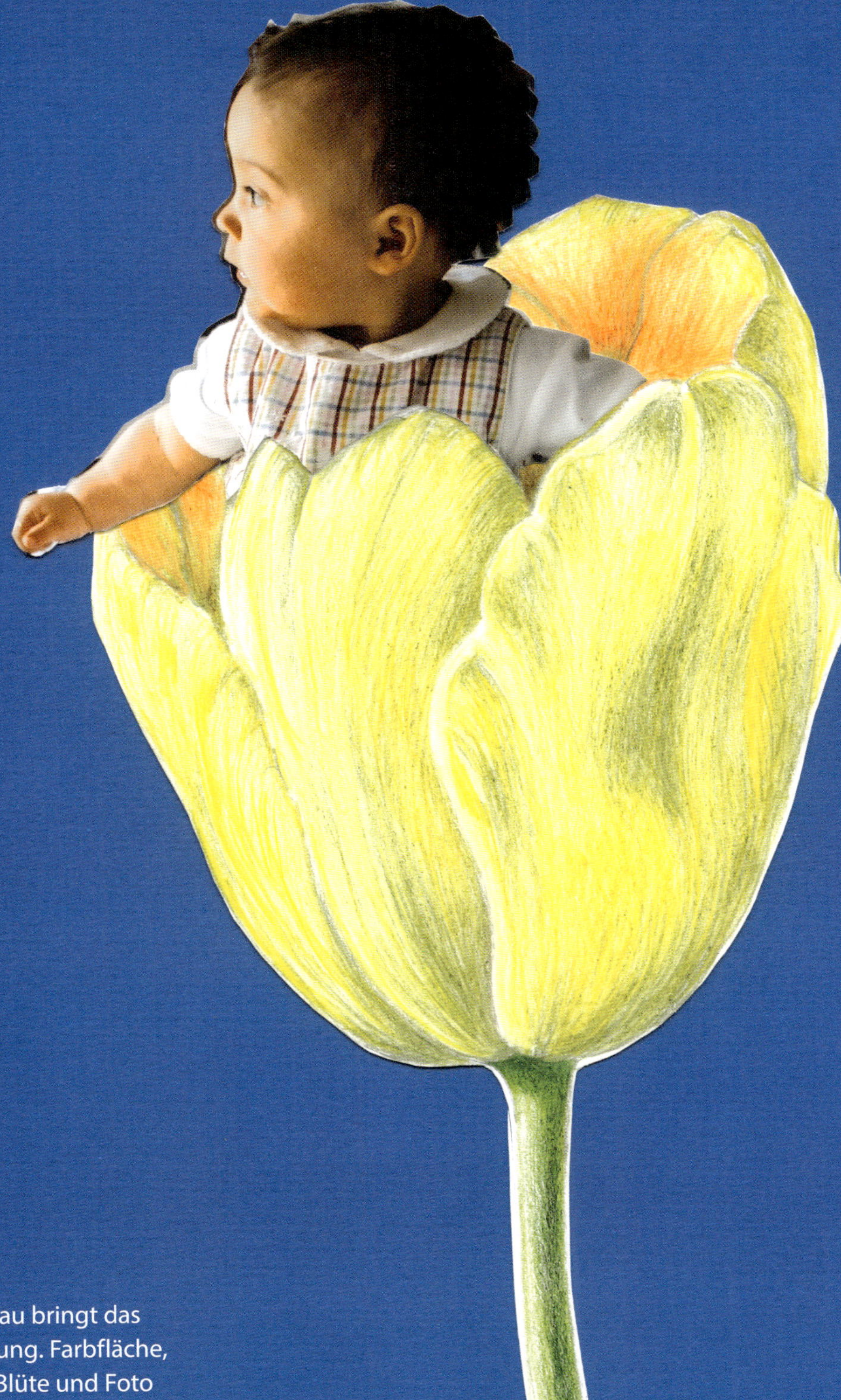

Das leuchtende Dunkelblau bringt das Motiv zusätzlich zur Wirkung. Farbfläche, naturgetreu modellierte Blüte und Foto bilden eine verblüffende Einheit.

Dazu schneiden Sie Foto und Zeichnung aus und kleben den Däumling in den Blütenkelch. Beides zusammen fixieren Sie auf Tonkarton.



**Collage** siehe auch S. 21

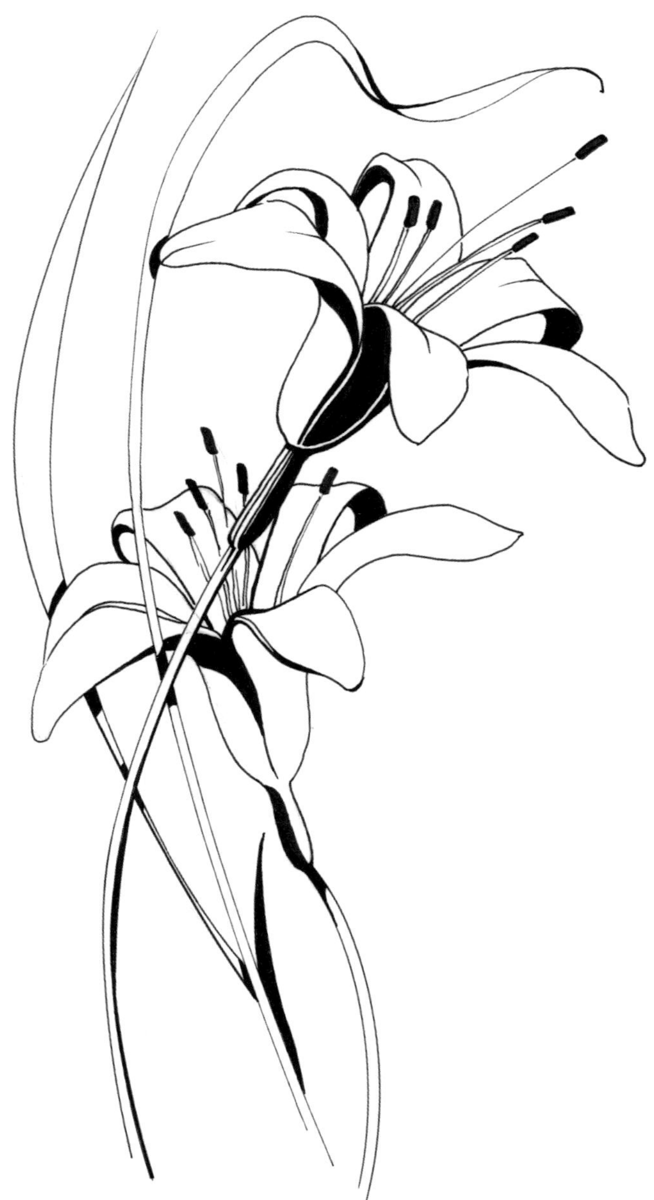

*Viel Freude am Zeichnen!*

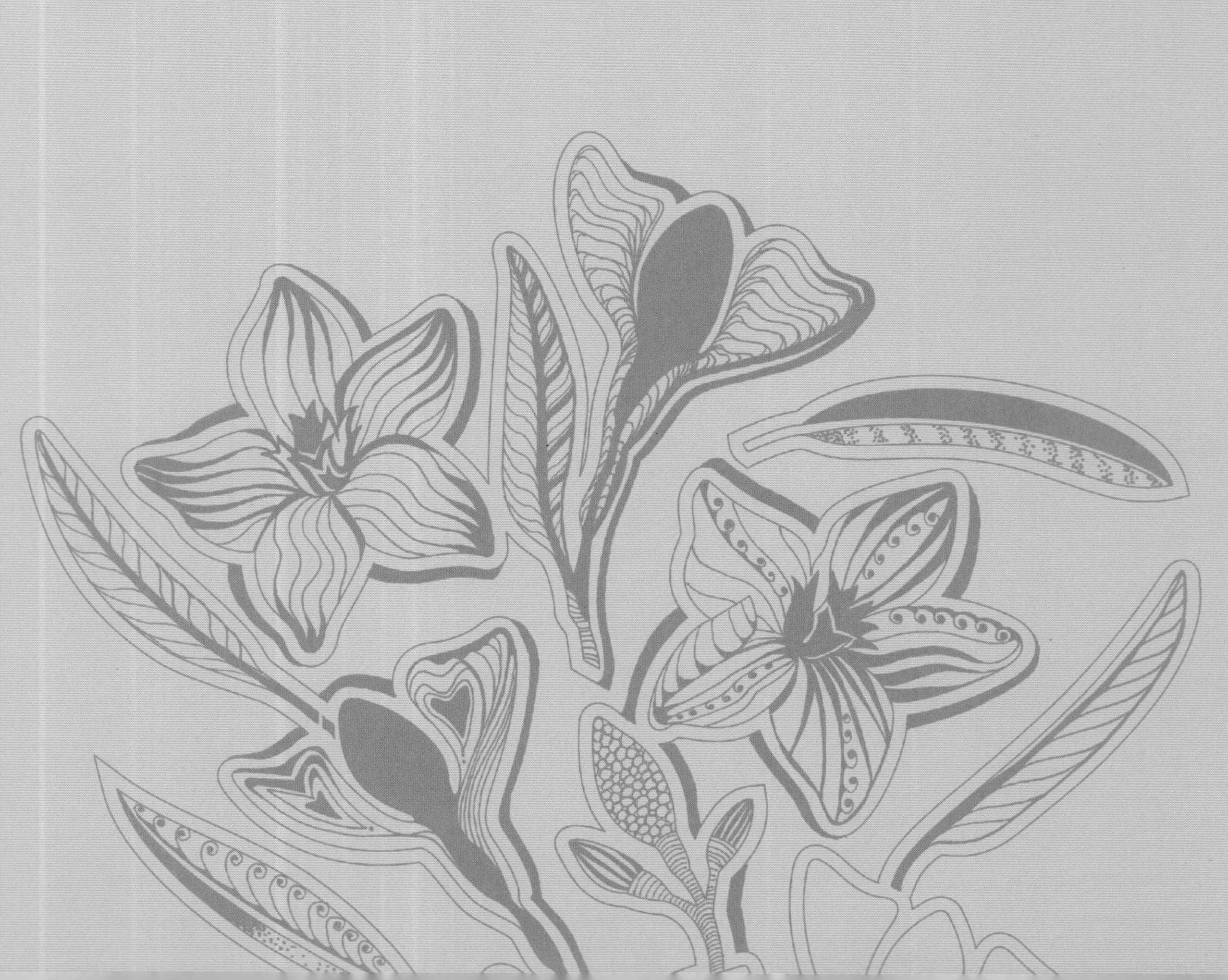